Dorothea Dieckmann

TERMINI

Roman

Klett-Cotta

Die Arbeit der Autorin am vorliegenden Buch wurde vom Deutschen Literaturfonds e.V. gefördert.

Bei Personen und Orten sind Ähnlichkeiten zur und Abweichungen von der Realität beabsichtigt.

Klett-Cotta
www.klett-cotta.de

Printed in Germany
Schutzumschlag: malsyteufel, willich
unter Verwendung eines Fotos von: © gettyimages/Frans Jansen
Gesetzt von Dörlemann Satz, Lemförde
Auf säure- und holzfreiem Werkdruckpapier gedruckt
und gebunden von Bercker Graphische Betriebe GmbH & Co., Kevelaer
ISBN 978-3-608-93660-5

Zu irgendeiner Zeit. Tragödie der Zukunft.
Friedrich Hebbel,
Tagebücher

Für (immer) Gagarin2

Inhalt

1.

Dienstag, 30. Juli 1996
Bilder hinter geschlossenen Lidern

TERMINI war sein erstes Wort auf italienischem Boden, und es klang nach Ende, nicht nach Anfang. Die Kassiererin in dem Tabakkiosk arbeitete, ohne aufzuschauen, wortlos und ruppig. Es sah aus, als würde sie lieber am Fließband sitzen. Ansgar trat schwerfällig nach vorne. Sein Jackett war zu warm, die Tasche mit dem Tonbandgerät polterte gegen den Tresen, und der Hunderttausendlireschein wurde mit einem bösen Blick quittiert. In Gedanken hatte er die Reise ausgespart, die drei Tage bis zum Rückflug übersprungen. Jetzt war er mittendrin, er stand in einer Halle zwischen Flughafenrolltreppen und Abfahrtsgleisen, in der Hand ein paar Geldscheine und eine Fahrkarte, und schaute zur Uhr hoch, elf Uhr dreiundfünfzig. Unter der Glocke aus Plexiglas verschmolzen Schall und Hitze mit seiner Müdigkeit zu einer tauben Entrückung. Der Zug stand schon am Bahnsteig. Über den Gleisen wurde die Plexiglasglocke zum Plexiglasschlauch. Vor dem Übergang steckte er die Fahrkarte in den gelben Stempelautomaten und gratulierte sich zu seiner Geistesgegenwart: So war das hier üblich.

Das leise Klacken des Automaten wirkte überraschend vertraut, irgendwo im Innern war es gespeichert, ein Wecksignal. Er war angekommen in Rom, und er war allein, anders als beim ersten Mal vor einem halben Jahr, als er hinter seinem Vorgesetzten hergelaufen war, der die Fahrkarten kaufte und abstempelte. Paul tat, als hätte er die Stadt erfunden. Er präsentierte ihm seinen Besitz. Sein Ehrgeiz war, Ansgar mit dem gemeinsamen Aufenthalt gleich zwei Freundschaften aufzudrängen, zu ihm und zu der Stadt. Jetzt war Ansgar am Zug. Er wollte es Paul zeigen, und Paul, sein Ressortleiter, der ihn wieder hergeschickt hatte, ahnte nichts davon ... Das Aufbruchsgefühl wuchs, als endlich der Wind wie ein feuchtheißes Tuch durchs offene Fenster schlug. Ansgars Lider flatterten. Verdorrtes Land zog vorbei. Doppelschläge trommelten von den Schienennähten an den Zugkörper, beschleunigten, verlangsamten sich und verebbten an den Haltepunkten – lauter Wüstenstationen mit Betondächern auf Stahlträgern, Fußgängerbrücken, Oleanderbüschen. Ihre Namen las Ansgar auf blauen Schildern, Arientitel: Ponte Galeria, Muratella, Magliana. Der Waggon füllte sich mit Menschen und Lärm, doch sobald der Zug die Stationen verließ, erhob sich der mechanische Fahrtgesang über das Geschnatter. Ansgar ließ sich mitnehmen und einlullen, die rückwärtsfliehende Landschaft vor Augen. Seine Nervosität blieb zurück. Sie war fast am flachen Horizont verschwunden, als in Ansgars Herzgegend eine Bremse kreischte: Stop. Er schreckte aus dem ockergelben Tagtraum. Dieser Zug, erinnerte er sich, sollte ohne Halt bis zum Hauptbahnhof durchfahren.

»Termini?« fragte er das Paar gegenüber, er schmächtig im Sporttrikot, sie groß und hochschwanger. Synchron schüttelten sie die Köpfe und fingen an, miteinander zu diskutieren. Die Fensterfläche füllte sich mit gigantischen rötlichen Wohnblocks, die Dächer mit Antennen gefiedert. Sie erinnerten Ansgar an rostige Containerschiffe, wie sie an den Elbuferwegen vorbeiglitten, fahrende Häuser. Die Mauern verdunkelten die Sicht, ab und an wurden sie jäh unterbrochen von Gleisbrücken, blendenden Schneisen. In seinem Romgedächtnis fand sich keine Vorlage für dieses gewalttä-

tige Panorama. Er schwitzte wieder. Der Zug rückte auf die Fassaden zu und schob sich an den unteren Stockwerken vorbei. Das Paar stand auf. *»Prossima, prossima«,* rief der Sportsmann und wedelte mit dem Zeigefinger in Fahrtrichtung. *»Ostiense. Ostiense Metro Termini.«* Es wurde lichter, die Riesenquader wichen zurück. Ansgar hob die Hand, aber die Frau konzentrierte sich darauf, ihren Bauch in den Gang zu manövrieren, und verdeckte dabei den Mann. Ostiense, der Name kam ihm bekannt vor. Er erinnerte ihn an eine kleine weiße Pyramide mitten in der Stadt; sie musste dort ganz in der Nähe stehen. Daneben lag der Ausländerfriedhof, auf den ihn Paul geführt hatte, Katzen anschauen und den Grabstein von Goethes Sohn. Der Zug tauchte in einen dunkelroten Schatten. Auch die Schilder waren braunrot, die Schrift riesig: Roma Trastevere.

Ansgar stellte den Recorder auf den frei gewordenen Sitz und zog den Stadtplan aus der Reisetasche. Fuhr die schwarze Linie entlang, die am Flughafen begann, vom Meer in die Stadt. Die Schienen führten unterhalb der Trastevereschleife des Tibers auf die andere Seite und erreichten den nächsten Bahnhof bei einem Rechteck mit dem Namen Piazzale dei Partigiani. Ein Stück weiter oben stand ein M auf rotem Grund, M für Metro. Er hob den Kopf. Die Sicht war leer, als hätte jemand auf beiden Seiten Vorhänge geöffnet; die Häuser waren weg, und die Doppelschläge klangen dünner: Der Zug überquerte den Fluss. Diesmal hielt er im hellen Licht. Stazione Ostiense, jetzt fiel es ihm ein.

Er hatte in den letzten Tagen etwas darüber gelesen. Ein Riesenbau, hingeklotzt im Jahr 1938, damit der italienische König den Führer vom Bahnhof abholen konnte. Der Boden, die Bänke, die offenen Gleisdächer, die riesige Fassade jenseits der Gleise, alles war grauweiß, grellweiße Sonnenstreifen zwischendrin, Weiß wie schmutziger Schnee, mussolinischer Travertin. Die Leute, die mit ihm ausstiegen, verschwanden in den umzäunten Treppenabgängen, die wie Falltüren in den glatten Stein eingelassen waren. Der Zug fuhr wieder an, und auf der anderen Seite der Gleise erschien ein Monstrum aus Plastikrohren, so groß wie ein Hangar. Eine stille, sterile Hitze herrschte in der strahlenden Mondlandschaft. Er sah sich selbst, klein, verloren. Und geblendet. Die Sonnenbrille hatte er natürlich vergessen. Mit halb zusammengekniffenen Lidern schaute er die Flucht entlang, über den Bahnsteig hinaus, wo sie im Hitzeflimmer wegschmolz. Ja, er war angekommen – am falschen Ende.

AM FUSS DER TREPPE kam er in einen dämmrigen, braun gekachelten Korridor, der die Bahnsteige unterirdisch verband, mit Anzeigentafeln an den Aufgängen und viel zu lang, um nicht den Mut zu verlieren. Ansgar tröstete sich damit, dass er früh dran war und dass sich Ellinor, am Taxistand vor dem Termini-Bahnhof, nicht von der Stelle rühren würde. Weit hinten leuchteten die Buchstaben *Metropolitana*, und er folgte ihnen, vorbei am Aufstieg zur Bahnhofshalle und weiter bis zu einer Wand, wo der Korridor endete und ein schmaler, neonerhellter Schlauch abzweigte. Die Luft stand, es roch nach Gummi. Die Taschenriemen gruben sich in seine Schultern. Nur wenige Leute kamen ihm entgegen. Der Schlauch war mit blauen Kacheln ausgekleidet, kein Abzweiger, kein Schild, nicht einmal ein Pfeil an der Decke. Nach ewigen blauen Minuten erschien eine Öffnung an der rechten Seite, durch die etwas Tageslicht in den Gang fiel. Hinauf führte wieder eine Treppe, aber wieder kein Schild, und der Gang bog in die Gegenrichtung ab. Hinterm Knick wurde er breiter, noch länger, ein Ende nicht abzusehen – ein verdammtes Labyrinth.

Schönes Rom. Eine kleine Abweichung, ein bereitstehender falscher Zug, und schon landete man in einer heruntergekommenen Science-Fiction-Welt, die in keinem Reiseführer erwähnt wurde. Oder aber der Fehler lag woanders: hinter Ansgar. Da, wo er heimlich von seinem sicheren Auftrag abwich und sich auf eine obskure Begegnung einließ, ohne zu wissen, wohin sie ihn brachte. Vielleicht ganz nach oben. Vielleicht nach unten, in die Entlassung. In eine Sackgasse, in der nur noch Ellinor auf ihn wartete, erfreut über den Erfolg ihrer Kleinmädchenintrige. Sie hatte ihrem Vater eins ausgewischt und Ansgar auf einen neuen Weg gebracht. Oder in die Irre gelockt. Jetzt stand sie am Termini, ihre Aufregung wuchs, und sobald er auftauchte, würde sie losplappern. Er hörte sie förmlich: Ich wusste es, du hältst zu mir ... Du und ich, wir gehören zusammen, nicht du und Paul ... Mit mir kannst du eine Menge erleben ... Brav schleppte er sich ihr entgegen, im Magen ein Flugzeugfrühstück, feuchter, schmutziger Reisebelag auf der Haut, verirrt und verspätet. Ellinor natürlich frisch geduscht, im Sommerkleid, ohne einen Schweißfleck und ganz heimisch, sie wand sich geschickt durch die Sprache und die Metrolinien, sie war naiv und kompetent und genoss ihre Unentbehrlichkeit. Was, du bist nach Ostiense gefahren? Mein Gott, das hätte ich dir wohl sagen müssen, achte auf den Termini-Zug, der ist nicht der einzige.

Und wenn sie nicht da stünde? Düster, diese Aussicht. Zwei dunkelhäutige Nonnen überholten Ansgar mit kleinen Trippelschritten. Die eine wandte ihm im Vorbeigehen kokett ein feines, streng eingerahmtes Mädchengesicht zu. Der Gang nahm kein Ende. Von fern erkannte er an den Seitenwänden schwarze Rundungen, die Enden der Handläufe zweier Laufbänder. Die Nonnen fädelten sich in den rechten Strom ein und liefen zwischen den fortgleitenden Gestalten mit doppelter Geschwindigkeit weiter; ihre hüpfenden Hauben wurden schnell kleiner. Er merkte, wie auch er automatisch schneller lief, sich tragen lassen wollte. Ohne Ellinor, ohne Ellinors Idee war die Reise bloß eine Fortsetzung seines Jobs, kein Ausgang, nicht einmal ein Lichtblick. Dabei war es eine gute Arbeit, angesehen, bequem und gut bezahlt. Er wurde darum beneidet.

Es sollte einfach immer so weitergehen: Reportagen über eine bekannte Welt, Interviews mit bekannten Gestalten, Artikel mit bekanntem Ergebnis, ein dauernder Wechsel zwischen Urteilen und Fakten. Er beherrschte den Stil, die Regeln der Polemik. Die Sprache formte sich von selbst, und im übrigen vertraute er auf die Redaktion; die eigenen Artikel las er ohnehin nicht wieder. Herumgeschickt wurde er selten, alle Vierteljahre im Schnitt, und er absolvierte die Routine von Flug, Ortstermin, Gespräch und Hotel wie einen Sekundenschlaf. Zu der Mühelosigkeit kam ein unverdienter, aber allen Beteiligten willkommener Überschuss – das Gerücht, etwas Besonderes zu sein. Man tat gut daran, diesen Ruf zu verfechten, wenn auch kalkuliert: Zu viel war dilettantisch, zu wenig illoyal. Es war bloß eine Frage der Selbstdarstellung und der Umgangsformen, und trotzdem bedeutete diese Nebensache für ihn seit einiger Zeit eine Qual. Die Pflege der persönlichen Oberfläche war Arbeit geworden, ein Kampf gegen den Überdruss, der ihn wütend machte, müde und vor allem beschämt. Wenn es ganz schlimm wurde, und schlimm war es oft in letzter Zeit, dann überfielen ihn mitten im Geschehen verstörende Wunschbilder, bei einer Begrüßung, in der Kantine, auf einem Empfang: Er sah, wie er sich danebenbenahm, ein paar Hemdknöpfe öffnete, Behindertengrimassen schnitt, die anderen glotzend anschwieg, sie nachäffte. Also riss er sich zusammen. Er spürte, wie er mit dem unablässigen Abdichten, Spannen und Straffen seiner Außenhaut etwas niederrang, was sich unter ihrem Schutz desto schneller ausbreitete, ein in der Luftabgeschlossenheit wucherndes Gewächs. Welchen Namen es trug, wusste er nicht, doch es fühlte sich zäh und nachgiebig an wie eine uralte Langeweile.

Er hatte den Recorder auf den Handlauf gestellt, der ein bisschen langsamer lief als das Band, auf dem er stand, um Atem zu schöpfen, so dass er das Gerät immer wieder mit einem Rucken der Schulter zu sich heranziehen musste. Die Luft war noch dicker geworden. Das entgegenkommende Laufband schob einen Pulk Jugendliche heran, sie hampelten und grölten wie Kinder, ihre Stimmen erstickten in dem niedrigen Tunnel. Ein Junge im orange-grünen Fußballtrikot balancierte sitzend auf dem Gummigeländer, er schaukelte, bis er kippte und in die auflachende Gruppe hineinsprang. Ansgar wandte den Blick ab, das tückische Ende des Bandes rollte heran; dahinter bogen die Leute wieder ab, die Nonnen waren verschwunden. Mit dem plötzlich erhöhten Gewicht der Taschen, in seinem gehemmten Gang, erreichte er den neuen Knick – der zweite, der dritte? – und erblickte in der Biegung wieder eine endlose Flucht, wieder einen Schlauch. Diesen erfüllte ein ächzendes, rhythmisch ersterbendes und wieder einsetzendes Quietschen; es kam von dem nächsten Band, das auch hier erst in einiger Entfernung losrollte, und untermalte sein Entsetzen so perfekt, dass er einen Lachlaut ausstieß, der wie ein verzweifeltes Schnaufen klang. Hier stimmte etwas nicht. Das Paar, diese beiden im Zug, vielleicht hatten sie ihn – als Ausländer? als Deutschen? wegen des falschen Klangs von *Termini*? – in die Wüste geschickt. Vielleicht hatten sie deshalb so heftig debattiert. Hier war nirgendwo eine Metrostation, dafür aber ein unterirdisches Rom, von dem er nichts wusste. Ein Bunker-Rom, ein Dritter-Mann-Rom, eine kranke Phantasie, die allen hier unten normal vorkam. Oder sie taten nur so. Wenn er an irgendeiner

Stelle wieder rauskam, dann womöglich an einer Vorstadtschnellstraße mit kaputten Hochhäusern zwischen vertrockneten Wiesen, verrosteten Tanksäulen und Steinbänken unter der prallen Sonne, ohne Taxistände oder Bushaltestellen und natürlich ohne Straßenschilder.

Also gut. Er musste den Stadtplan auspacken – am besten auf dem quietschenden Laufband, auf das er zuging. Davor entstand ein kleiner Auflauf, er beschleunigte ungeduldig und stoppte an der Schwelle: Das Band stand. Im selben Moment fühlte er einen Rippenstoß und im Nacken eine kräftige, scheußlich lebendige Hand. Jemand war ihm in den Rücken gefallen und hielt sich an ihm fest, ließ ihn wieder los und stürmte fluchend weiter. *Managgia,* blieb in Ansgars Ohr hängen, ein hingeklatschtes Matschwort, und der Typ, ein Glatzkopf in Turnschuhen, warf im Laufen einen bösen Blick über die Schulter. Der zweite seit der Ankunft. Ansgar schaute sich um, der Zusammenstoß hatte einen leeren Raum hinter ihm geschaffen, und drückte sich an die Tunnelwand. Verloren. Er stellte die Taschen ab. Was hatte er gerade vorgehabt?

Die vorbeiziehenden Höhlenbewohner warfen ihm kurze Blicke zu. Hier am Rand kam er sich vor wie ein Penner, ein Straßenmusikant ohne Instrument. Ein Akkordeon oder eine Gitarre, ein Gesang, wenigstens von fern, hätte ihn beruhigt und davon überzeugt, dass diese Unterwelt eine normale U-Bahn-Unterführung war. Metro, das war's, er wollte das rote M noch einmal suchen. Er griff in die Seitenklappe der Reisetasche und stieß auf ein Etui: also doch, die Sonnenbrille. Im Stadtplan musste er nur eine Faltlasche herunterklappen. Da war das Gleisbündel, da war der Bahnhof Ostiense, da war der Vorplatz mit dem Namen Piazzale dei Partigiani, Partisanenplatz musste das heißen, und schräg darüber, im Nordwesten, das M: Piramide hieß die Metrostation, Piazzale Ostiense der Platz. Was für ein Durcheinander. Aber einfach zu durchschauen. Hier unten wurde er im Zickzack vom Bahnhof zur Metrostation geschleust, sicher einen halben Kilometer Luftlinie, auf einer unterirdischen Strecke entlang der dicken Verbindungsstraße zwischen den beiden Stationen, den beiden Plätzen. Und die Verbindungsstraße hieß Viale delle Cave Ardeatine. Ansgar rutschte in die Hocke. Viale delle Cave Ardeatine. Ein schlechter Witz.

STRASSE DER ARDEATINISCHEN HÖHLEN. Auf die war er schon bei seinen Vorbereitungen gestoßen. Er hatte nach den Fosse Ardeatine gesucht, ein anderer Name für denselben Tatort. Die ardeatinischen Höhlen hatten damals, laut einem italienischen Zeitungsartikel, den ihm die blonde Frau Niemeyer-Amadeo von der Dokumentation auf Pauls Wunsch schon am Freitag übersetzt hatte, noch weit vor der Stadt gelegen, in der Nähe einer alten Abtei der Salesianer. Die Mönche, hieß es, hatten etwas von dem Massaker gerochen, buchstäblich. Frau Niemeyer-Amadeo hatte die hübsche Nase kraus gezogen ... Ansgar hatte den Artikel mit nach Hause genommen und sich auf dem Weg noch einen Falk-Stadtplan gekauft. In seiner Wohnung lagen ein alter, geerbter Reiseführer aus seinem Geburtsjahr und ein Bildband zur Stadtgeschichte. Den schlug er am Abend zum ersten Mal auf. Das Kapitel über die in Frage stehende Vergangenheit trug den schillernden Titel, den Rom selbst in jenem kurzen Jahr bekommen hatte, schön, aber unheimlich: offene Stadt. Die Schwarzweißbilder, Fenster in die Vergangenheit, zwangen zum Hineinschauen. Ansgar überflog die Bildunterschriften, betrachtete die verwischten, retuschierten Fotografien. Die Menschen sahen aus wie gehetzte Hasen, zu Tode erschöpft, und die Stadtansichten – eine Bar mit

Leuchtschrift, ein Treppenhaus, ein Plakat an der Mauer, eine Mülltonne, ein Gassenbogen – wirkten inszeniert wie Filmstills. Obwohl der Beiname der Stadt eine Öffnung versprach, schien sie aus geschlossenen Räumen zu bestehen. Ansgar blieb draußen; ihm war, als könnten sich seine Augen nicht an die Dunkelheit gewöhnen. Als er endlich auf das Bild vom Eingang zu den Höhlen mit dem Beiwort *ardeatinisch* stieß, war er enttäuscht – er hatte endlich einen Einblick in die Tiefe, in die kalte Mechanik und die heißen Eingeweide des Verbrechens erwartet, doch diese harmlose Lücke in einer harmlosen Mauer war wieder nur ein Ausschnitt, der mehr verbarg als enthüllte. Also hatte Ansgar den alten Reiseführer konsultiert. Ein Lageplan zeigte die Gedenkstätte der Fosse Ardeatine. Friedlich lag sie neben der Abtei. Eine Sehenswürdigkeit gehörte dazu, irgendwelche christlichen Katakomben, und in unmittelbarer Nähe führte die Via Appia Antica an dem Komplex vorbei. Unter dem Foto mit den dicken schwarzen Pflastersteinen und den obligatorischen Ruinen und Zypressen stand *Regina Viarum* – Königin der Straßen. Parallel zur schnurgeraden Appia verlief in sanften Schwüngen die Via Ardeatina. War sie später gebaut worden? War die antike Appia für Autos gesperrt? Vielleicht war die neue ein asphaltierter Ersatz für das Gerumpel auf der alten Strecke. Aber warum die Schlangenlinien?

Allmählich hatte sich Ansgar auf seinem virtuellen Spaziergang verheddert. Es war spät. Er saß am offenen Fenster – auch in Hamburg war es warm –, trank Bier und fing an, nach allem zu suchen, was mit dem Stichwort Ardeatina zu tun hatte. Der Tick eines Menschen mit schlechtem Orientierungssinn: Namen, Zahlen, Namen. Im Verzeichnis auf der Rückseite des Stadtplans fand er noch mehr ardeatinische Straßen und Plätze. Auf die Vorderseite schaute er nicht. Der Reiseführer erwähnte ein ardeatinisches Stadttor, ja ein ganzes ardeatinisches Viertel. Er enthielt auch das Kapitel über die faschistischen Bauten, mit schönen Schwarzweißfotos von den Arkaden des weißen Kolosseums auf dem Weltausstellungsgelände, den weißen Heldenstatuen davor, den unendlichen Freitreppen – und vom pompösen weißen Säulengang des Ostiense-Bahnhofs. Da hatte gestanden …

Ein Ruck, ein Riss in der Lasche des Stadtplans – Ansgar hatte in der Hocke das Gleichgewicht verloren. Er lehnte sich gegen die Begrenzung des stillstehenden Laufbands. *Straße der ardeatinischen Höhlen?* Jetzt erinnerte er sich. Da hatte gestanden, dass nach dem Bau des Bahnhofs eine Straße mit dem Namen des hohen Gastes geschmückt wurde, der dort aus dem Zug stieg – eben jene, die zur Pyramide führte. Mit dem monumentalen Allerlei hatte man den Führer beeindrucken wollen. Zweifellos war er auf die Pyramide zugeschritten, mit Militärparade natürlich: auf demselben Weg, den Ansgar unten entlangkroch. Ein paar Jahre später hatten die Römer ihrer Adolfhitlerstraße den Namen der Höhlen gegeben, in denen seine Opfer übereinanderklettern mussten, und drunter neue Höhlen gegraben. Welch kranke Idee. Und welche Begrüßung für ihn, Ansgar: Gleich auf den ersten Schritten stieß er auf die Spuren des Mannes, um dessentwillen er nach Rom geschickt worden war.

Ob es hier damals auch eine Straße mit seinem Namen gegeben hatte? *Via Erich Priebke* … Wenn, dann nur eine bescheidene Seitengasse, genauso mickrig wie jetzt der Auftrag. Paul Just war die Sache Priebke nicht mehr als eine Spalte wert. Ein paar Zeilen, um den Lesern den Landsmann vorzustellen, der vor einem halben Jahrhundert in Rom einen Befehl ausgeführt hatte. Etwas mehr für den Vorgang selbst, Priebkes Verurteilung durch das Tribunal im Viale delle Milizie. Für die Vorgeschichte einige überschaubare Zahlen. Insgesamt zu wenig, um die Reisekosten zu rechtfertigen. Dennoch hatte Ansgar die zweifelhafte Auszeichnung annehmen müssen, die ihn zum zweiten Mal in seinem Leben nach Rom führen sollte. Keiner der Kollegen hatte auf der Redaktionskonferenz den Einwand erhoben, dass es vor Ort genug Freie gebe, die man zu diesem Zweck mieten könne. Die Zustimmung war einhellig spöttisch gewesen. Rom am ersten August! Pack die Bermudas ein, sagte einer. Die Birkenstocks, ein anderer. Und die weißen Socken … nichts, was ihn dazu anhielt, sich freiwillig in die Abgründe der Geschichte zu begeben.

Entsprechend flüchtig hatte er gestern in der *Spiegel*-Redaktion endlich die Fakten zum Fall Priebke gesichtet. Die Dokumentation hatte die wenigen Prozessberichte heraufgeschickt, die sich seit Mai angesammelt hatten. Als er sie im Büro durchlas, entdeckte er, dass Priebke just an diesem Montag seinen 83. Geburtstag feierte (sofern man in einem Gefängnis feiern konnte). Am Mittag landete noch eine Mappe mit Kopien auf seinem Schreibtisch – Zeugenaussagen aus den Nachkriegsprozessen, ein paar transkribierte Angehörigen-Interviews aus dem Rundfunkarchiv, das Memorandum, das der Angeklagte dem Gericht Anfang Juni vorgelegt hatte (laut Anmerkungen in einer Mischung aus Italienisch und Spanisch) sowie eine Zusammenstellung der Daten des Massakers. Nur das letzte Papier hatte er studiert – und wie immer alle Zahlen sofort im Kopf gespeichert; den Rest hatte er auf dem Flug durchschauen wollen, war aber bei der FAZ hängengeblieben. Hatte er die Mappe wieder eingesteckt?

Ansgar stützte ein Knie auf den dreckigen Kunststoffboden, öffnete den Reißverschluss – und griff mit beiden Händen um sich. Zusammen mit der Abdeckung hatte er den Mappendeckel aufgeklappt; die Blätter segelten heraus, schwebten, fielen, entfernten sich schleifend. Füße traten darauf, Hände reichten sie an ihn weiter, Gesichter erschienen auf der Höhe seines Gesichts und verschwanden wieder. Einen nach dem anderen legte er die verschmutzten Zettel wieder zusammen.

Eine Gruppe von Häftlingen ging hinein, eine zweite undsoweiter ... Die Höhle musste wohl voll sein, denn auf einmal gab es einen Stau ...

Schauen Sie ... wenn ich anfange zu denken mit geschlossenen Augen ... dir vorzustellen, dass in dem Moment dein Vater ... so gebrochen, so kläglich ... Madonna, wie Schafe ... Sie haben sie zu fünft reingebracht, verstehen Sie ... und dann einer über dem anderen ... mein Onkel, mein Vater einer über dem anderen ... was weiß ich ...

Ganz Rom soll diese LKWs nicht gesehen haben? Keiner soll diesen LKWs gefolgt sein? Das frage ich mich seit fünfzig Jahren. Keiner hat gefragt: Warum blockieren sie die Straßen?

Die Deutschen gingen unter dem Einfluss des Kognaks bei ihrer Arbeit immer schlampiger vor ... zielten schlecht ... ohne ein lebenswichtiges Organ verletzt zu haben ... Haufen hatte nunmehr eine Höhe von fast zwei Metern ... nicht mehr zu erklettern ... Quertunnel im rechten Winkel zur ersten Exekutionsstätte eine neue Leichenpyramide ... beide nahmen insgesamt eine Fläche von achtzehn Quadratmetern ein ... allem Anschein nach fügten sich die Opfer ... begannen die deutschen Pioniere sofort mit der Sprengung der Höhlen ...

Ich, Erich Priebke, bin geboren den 29. Juli 1913 in Berlin-Henningsdorf ... hat mir der Chef einen Arbeitsplatz in Rapallo vermittelt ... Toleranz gegenüber dem Nächsten ... Gleichheit der Menschen ... Kenntnis der italienischen Sprache ... Versetzung nach Rom ... keine Verhaftung und kein Verhör durchgeführt ... teilte uns anderen in der Mensa mit ... Platz für die Exekution suchen ... gutes Beispiel für die Unterführer und die einfachen Soldaten ... mir Anweisung gegeben zu kontrollieren, und dazu die Liste ... Ich habe zum ersten Mal am Anfang geschossen ... alle Of-

fiziere müssten ein zweites Mal schießen ... eine persönliche Tragödie ... lernte ich Italien und seine Menschen lieben ... wegen des Irrtums der fünf Personen ... Überprüfung der Listen ... Angehörigen meine Teilnahme ... Ich erinnere mich an nichts ... Ich schließe nicht aus ... Ich betone ... ich weiß nicht ... aktives Mitglied des Automobilclubs und Ehrenmitglied des Deutsch-Argentinischen Kulturvereins ... Jahr um Jahr den deutschen Nationalfeiertag ausgerichtet ... Gott gedankt ... nie damit zu tun ...

Seltsam: Auf diesem Blatt hatte jemand ein paar Worte mit grünem Textmarker angestrichen: *Ich erinnere mich an nichts ... Ich schließe nicht aus ... Ich betone ... ich weiß nicht ... nie damit zu tun ...*

Er schob die Papiere zwischen die Pappdeckel zurück, steckte die Mappe weg, hob Tasche und Tonbandgerät auf. Vom Aufstehen aus der Hocke war ihm schwindlig; er stützte sich auf den Handlauf, dann lief er los. Die Luft in der engen Röhre schien ihm zum Ersticken knapp.

»Signore?«

Jemand tippte ihm auf die Schulter. Eine Frau reichte ihm ein Blatt und eilte weiter, bevor er reagieren konnte. Einen Moment lang dachte er, sie hätte ihm ein Flugblatt in die Hand gedrückt.

Da war Priebke mit der Abschrift der Liste ... strich diejenigen, die hineingegangen waren ... kam ein Gefangener, der nicht auf der Liste stand ... Was mache ich mit den fünf, die alles gesehen haben?

Er knüllte es zusammen und warf es weg – wieso hatte er nicht alle auf dem Boden liegengelassen? Während er rannte, ertappte er sich bei der Vorstellung, dass die Straße oben leer war, für Menschen gesperrt. Alle wurden in die Untertunnelung gelenkt, und kaum einer fragte sich warum, kaum einer wusste, dass er jedesmal, wenn er unter der Via delle Cave Ardeatine entlanglief, eine Führung durch ein patriotisches Museum absolvierte: Erleben Sie das ardeatinische Höhlengefühl hier und heute, in neonbeleuchteten blauen Schläuchen, auf modernen Laufbändern und Böden mit schwarzen Plastiknoppen ... Endlich war auch dieser Gang zu Ende. Er führte ans Tageslicht, auf eine Plattform mit Sichtfenstern nach draußen, mit Telefonen, Ticketautomaten und Rolltreppen, die – seltsamerweise abwärts – zu den Metrogleisen im Freien führten.

Der orangerote, über und über besprayte Kasten, der in die Station brauste, fuhr direkt nach der Abfahrt wieder in einen Tunnel, aber Ansgar, zwischen fremden Körpern eingezwängt, atmete auf, und selbst die rohen, hallenden Betonschächte, durch die er bei der Ankunft am Termini-Bahnhof mit einer zusammengestauchten Menschenmasse geschoben wurde, schreckten ihn nicht, Bögen und Hallen und endlose Parallelrolltreppen, hinauf, hinauf, bis er in der schmutzigen Kathedrale aus dem Boden stieg; durch schmutzige Glastüren trat er in die Hitze und blieb unterm Vordach stehen. Geschafft.

Der Platz lag ausgebleicht unter der Sonne, Busse kurvten wie planlos umher, Menschen hockten in Sippschaften auf den Rändern bepflanzter Betonkübel, vorn im Schatten fuhren Taxis an. Ansgar kramte nach dem Etui, und als er wieder aufsah, die Sonnenbrille auf der Nase, stand Ellinor im grünlich gedämpften Licht vor ihm und streckte theatralisch die Arme aus, nackte Arme, über den freien Schultern die Träger eines blümchenbunten Sommerkleides. Er hatte vergessen, wie jung sie war. Der Saum flatterte um ihre Schenkel, und jetzt merkte er, dass ihm ein heißer Wind entgegenschlug.

LANGSAM KROCH das Streifenmuster, in dem die Lamellen der Fensterläden wiederkehrten, über Walters Morgenmantel und weiter auf die nackten Dielen. Seit die Sonne das

Zimmer von draußen belagerte und erbarmungslos aufheizte, blinzelte Walter immer wieder durch einen Lidspalt auf die Lichtblöcke und schob den Moment hinaus, aufzustehen und einen Schluck Wasser aus dem Hahn zu trinken. Der Wunsch, die geschwollene Zunge, Gaumen und Zahnstümpfe zu spülen, kämpfte gegen den Wunsch, unter den Lidern seinen Morgentraum wiederzufinden, vielleicht sogar weiterzuträumen. Er hatte Walter die Erlösung von seinem alten Alptraum versprochen. Eine, vielleicht auch nur eine halbe Stunde war es her, dass Andrzej plötzlich ein anderes Gesicht getragen hatte. Andrzej verfolgte ihn. Jedesmal, wenn sich Walters Phantasie beim Nachhausekommen bei einem anderen niederließ, wenn er mit der Hand auf dem Schwanz und der Vorstellung von einem gekrümmten Nacken, einer zart hervorstehenden Wirbelsäule, einem schönen Hintern oder schönen Lippen weggedämmert war, kam Andrzej vom Himmel, schlüpfte in seinen ohnmächtigen Morgenschlaf und beklagte sich bitter. Meistens trug er seinen jämmerlichen Seminaristenrock mit dem schwarzen Stehkragen, ein paarmal trat er wehrlos und weißhäutig in Unterhosen auf, einem knappen Siebzigerjahre-Dreieck. Er sagte nichts, er hockte nur zusammengesunken auf dem Boden. Die hellen Augen über den hohen Wangenknochen fixierten Walter: weiße Körner zwischen den blonden Wimpern, rote Ränder, Andrzejs wunder Eifersuchtsblick. Hinter diesem Schrecken lauerte ein größerer. Wenn er Walter hart bestrafen wollte, stand Andrzej auf, jedesmal unerwartet, und ging auf das rechte Fenster zu, natürlich stand es offen; das reichte, um Walter aus dem Schlaf zu reißen. Dann saß er aufrecht mit hämmerndem Puls, schreiend oft, schluchzend, fluchend. Er heulte um Andrzej, den Engel. Der Engel war fort, für immer. Einfach weggeflogen. Wohin? In die Vorhölle zu den lauen Seelen? Nach unten zu den Sodomiten? In die Tiefe auf jeden Fall. Fünfzehn Jahre war das her und so frisch, als wäre seither die Sonne noch nicht ein einziges Mal untergegangen – die Sonne, die am Morgen danach wie immer gebrannt und Walters Herz verkohlt hatte bis auf einen kleinen Rest, den er schützte, indem er sie von da an aus seiner Wohnung aussperrte.

Draußen war Walter für die Zukunft zuständig, Andrzejs Fenstersturz aber hatte ihn mit Vergangenheit geschlagen. Seitdem strebten seine Tagträume rückwärts. Sie drehten sich in Spiralen um das Geschehene und störten die Geister auf. Als erster Wiedergänger war sein Vater erschienen, Otto Haymon, von dem doch nur ein Bild übrig war – eine dunkle Pfütze hinter der Scheune. Hinter der Scheune hatten die Russen den Vater erschlagen; Walter erfuhr es erst als Sechsjähriger in der Schule, denn seine Brüder redeten nicht mit ihm. Die Russen, das waren die Arbeiter aus Russland und Polen, die auf dem kleinen Hof gewohnt hatten, da wo es stank, in den Holzverschlägen. Und erschlagen, das bedeutete, sie hatten ihn zu Tode getrampelt und waren danach mit dem Traktor über die Leiche gefahren, so oft, dass man sie hinterher vom Pflaster kratzen musste. Otto Haymon hatte es verdient, hieß es. Er hatte die Sklaven morgens zum Appell antreten lassen, er hatte sie mit der Peitsche verprügelt, und im Winter hatte er ihnen verboten, Strümpfe zu tragen. Ein paar waren erfroren, ein paar verhungert, doch so hoch der Verschleiß auch war, er bekam immer neue zugeteilt. Die letzten hatten es ihm heimgezahlt und waren dann abgehauen, die anderen lagen neben ihrem Schinder auf dem Friedhof am Dorfrand. Später hatte Walter Ottos Grab aufgebuddelt, in Nachtschichten. Die Jungen, die ihm in der Schule »Hexer« nachschrien, halfen ihm dabei. Tagsüber fesselten sie ihn auf dem Klo mit seinen eigenen Hosen und ließen ihn Zigaretten essen, weil er ihre Noten voraussagen konnte, seine eigenen aber nicht. Für sie war er ein gefährlicher Idiot, für die Lehrer eine gefährliche Intelligenzbestie. Sie hassten ihn wie alle Erwachsenen im Dorf, denn er gab sich mit dem Pack ab, den Besatzungssoldaten und den Ostaussiedlern, Tommys, Polacken und Russkis, die kein anständiger Mensch verstehen konnte. Er vermisste seinen Vater. Ein Knochen nur hätte ihn wieder lebendig gemacht, hätte einen Mann aus der schwarzen Pfütze steigen lassen, der ihn beschützte. Doch beim Graben stieß er nicht einmal auf Holz. Sein einziger Trost war die Vorstellung, dass Otto vielleicht doch noch lebte. Dass er ihm eines Tages begegnen würde. Dass er wirklich hinter der Scheune zerstampft worden war, verstand Walter Haymon erst in den ersten Wochen, die er allein im Viale di Trastevere verbrachte. Da war er genauso alt gewesen wie sein Vater damals. Und nie hatte er stärker empfunden, dass er mit diesem grausamen Hinterwäldler verwandt war.

Der, den er Vater nennen sollte, hieß in Wahrheit Arend und war ein Schwein. Nachts verprügelte er die Mutter im Schlafzimmer, Walter hörte seine Schläge und ihre Schreie; tagsüber verprügelte er ihn und seine Brüder. An einem Weihnachtsabend schlug er Bodo, dem Ältesten, mit einer leeren Flasche ins Gesicht, sie zerbrach an Bodos Zähnen und schnitt ihm die Lippe durch; Bodo spuckte seinem Stiefvater einen Zahn vor die Füße und verschwand – für immer, wie sich herausstellte. Da waren es nur noch sechs, fünf Brüder und eine Schwester. Magdalene war vier Jahre älter als Walter. In jener Nacht schlich Walter zu ihr ins Bett und verriet ihr, dass sich Arend beim Schnapsholen von der Kellertreppe zu Tode stürzen würde. Magdalene drückte sein Gesicht in ihre Halsbeuge, sie schlang ihre Beine um seine Beine, bis er aufhörte zu zittern, und flüsterte zurück: Ja, das wird er, das ist gut, das wird er bald. Das war der Anfang ihrer

Liebe. In der ersten Februarwoche krachte die oberste Stufe der Kellertreppe unter Arends Füßen ein, er brach sich einen Halswirbel. Obwohl er erst Jahre später starb, in irgendeinem Pflegeheim, er konnte da nur noch den Mund und die Augen bewegen, wusste Walter im selben Moment, dass seine Zukunft begonnen hatte.

Arend war der zweite, der nach Andrzejs Tod auftauchte. Er behauptete, Walter habe ihn umgebracht. Unzählige plapperten es ihm nach. Aber Walter hatte nur einen auf dem Gewissen: Andrzej. Mehr wollte er sich nicht anhängen lassen, so laut die Geister in seinem Schädel auch brüllten. Selbst Magdalene zischte vorwurfsvoll, du kleine dreckige Laus, wegen dir sind sie mir an die Wäsche gegangen. Dabei war es nicht seine Schuld, dass sie fliehen musste, im Gegenteil – er hatte ihrer beider Schuld bezahlt, er war geblieben und hatte das erlebt, was sie ihr nur angedroht hatten, eine ihm auf den Leib geschneiderte Variation. Als er sich rächte, tat er es auch für sie. Er packte aus. Er kündigte der schwangeren Pastorin den Tod ihres Kindes an und dem Tierarzt seinen Krebs, er sagte die Gasexplosion in der Dorfkneipe voraus, den Mord im Flüchtlingswohnheim, den Schlaganfall des Bürgermeisters, das Ende des kleinen Christian, der an der Mühlbachbrücke von einem Ast erschlagen wurde, und den Selbstmord seiner Mutter, der Molkereilaborantin. Jedesmal, wenn sich eine Prophezeiung erfüllte, rückten seine Peiniger weiter von ihm ab. Um ihn wuchs ein Bannkreis aus Angst und Neugier. Dafür nahmen sie sich seine Brüder vor, einen nach dem anderen, und diese Methode hatte Erfolg. Zu fünft gaben ihm diese eines Tages alle Prügel auf einmal zurück, die sie für ihn eingesteckt hatten. Seine Mutter pflegte ihn. Er lag in ihrem Schlafzimmer. Wochenlang sah er niemanden sonst. Die Mutter bewachte ihn. Sie, die er hatte beschützen wollen, musste ihn beschützen. Langsam wuchs

Walter wieder zusammen, nur die Zahnlücken blieben. Er begriff, dass er versagt hatte. Deshalb ließ er sich von seiner Mutter wegschicken. Das Schlimmste daran war, er wusste, er würde sie nicht mehr wiedersehen. Er ging nach Hannover, zu Magdalene, doch Magdalene behauptete, sie sei verlobt, und warf ihn nach ein paar Tagen raus, als kein Verlobter kam und er wieder in ihr Bett kriechen wollte. Da fing Walter ganz von vorne an. Er war sechzehn. Sechzehn Jahre später ging er nach Rom.

Da hatte er viel gelernt, er war von Grund auf verdorben, er hatte seine Kunst vervollkommnet, und er hatte sich ein erstklassiges Gebiss gekauft. Solange er die Zahnlücken gezeigt hatte, wenn er seine Wahrsagungen ins Geschäft einfließen ließ, hatten die Männer der Hannoveraner Provinzunterwelt seinen Gossencharme geschätzt, doch erst sein künstliches Lächeln verschaffte ihm den Durchbruch. Seither starrten die kleinen Bosse auf seinen Mund wie in den Pistolenlauf beim Russisch Roulette – trifft es mich oder hab ich Schwein? – und lächelten gequält zurück. Er handelte mit Schmutzfilmen und Morphium, er war eine Hinterzimmerberühmtheit, bekannt bei Prostituierten, Transen und Schwulen, in den Studentenklubs bewunderten und fürchteten sie ihn als Psychedeliker und Hypnotiseur, Verführer und Pornographen. Er weissagte wie ein Schamane, redete unter Drogen und in Zungen, auf Polnisch, Englisch, Russisch, Tschechisch, Französisch, Spanisch. Zuletzt lernte er Latein, um Andrzej zu erobern.

Dass Andrzej sein Engel war, wusste er schon, bevor er ihn gesehen hatte. Es war im Sommer 1972, nicht lange vor Walters dreißigstem Geburtstag, als ihm die polnische Hure Natasza von dem angehenden Theologiestudenten aus Hildesheim erzählte, einem Freier, um den sie der ganze Puff beneidete. Ganz unschuldig, sagte sie verliebt. Eine Haut wie ein Baby, und fromm dazu; nie ging er zu einer anderen. Er war ein Landsmann von ihr, blond, schüchtern, längst nicht volljährig und so katholisch, dass er darauf bestand, sie Maria zu nennen. Sie hatte ihm einen festen Termin reserviert. Jeden Samstagnachmittag kam er mit dem Zug, sie verbrachte eine süße Stunde mit ihm, die mit einem gemeinsamen Vaterunser abschloss, und er ging wieder zum Bahnhof. Walter sorgte dafür, dass er Andrzej auf diesem Weg zufällig traf. Am Samstag darauf brachte er ihn zum Zug, am nächsten schon übernachtete Andrzej in Walters Wohnung – wenn auch widerstrebend, denn in Hildesheim stand er sonntags um sechs auf, ging um sieben zur Beichte und paukte von acht bis acht für das Große Latinum. Walter hatte sich nicht geirrt. Umso mehr hielt er sich zurück. Er wartete, dass Andrzej selbst erkannte, wie es um ihn stand, und lernte Lateinisch. Andrzejs Wochenende bekam einen neuen Stundenplan: Um sechs traf ihn Walter in einem Imbiss in der Nähe des Bordells, von sieben bis Mitternacht studierten sie Cicero, am Sonntag früh nahm Walter Andrzej die Beichte ab. Natasza wurde eifersüchtig. Andrzej bestand die Aufnahmeprüfung, und Walter wünschte sich zur Belohnung, er möge am folgenden Samstag zu seiner Geburtstagsfeier kommen. Er bestellte ihn so früh, dass er Natasza schwänzen musste. In der Tür hielt sich der Junge kokett einen betäubend duftenden Strauß Freesien vors Gesicht und ließ seinen polnischen Akzent holpern, als er seinem Cherr Lehrer cherzlich gratulierte. Verwirrt, aber nicht ganz überrascht stellte er fest, dass er der einzige Gast war, und trank den ersten Champagner seines Lebens; dann ließ er sich mit Begeisterung die reine Seele aus dem Leib vögeln. Später weinte er vor Schmerz, Scham und Erleichterung.

Mein armer kleiner Don Camillo, sagte Walter und vergaß, dass er Peppone war, der Teufel mit der Mistgabel: Er selbst war der blinde Fleck seiner Hellseherei. Der Vergleich mit den beiden italienischen Wappentieren nämlich war prophetisch. Andrzejs religiöser Eifer blähte sich immer mehr auf, statt unter Walters Sticheleien zu entweichen, ja er wuchs mit der Dauer und der Intensität ihrer Ausschweifungen. Nach einem Jahr Hin und Her zwischen Hildesheim und Hannover setzte sich Andrzej in den Kopf, er müsse sein Hauptstudium am Ursprung absolvieren, der päpstlichen Universität zu Rom. Walter warnte ihn vor all den falschen Heiligen, dem Jesuitenpack und den Vatikanheuchlern, doch er merkte schnell, dass er damit Andrzejs Widerstand reizte. Der Kleine erwartete von der Ewigen Stadt die Rettung vor dem Fegefeuer und hätte Walter eher verlassen, als darauf zu verzichten. Im Sommer reisten sie hin. Rom, Anfang und Ende. Die Stadt glich selbst einem Höllenfeuer, doch Andrzej ließ sich nicht abschrecken. Also mieteten sie eine Wohnung. Sie war winzig und lag am Campo de' Fiori. Walters Triumph war der Blick auf die Statue des großen Ketzers Giordano Bruno, den die Inquisitoren am selben Fleck verbrannt hatten. Andrzej wurde Student an der Gregoriana, Walter Kartenleger an der Piazza Navona. Andrzej verkümmerte, Walter wurde reich und berühmt. Bald war ihr Zusammenleben das von zwei Irren in einer Zelle ohne Wärter. Walter kaufte die große Wohnung im Viale di Trastevere und ließ sie wie einen Bürgerpalast des 18. Jahrhunderts ausstatten. Es half nichts. Nach einer Weile zog sich Andrzej ins kleinste Zimmer zurück – deine Betzelle, spottete Walter – und schloss sich ein, verweigerte sich. Walter warf ihn ein paarmal raus, um sich mit anderen, alle blond wie Andrzej, zu vergnügen. Er schickte den Stubenhocker zum Spielen vor die Tür und ahnte nicht, dass noch die harmlosesten seiner Grausamkeiten ihn einmal selbst foltern würden. Schließlich war es ihm egal, er lud, ja quartierte seine Liebhaber ein und ließ den Kleinen zugucken, wenn er wollte. Am Anfang wirkte es, Andrzej kroch zu Kreuze, wehrlos und weißhäutig, sie versöhnten sich, aber danach wurde es jedesmal ärger. Du liebst deinen Scheißjesus mehr als mich, schrie Walter, und Andrzej flüsterte, du liebst die Sünde mehr als mich. Er vernachlässigte sein Studium und ging fast nur noch aus dem Haus, um seinem deutschen Pater zu beichten, der schließlich das Schweigegebot brach und Andrzejs Lasterleben einem Höheren beichtete. Der verirrte Zögling bekam die Auflage auszuziehen; man bot ihm ein Zimmer im deutschen Priesterkolleg an. Walter tobte und kämpfte. Die Inquisition zog die Daumenschrauben an. Sie drohte Andrzej mit der Relegation von der Universität und stellte ihm ein Ultimatum. Walter drohte, wenn Andrzej nicht bleibe, wolle er ihn nie wiedersehen. Blind und siegessicher kaufte er dem Jungen zum Tag der Entscheidung eine sündhaft teure Belohnung, die Göttliche Komödie, übersetzt vom Sachsenkönig Johann, in der Erstausgabe von 1849, und malte sich aus, wie er ihm zum nächsten Geburtstag eine italienische Ausgabe schenken würde, um ihm endgültig sein Kirchenlatein auszutreiben. Aber Don Camillo war von seinem Christus verlassen. Als er einen Tag vor dem Ablauf der Frist aus dem Fenster flog, versagten seine gestutzten Flügel.

Ein dunkler Fleck auf dem Pflaster. Der Teufel hatte ihn geholt. Doch sein Schatten kehrte zurück.

Dieses Mal war er direkt aus der Wand gekommen, nicht wie sonst von der linken Seite, dem Flur, an dessen Ende sein Zimmerchen lag, die Rumpelkammer. Walter sah nur die Füße. Sie waren nackt und hinterließen nasse Spuren, unzählige, ein langer, immer längerer Weg auf den wenigen Metern zwischen Wand und Bett. Walter wusste, wenn er von den Füßen hochschaute, würde Andrzej längst bei ihm angekommen sein, und er würde in dessen rotgeränderte Augen schauen müssen. Er wollte nicht. Er suchte nach einem Ausweg, und er wusste, es gab einen. Da war eine Formel, ein Durchgang zwischen der Angst und der Neugier, zwischen den Füßen auf dem Boden und dem Gesicht außerhalb seines Blickfelds. Ihm fiel plötzlich auf, dass die Füße des Eindringlings Tanzschritte andeuteten, unsichtbar wie Gedanken, Pirouetten, die ihn an die Märtyrerkarte erinnerten, den Gehängten – seine elegante Haltung überkopf, gestrecktes Bein, angewinkeltes Bein und die Arme hinterm Rücken gekreuzt. Ich muss die Karte umdrehen, dachte er, und dann sah er das Zeichen. Unter den näher tanzenden Füßen schleifte ein langer Schweif, er wischte durch die kleinen Wasserpfützen, und es fuhr in ihn wie eine Erleuchtung, als er die Kordel des Morgenmantels erkannte, die unheimliche, wunderschöne, entsetzlich verführerische Kordel. Er lebt, dachte er, er ist da, und fing an zu sehen. Zuerst den Hintergrund. Da, wo die Wand gewesen war, war eine Tür, die Tür zum Badezimmer. Sie war in die Mitte gerückt und vergrößert worden, weiß lackiert und doppelflügelig, mit geschnitzten Randornamenten und goldenen Klinken. Ein herrschaftliches Bad musste dahinterliegen. Richtig, gestern war der Klempner da gewesen und hatte den Siphon ausgetauscht, und dabei hatte er endlich Walters Wunschbad eingebaut mit blauen und türkisgrünen Kacheln und einer dreieckigen Badewanne, von innen beleuchtet, mit geschnörkelten Hähnen und eingelassenen Spiegeln. Langsam schaute er auf, er ließ den Blick von den Füßen nach oben gleiten, und in derselben Bewegung hob der Klempnerjunge den Kopf und schaute ihn an, ohne Lächeln, aber unendlich weich, helldunkel, weiße Haut, dunkles Haar, dunkle Augen, ein unberührtes Gesicht. Der Wunsch war zu stark, Walter ahnte, dieses Gefühl würde ihn wecken, was tun, flehte er, was tun, nichts, warte, lass ihn, lass doch ihn das Richtige tun, aber er sah schon das Flimmern unter den Lidern, fühlte den Schweiß zwischen Brust und Armen, sah den Jungen sich auflösen, hielt still, wartete weiter, spürte das Bewusstsein einsickern. Dann das Licht. Die Wildnis hinter den Fensterläden.

Er setzte sich auf. Im Bad dann beugte er sich zum Hahn, ohne das verfallene Gesicht im Spiegel anzuschauen. Ungehindert floss das Wasser ab, kein schmutziger Stau mehr. Auf dem Waschbeckenrand lag das Gebiss, und einen schamheißen Augenblick fürchtete Walter, der Klempner könne es gesehen haben. Zurück am Bett, stieß er den Morgenmantel mit dem Fuß beiseite und hob den Motorradhelm auf, den er am dunklen Morgen hingeworfen hatte, direkt auf den Dante, dessen aufgeschlagene Seiten zerknittert waren: *An diesem Tage lasen wir nicht weiter ...* Er holte das Geldbündel aus der Höhlung und zählte die Scheine vom Vorabend, sechshunderttausend, gut für eine Montagsarbeit. Mittagsverkehr dröhnte von der Straße herauf. Die Lichtblöcke kletterten an der Wand hoch, verzerrt vor Anstrengung. Laut und stickig stand der Tag im Zimmer und drängte ihn hinaus. Fünfzig steckte er ein. Die Brille. Das Tarotblatt und die Zigarren. Er schob die nackten Füße in die weißen Santini-Schuhe, setzte den Hut auf und hängte den Helm über den Arm. Im Treppenhaus war es still, es roch nach Zwiebeln und Salbei. Die Stille war so undurchdringlich wie der Straßenlärm, der das Zimmer erfüllt hatte. Nur eine Stelle im Hinterkopf, wo der abgebrochene Erlösungstraum stillstand, fühlte sich transparent an wie ein Loch, offen für das Wirkliche. Er trug es mit sich, die vier Stockwerke hinunter und durchs Portal, hinaus in den trüben, schweren Traum von der Ewigen Stadt, der nie, nie aufhörte.

Ein afrikanischer Wind hatte ein Häufchen Abfall und trockene Platanenblätter am Türrahmen zusammengefegt, schaukelte die Dessous und Damenblusen an ihren Bügeln am Kleiderstand auf dem Gehsteig, ließ glitzernden Staub über den Asphalt wirbeln und die Plastikschnüre in der Tür des Angelino flüstern. Sandro stellte ihm den Espresso hin, kaum dass sein Schatten in den Eingang der Bar fiel. Am Tresen fluchten die Angestellten des Erziehungsministeriums über die Hitze, wie sie es jeden Tag taten. Es war jeder Tag. Walter klatschte unwillkürlich mit der Hand auf das polierte Holz, als wollte er eine Fliege erschlagen, und als Sandro sich umwandte, bestellte er einen Amaro. Der Morgenkellner zuckte mit keiner Wimper. Der Alkohol verlangsamte die Bewegungen im Raum und hinterließ eine angenehm klebrige Mattigkeit, doch auf dem *motorino*, im Fahrtwind, lag eine kalte Hand in Walters Nacken. Trotz des Helms zog es durch die Öffnung in seinem Kopf. Am liebsten hätte er sich umgedreht, um nachzusehen, ob nicht jemand hinter ihm saß. An der Ampel vor der Brücke schloss er für einen Moment die Augen, und sofort senkte sich der weiche Blick wieder auf ihn, sanft und autoritär wie Hände, die seine Schultern hinunterdrückten.

Er war viel früher dran als sonst, eine Stunde vielleicht, bevor die tote Zeit anfing, in der nur noch die Touristen unterwegs waren. In den Gassen jenseits der Brücke war zu viel Leben, sinnlos herumschlenderndes Volk stolperte ihm vor die Räder. Der Traum hatte ihn geschwächt, hatte ihm Widerstandskraft genommen, den Schmerz gemildert. Andrzej drohte sich zu verabschieden. Walter fühlte sich wie ein Verräter. Er wollte keinen Straferlass. Auf der kurzen Rennstrecke parallel zur Piazza Navona beschleunigte er, bevor er scharf nach links abbog, als könne er so das Schwächegefühl abschütteln; die entgegenkommenden Autos hupten. Unter den Arkaden nahm er den Helm ab und setzte den Hut auf. Sein Schädel dröhnte wie ein Hohlkörper. In fiebrigen Stößen fuhr der Wind durch das Gässchen. Als er die wenigen

Meter zum Platz hochlief, um Klapptisch und Campingstühle aus dem Hinterzimmer des Café Barocco zu holen, beschloss Walter, noch einen Amaro zu trinken. Er hatte nicht die geringste Lust, heute wach zu werden. Schon jetzt sehnte er sich nach der Dämmerung. Die Touristen unter den Schirmen starrten stumm und ungläubig den rosa schimmernden, dachlosen Flur mit den drei Brunnen entlang, enttäuscht, dass sie die Piazza Navona ein für allemal entdeckt hatten. Drinnen war das Barocco leer. Am Tresen bediente Massimo, Walters Abendkellner, die Orangenpresse. Es dauerte zwei Orangenhälften, bis seine lichtgefüllten Augen am unteren Ende des Tresens die kleine Frau erkannten, die auf einem Barhocker saß. Es war Lidia. Ihr blondierter Schopf schwebte wie ein tiefstehender Mond im Dunkeln. Sie schaute ihm entgegen. Sie rauchte. Vor ihr stand ein Glas Weißwein.

»Ich habe hier einfach auf dich gewartet.«

Walter ging in den Schlauch hinein. »Du bist es. Und ich bin früh heute.«

»Da habe ich Glück«, sagte Lidia. Massimo warf einen Blick über die Schulter. Er hörte Walter selten deutsch sprechen.

»Un Averna«, sagte Walter zu ihm, und zu ihr: »Erzähl.«

»Morgen bekomme ich Besuch aus Deutschland.« Lidia drückte die Zigarette aus, griff sich an den Hals und umfasste die glänzenden schwarzen Kugeln, die auf den Schlüsselbeinen lagen; die alte, ausgetrocknete Haut wellte sich im runden Ausschnitt ihres sackartigen moosgrünen Seidenkleids – eins der altmodischen Markenkleider von den Straßenständen oder vom Flohmarkt an der Porta Portese.

»Ein Journalist«, sagte sie. »Ich fürchte, ich habe einen Fehler gemacht. Einen großen.«

Walter legte den Helm auf einen Hocker. Lidia sagte nichts mehr. Er wartete, bis Massimo den Amaro hingestellt und sich wieder verzogen hatte. Der Barmann lächelte vertraulich. Walter hatte zu oft und zu lange am Tresen geredet, nachts, aus Angst vor der Heimkehr.

»Du willst die Karten«, sagte er, »keinen Rat?«

»Ja«, sagte sie. »Leider. Ich hätte früher kommen sollen. Jetzt geht es nur noch um die blanke Entscheidung.«

»Also nur drei, die Version für Arme?«

Lidias winzige Hand ließ sich sekundenkurz auf seiner nieder und flatterte dann wieder zu der Halskette hoch. »Am liebsten das Hufeisen«, antwortete sie. »Wenn dich das nicht zu viel Zeit kostet.«

»Zeit«, sagte Walter. »Kostet. Wie redest du mit mir. Ich habe Geld. Ich habe Zeit.« Er schnaubte. »Wenn es zu spät ist, hat man alle Zeit der Welt. Ich will nicht, dass dir das auch passiert. Übrigens kein Wunder, dass du hier bist. Irgendwas geht gerade zu Ende. Irgendwas kommt. Es liegt in der Luft. Und das ist nicht der Scirocco.«

»Nein«, sagte Lidia. »Das ist nicht der Scirocco.«

Walter nahm sein Glas, ging zu dem letzten Tisch und zog die Schachtel mit den Tarotkarten aus der Jackettasche. »Komm. Lass uns anfangen.«

DIE KELLNER WIRBELTEN UM DEN TISCH. Sie knüllten die krümelige Papierdecke zusammen, breiteten eine neue aus, befestigten sie mit Metallklemmen, knallten mit ausholenden Bewegungen Brot, Wein und Wasser drauf. Ellinor legte den Kopf in den Nacken und bestellte. Ihr Italienisch klang hart und glattgeschliffen wie die Kiesel im Geplätscher ringsherum. Der heiße Wind und die kullernden Laute gehörten in eine Ferienwelt, die noch außer Reichweite lag, am Horizont einer kitschigen Sehnsucht. Das Rot der Markise widerschien neonhaft in Ellinors rotblondem Haar, dem schütteren Pony über der runden Stirn und den Flügelchen an den Seiten, zurückgeschoben von den Bügeln der Sonnenbrille auf dem Scheitel. Ansgar wusste nicht, ob sie zu diesem Horizont gehörte. Ellinors Augen standen hässlich weit auseinander, aber sie hatte eine grazile, bewegliche Figur, sie war aufgeregt und zugewandt, und im Taxi hatte sie fröhlich gesagt: »Jetzt ist es zu spät, um zu mir zu fahren. Jetzt haben wir richtig Zeit.«

Ansgar hatte das Jackett ausgezogen. Er saß zurückgelehnt und hielt die Hände hinter seinem Kopf gefaltet, was er als eine Haltung von römischer Gelassenheit empfand, und genoss das Gefühl, wie der Wind seine Achselhöhlen trocknete; dabei ließ er sie reden und hoffte, im richtigen Moment in der Gegenwart zu landen. Sie saßen irgendwo in der Nähe des Pantheon, so viel hatte er verstanden. Die Tische standen auf einer künstlichen Terrasse, einem mit länglichen Blumentöpfen abgeteilten Quadrat auf dem Pflaster des quadratischen Platzes. Er war klein und geschlossen wie ein Zimmer im Freien, nicht drinnen, nicht draußen. Schwatzende Gruppen und Paare liefen mitten hindurch. Eben sagte Ellinor:

»Aber einen italienischen Mann heiraten, das kommt nicht in Frage«, und dann entstand eine kleine Gesprächspause, die Ansgar stumm abwartete, aus Überraschung darüber, wie rührend altklug der Satz klang. Das machte ihm Hoffnung auf einen reibungslosen Umgang in den nächsten zwei Tagen. Ellinors Leben in Italien und ob es wohl eine Zukunft hatte und wie arm die deutschen Frauen hier dran waren, die älteren wohlgemerkt, so würde es weitergehen, völlig unkompliziert. Am Ende brachte sie ihn vielleicht sogar zum Flughafen, mit einer kleinen Spottbemerkung über seinen Fehler bei der Ankunft. Das Bild des schwer an ihrer Schulter hängenden Tonbandgeräts verband sich mit dieser Phantasie, denn diesmal würde sie darauf bestehen, es zu tragen, zusammen mit seiner Zukunft, die durch ihre Hilfe darauf gespeichert war. Mit Ellinor würde es glattlaufen; als einzige Zumutung blieb noch der Aufenthalt bei Beate, dieser »alten Schabracke«, wie Ellinor sie vorhin genannt hatte. Auch so ein antiquierter Ausdruck, dachte Ansgar, und mit einem Mal fiel ihm auf, dass da Paul redete und dass Ellinors Erwachsenengetue nichts anderes war als das Strampeln im väterlichen Netz. Aus ihrer eifrigen Selbstdarstellung sprach die verzweifelte Ratlosigkeit, wer um Himmels willen sie eigentlich war. Vermutlich hoffte sie, das in diesen Tagen zu erfahren. Sofort spürte Ansgar eine beunruhigende Verantwortung und, was ihn noch mehr aufstörte, etwas wie Mitleid. Ellinor war zweiundzwanzig. Da kam noch was auf sie zu. Er löste die Hände, schnappte das Weinglas und holte Luft für irgendeinen nachgeholten Begrüßungsspruch – auf unseren Plan, etwas in der Art. Im selben Moment schob sich ein Kellner zwischen sie und stellte krachend einen Korb mit Besteck und Servietten ab, ein Gestell mit Öl, Essig, Salz und Pfeffer und einen Teller mit Crostini. Der Tisch war voll. Ellinor streckte Ansgar den Teller hin und fragte:

»Hast du Angst vor morgen?«

Ja, die hatte er, und er nickte bereitwillig. »Angst vor der eigenen Routine«, sagte er und biss ab. Tomatenstücke fielen auf die Papierdecke. Er wischte sie aufs Pflaster. »Ich bin sicher, da ist sie empfindlich. Und ehrlich, ich rechne damit, dass sie mich rauswirft, wenn sie genug hat. Kommt nur drauf an, was ich bis dahin im Kasten habe.«

»Ich hab mir noch ein paar Fragen überlegt.«

»Bitte nicht«, sagte er.

»Doch. Nur zwei, zweieinhalb. Frag sie, ob sie gern kocht, am besten gleich am Anfang. Ich glaube nicht, dass sie das tut, aber es ist gut für die Dramaturgie, schließlich ist sie auf lauter Tiefsinn gefasst. Und es führt mitten in ihr Werk! Denk an die Trilogie, die Märkte in den Slums und wie sie auf der Straße kochen und die internationalen Lebensmittelkuriere für die Reichen, und dann das Festmahl in der Unternehmerfamilie am Ende des zweiten Bandes. Das große Fressen.« Ellinor lächelte ihn an, ein kindliches Clownslächeln. »Auf die andere Idee hat mich die Bibliothekarin aus dem Institut gebracht, die mit den zwei Kindern, die grade sitzengelassen wurde. Gestern sieht sie mich in der Marin-Ecke stöbern und sagt: Mein Gott, die Arme, so ein schönes Leben hätte die haben können mit ihren Tantiemen. Du kannst mir glauben, ich hatte nicht die kleinste Andeutung gemacht. Ich dachte nur, die Frau weiß gar nicht, wie recht sie hat. Wieso, frage ich mich, hat Lydia auf so viele Einnahmen verzichtet? Sie kommt ja nicht mehr ran. Sie hätte werweißwohin abhauen können oder meinetwegen ein Haus in den Albaner Bergen kaufen oder in der Toscana, damals ...«

»Ellinor. Du hättest das anders gemacht – und ich auch. Grundsatz: Versetze dich nie an die Stelle des Interviewpartners, auch nicht indirekt, das bringt dich immer auf die falsche Fährte. Zweiter Grundsatz: Lass das Geld außen vor. Ich frage sie nicht nach den Tantiemen. Auch nicht, ob sie irgendwelche Rücklagen hat oder heimliche Gönner. Das muss schon von selber kommen. Warum sie in der Stadt bleiben wollte. Wieso gerade in dieser Ecke. Ob ihr an einem einfachen Leben liegt. Das sind Fragen.« Er sah ihre Mundwinkel sinken und setzte hinzu: »Das kriegen wir raus.« Wir. Genau das hatte er vermeiden wollen. Ellinor lächelte und nahm erneut Anlauf.

»Und als letztes ...« Sie wedelte mit einem Stück Brot und zögerte. Eine Gruppe brach von den zusammengerückten Nebentischen auf, die Kellner standen zur Verabschiedung aufgereiht. Über ihren Köpfen entstand ein Wirbel aus kleinen Ausrufen, sie flogen, trafen exakt, wurden zurückgeworfen, auf einmal wieder Stille. Ein Kellner verschwand nach drinnen, die beiden anderen stürzten sich stumm auf die Überreste. Einer von ihnen schlug nach einem großen Vogel, der zwischen den Blumentöpfen pickte. Ellinor legte das Brot auf den Tisch.

»Jetzt ist es weg. Das Letzte war das Wichtigste. Es war ... Es ging um etwas, was du *nicht* fragen solltest.«

»Das kommt schon. Nicht dran denken«, sagte Ansgar. Wenn er sie ablenkte, würde es ihr wieder einfallen. Er schwieg und trank. Das Essen kam, und er bestellte unbeholfen noch einen halben Liter Weißwein. Ellinor beobachtete ihn gespannt. »Ja sicher, ich komme wieder drauf«, sagte sie. »Spätestens, wenn du mich morgen früh besuchst. Du kommst doch?«

»Lieber danach«, sagte Ansgar.

»Um zwölf muss ich zur Uni.«

»Ich könnte in der Bar auf dich warten.«

»Aber ich bin frühestens um fünf zu Hause.«

»Dann sehen wir uns am Donnerstagmittag«, entschied er. »Vor dem Prozess.« Sie redeten wie ein geübtes Paar. Es beschämte ihn, wie schlicht sie hinnahm, dass er bei ihrer kleinen Geheimaktion der Boss war. Er hatte sich eingebildet, seine Überlegenheit verteidigen zu müssen, und sie bewies ihm, wie klein dieser Gedanke gewesen war. Sicher hatte sie vor ein paar Stunden ihre Wohnung für ihn aufgeräumt, die im Winter noch so dürftig eingerichtet gewesen war. Als er sie zusammen mit Paul besichtigte, hatte der nichts Besseres zu tun gehabt, als ausgiebig seinen guten Kauf zu schildern, und Ansgar fiel ein, dass er damit höchstwahrscheinlich seine Tochter gedemütigt hatte. Für ihn selbst war Ellinor damals nur eine verwöhnte kleine Bildungsbürgerin gewesen. Jetzt hatte sie ihn erwartet, sie hatte eingekauft, eine Flasche Wein in den Kühlschrank gestellt und war zum Termini gefahren; er hatte sie warten lassen, bis es zu spät war, und ließ sich jetzt von ihr die Zeit vertreiben, bis sie ihn in Beates Nähe ablieferte. Sie war besorgt darum, dass Beate sie beide nicht zusammen sah. Besorgt um das Geheimnis, das sie mit ihm teilte. Ellinor hatte ihm Lydia Marin geschenkt. Ahnte sie, wie viel er sich davon versprach? Was versprach sie sich davon?

»Und ich wollte, es wäre schon Donnerstagmittag«, setzte er hinzu; er tat es aus schlechtem Gewissen, egal, was sie dem entnahm – ob er nun die Furcht vor dem bevorstehenden Gespräch mit der Marin bekräftigte oder den Besuch bei Ellinor herbeisehnte.

»Es wird schon«, entgegnete Ellinor ebenso vieldeutig und lächelte wieder. Sie nippte an ihrem Glas – nippte, während Ansgar trank und sein Inneres mit der Außenwelt verschmolz. Die Ränder verschwammen, die Laute verwischten. Klar war nur der Geschmack von Fisch und Knoblauch auf seiner Zunge. Er betrachtete die blonden Härchen auf Ellinors Armen. Sie schnitt sorgfältig Dreiecke aus ihrer mit Rucola und Parmesansplittern beladenen Pizza und aß sie mit den Fingern. Hinter ihrem Rücken war die Sicht auf eine fahrbare Mülltonne jenseits der Terrasse frei geworden, darunter lag zwischen den Rädern eine dürre graue Katze. Der Wein dampfte durch Ansgars Poren, während umgekehrt die Hitze unter die Haut drang. Trotzdem fühlte er sich überwach, als berührten seine losgelösten Sinne die sichtbaren Dinge mit unsichtbaren Fühlern. Vielleicht lag es an dem Licht, in dem alles so scharf hervortrat. Diffus waren nur die fremden, zwischen den Mauern gefangenen Geräusche. Das Motorengeknatter, die blubbernden Stimmen, die Schritte auf dem Pflaster und das Geklapper an den Tischen verflossen zu einer Masse, die mit der bewegten Luft hin- und herschwappte.

»Willst du mal?« fragte Ellinor hinter einer herunterlappenden Pizzaecke hervor, und als er erschrocken den Kopf schüttelte: »Darf ich mal?« Sie war ein Kind. Das Pizzastück sank auf ihren Teller zurück, ihre Gabel erschien auf seinem, ein Stück Schwertfisch verschwand in ihrem Mund – einem schönen, breiten Mund. Jedesmal, wenn Ansgar in Ellinors Gesicht schaute, war er erstaunt, wie sie mit den unpassenden Augen leben konnte, die in so bizarrer Nähe zu den Schläfen angebracht waren und ihr eine schlagende Ähnlichkeit mit einem Schaf verliehen. Sie musste sich daran gewöhnt haben, schließlich kannte sie sich nicht anders. Ansgar fragte sich, wie Lydia Marin sie wohl angesehen hatte; ob auch ihr dieser schräge Zug aufgefallen war. *Ich glaube, sie ist einsam und mag mich gern,* dieser Satz aus Ellinors Brief fiel ihm ein, dem ersten Brief im Februar, als noch nicht klar war, dass diese exotische alte Nachbarin, diese verrückte Deutsche mit dem italienischen Namen Lidia Marimpietro die leibhaftige Lydia Marin war. Leibhaftig, dachte Ansgar, und mit diesem Gedanken, in dieser Sekunde gelangte alles zur Deckung. Er sah Ellinor, er sah sie aus Lydias Augen, sah sich selbst Ellinor gegenüber und realisierte, dass er morgen Lydia gegenübersitzen würde, die er noch nie gesehen hatte. Jetzt war er angekommen. Er seufzte und lehnte sich heftig zurück. Die Fassade auf der anderen Seite des Platzes schwankte.

»Was ist?« fragte Ellinor. Sie schob ihren Teller voller Pizzarandstücke zur Seite. »Müde?«

»Ich bestelle auf jeden Fall noch einen Kaffee.«

»Solltest du auch.« Ellinor kicherte. »Bei Beate musst du noch 'ne Menge trinken, mach dich drauf gefasst.«

»Weiß ich doch. Die alte Schabracke«, sagte Ansgar und wurde mit einem Prusten belohnt. »Kannst du mir einen Rat geben, wie ich mit ihr fertig werde? Im Winter hat dein Vater alles in die Hand genommen, und ich habe mich irgendwann einfach verabschiedet. Sie hat auf einem Gutenachtkuss bestanden.«

Jetzt wirkte Ellinors Lachen unschlüssig. »Mein Gott, Paul«, sagte sie dunkel, dann schlug sie einen Lästerton an. »Anfangs hat mich Beate jede Woche angerufen und eingeladen. Komm wann du willst, Schatz, du bringst deine Bücher mit, ich mach uns was Kleines zu essen und du setzt dich auf die Dachterrasse undsoweiter, Schatz. Als ob ich bei der lernen könnte. Keine Viertelstunde, und sie kommt rauf, Proseccoflasche unterm Arm, ein Gläschen und, na ja, du kannst es dir ja vorstellen. Am Ende bettelst du, dass du nach Hause gehen darfst, statt in ihrem Gästezimmer zu übernachten und am nächsten Tag mit ihr zu frühstücken. Sektfrühstück natürlich«, Ellinor grinste. »Was meinst du, wie oft ich halb betrunken nach Hause getorkelt bin und mir geschworen habe, jetzt hängst du sie ab. Ich wusste nicht wie. Irgendwann habe ich mich nicht mehr zurückgemeldet, bis sie es kapiert hat. Inzwischen klappt es mit ihr. Dabei hätte ich das leichter haben können.« Sie beugte sich vor. »Beate sagt ja immer, fühl dich wie zu Hause. Und genau das musst du tun. Wenn du gehen willst, dann geh, wenn du allein sein willst, schick sie weg, sie wird dir sogar dankbar sein. Ich glaube, sie will gar nicht, dass man ihr in den Arsch kriecht. Sie will einfach jemanden in der Nähe, verstehst du?« Sie schwieg erschöpft.

»Vollkommen«, sagte Ansgar. »Du bist gut, wirklich. Woher weißt du so was?«

Ellinor zuckte mit den Achseln. »Keine Ahnung. Intuition.«

ER KAM SICH ALT VOR. Über der rechten Schulter das Tonbandgerät, in der linken Hand einen Henkel seiner Reisetasche, ging er einen halben Schritt hinter ihr her. Ellinor hielt die Tasche am anderen Henkel und lenkte ihn mit einem leichten Zerren durch die Gassen, auf den Platz vorm Pantheon, an eine Eistheke in einer Seitengasse, in eine Bar und wieder raus. Tropfen liefen kitzelnd unter seinem Hemd in den Hosenbund, die Füße dampften. Tatsächlich schien die Hitze vom Pflaster aufzusteigen, nur beim Heraustreten aus dem Schatten stürzte sie jedesmal für einen Moment von den Häusern herab. Kein Himmel, nur hell gebackene Erdfarben, glühendes Licht zwischen den Mauern, die auf Augenhöhe ihr wahres Gesicht zeigten, alt und müde. Wie Rost fraß der Schmutz die Farbe. Der Wind an den Ecken war träge und feucht. Sie liefen auf eine Kreuzung zu, Ansgar sah das grüne Männchen der Fußgängerampel zum Abschied winken; als er stehenblieb, trieb die heiße Luft den Schweiß in Bächen hervor. Ein Pulk von Motorrollern preschte los, die Front der Autos hinterher, schwere Bleiwolken. Mitten im betäubenden Lärm tippte ihm Ellinor auf die Schulter und deutete auf die andere Straßenseite. »Offen!« schrie sie. Sie überquerten die Kreuzung. Einen Augenblick später war die Welt ausgeknipst – als wären sie, ohne aufzuschlagen, in einen tiefen Brunnen gefallen.

Im Finstern quietschte eine Schwingtür, Ellinors Kleid schimmerte schwach. Sie ließ den Henkel los und kniete sich neben die Tasche.

»Darf ich mir was zum Überziehen rausholen?« flüsterte sie hochblickend. Ansgar verstand nicht sofort. Diese verrückte Bitte gab dem heiligen Ort einen Anflug von Hotelzimmer bei Nacht. Ellinor erfasste seine zweideutige Empfindung.

»Die passen hier manchmal auf«, erklärte sie. »Nackte Schultern sind nicht erlaubt. Außerdem, es ist so kalt.«

Die Ärmel seines weißen Hemds über den Schultern, ging sie wieder voraus. Ansgar folgte ihr ein paar Schritte in die Stille. Im Mittelgang schob er die Tasche neben die letzte

Bank und setzte sich. Sein nasser Rücken war wie mit Eisspray versiegelt. Allmählich fing es an zu dämmern. Licht drang von beiden Seiten der Deckenwölbung herein, gedrungene Bögen in Gold und Weiß gingen auf. Im Hintergrund wurde eine theatralische Madonna von einem Schwarm nackter Engelchen unter den Rand des Altarbilds gehoben, Strahlen und Figuren aus hellem Stein flossen von der Apsis über den Rahmen. Ansgar konnte die Pracht nicht würdigen, den Stuck, den Marmor, die Fresken und Vergoldungen. Aus dem Aufwand sprach eine kindliche Übertreibung, die nicht hinnehmen wollte, was dies hier war – ein kühler, dunkler, aus der Stadt herausgeschnittener Ort. Und trotzdem, seltsamerweise, kein geschlossener Raum. Jederzeit konnte die Madonna weiterfliegen, ohne das Gewölbe zu verlassen, über den Rahmen hinaus, durchs Dach, Richtung Himmel ... Die kleine Kirche war nicht klein. Hier war mehr Platz als auf der Kreuzung draußen, mehr als die Mauern fassen konnten. Hier war Zeit.

Der Schweiß auf Ansgars Haut war getrocknet. Er wäre gern sitzen geblieben. Alle seine fünf Sinne konnten sich ausruhen. Er hörte seinen eigenen Atem. Leute bewegten sich still in den Seitenschiffen. Jemand stieß gegen die Tasche, *pardon,* eine französische Touristenfamilie. Der Mann hielt ein Mädchen an der Hand und beugte sich zu ihrem kleinen Ohr, über dem die Haare mit einer Unzahl winziger Klämmerchen am Schädel festgezurrt waren, *la sainte madonne,* flüsterte er. Die Frau blieb stehen und bekreuzigte sich; von hinten sahen ihr enger Rock, ihre weiße ärmellose Bluse, ihr blonder Scheitel nach Unglück aus. Ellinor kam durch den Mittelgang zurück und drängte sich an den dreien vorbei; das Mädchen ließ die Hand des Vaters los und drehte sich nach ihr um.

»Hier«, sagte Ellinor und drückte Ansgar wie einem Kind

ein paar Münzen in die Hand. »Für das Licht. Ganz hinten links. Ich passe auf die Sachen auf.«

Vor der letzten Seitenkapelle waren ein paar Leute an einer Barriere aufgereiht. Ansgar blieb in der zweiten Reihe stehen. Es klackte mechanisch, Licht erfüllte die Nische, und aus der schwarzen Rückwand sprang ein feuriger Kringel. Das Bild mit dem schreibenden Heiligen, der halb auf dem Hocker kniete, halb vom Tisch hochfuhr, kam ihm bekannt vor. Ein nacktes Bein war unten am Boden abgestützt, das herabfallende Gewand rostrot, das Hemd orangegelb, die Brust offen, immer heller, wie eine Flamme, die von oben angezündet wurde, wo der Engel herunterstieß. Flügel hatte er keine. Stattdessen kreiste ein weißes, wirbelndes Tuch wie ein Springreifen um ihn, während seine Arme einen zweiten Kreis beschrieben. Die Hände des Engels berührten einander an den Fingerspitzen. Beim Blick über die Schulter seines Vordermannes entdeckte Ansgar ein Schild auf der Balustrade: *Cappella di S. Matteo.* Matthäus' Stift zögerte über der Buchseite. Er hob den bärtigen Kopf zu dem schwarzgelockten Brummkreisel, der ihm direkt ins zerfurchte Gesicht blickte: eine Störung, ein Überfall. Die Stirnrunzeln zeigten seine Angst, auch wenn über seiner Glatze ein winziger gerundeter Glanz, ein drahtfeiner Heiligenschein schwebte. Als das Licht ausging, sah Ansgar nur noch den Schwung zweier Drehungen, von unten, von oben, ein glühendes doppeltes S auf schwarzem Grund. Gemurmel. Platzwechsel. Ein paar Leute gingen, als hätten sie nur das Vergehen von Zeit, Licht und Lire abgewartet.

Neben ihm stand der Franzose und hob seine Tochter zu einem schwarzen Kästchen am Rand. Wieder klackte es. Jetzt sah Ansgar, dass Matthäus fast vom Hocker fiel und dass sein aufgestelltes Bein krank aussah, mit großen roten Flecken. Direkt unter dem nackten Fuß stand ein Schild mit einem durchgestrichenen Fotoapparat im roten Kreis. Ansgar musste sich für eins der Seitenbilder entscheiden, beide in kühleren Farben, beide voller Menschen, links geordnet, rechts ein aufgewühlter Haufen. Das französische Mädchen starrte nach rechts und zeigte auf ein Kind, das mit offenem, schreiendem Mund aus dem Bild fliehen wollte, Blick zurück ins Getümmel, in einen Darkroom: schimmernde Gliedmaßen, Rücken und Hintern, ausgestreckte Hände – und in der Mitte ein aufgereckter, wütender nackter Mann. Zwischen seinen Füßen, das erkannte Ansgar, als er die Leiber zusammengepuzzelt hatte, lag am Boden der Alte. Alle Bewegungen richteten sich auf ihn. Auch er breitete die Arme aus, auf den unteren stützte er sich, den anderen streckte er hoch. Wie sollte er umgebracht werden? Was hielt der Wütende in der Hand? Ein Schwert, einen Schlagstock, einen Schatten? Wie konnte so viel brutale Nacktheit überhaupt in dieser Ecke überdauern? Die Münzen in Ansgars Hand waren warm und glitschig. *Tu vois l'ange?* flüsterte der Franzose in das Ohr des Mädchens, siehst du den Engel? Ansgar streckte ihm eins der Zweihundertlirestücke hin, das Licht ging aus, das Kind blieb starr. *Tiens,* sagte der Vater, *merci.* Er nahm die Münze und steckte sie in den Kasten. Klack. Eine graue Gewitterwolke hing über dem Gerangel. Ein Engel beugte sich mit verdrehtem Körper tief herunter und streckte dem Liegenden einen Palmzweig entgegen, den rettenden Strohhalm. Matthäus' suchende Hand war geöffnet, doch der nackte Henker hielt ihn am Handgelenk gepackt und holte mit dem anderen Arm aus. Ein letzter, entscheidender Moment, wie im Film: Wer schafft es?

Der Engel war nicht derselbe wie auf dem ersten Bild. Sein Haarschopf war rotblond, und er trug Flügel. Trotzdem hielt er sich an der grauen Wolke fest, als hätte er Angst zu fallen. Die schwarzen Locken des ersten Engels hatte der Henker.

Von seinem Körper kam das Licht. Ansgar wandte sich zur gegenüberliegenden Wand. Auch das letzte Bild zeigte einen schwarzen Raum. Ansgar verstand es nicht. Er sah einen Strahl, der von schräg oben in ein düsteres Kellerzimmer fiel und es scharf zerteilte. Er sah darunter, im Düstern, ein paar Leute am Tisch und zwei, die hereinkamen und deutlich Aufsehen erregten, obwohl sie nicht einmal aus dem Schatten ragten. Die Sitzenden schauten den Eintretenden entgegen, halb neugierig, halb zurückweichend. Wahrscheinlich blendete sie das bisschen Licht, das von draußen auf ihre Gesichter schien. Am unteren Tischende zählten sie Münzen, und der ganz hinten duckte sich so tief über die Tischplatte, dass man nicht einmal sein Profil sah. Ratlos betrachtete Ansgar das Fenster in der oberen Ecke, mitten im Lichtstreif. Die Scheiben um das dunkle Fensterkreuz waren graubraun wie die Wand: Es war vermauert. Und kein Engel weit und breit.

Vor der Barriere, am Marmorpfeiler, hing ein Schild mit einer Schemazeichnung und den Bildtiteln. Wieder klackte die Beleuchtung weg. Im Halbdunkel wirkte die Gesellschaft auf dem Bild ziemlich liederlich. *Michelangelo Merisi, detto Caravaggio,* Bild 1: *San Matteo e l'angelo,* Bild 2: *Vocazione di San Matteo,* Bild 3: *Martirio di San Matteo.* Ansgar ließ die zweite Münze in den Kasten fallen. Bild 2 also. Jetzt entdeckte er die Hände. Gleich drei zielten mit dem Zeigefinger zum Tischende. Die eine, lässig erhoben, war die des eintretenden Mannes, dessen Halbprofil ganz außen im Schatten schwebte: Jesus. Die andere, zögernd, die von seinem alten Begleiter. Die dritte von einem der Leute am Tisch, fragend: Der da? Und dort am Kopfende, hell angestrahlt, die mit den Münzen beschäftigten Hände des geduckten Geldzählers – Matthäus, der wie ein ertappter Schuljunge den Kopf senkte, die schwarzen Locken des Engels und des Henkers. *Vocazione.*

Der Ruf ... Nichts schien ihm ferner, als das Geld wegzuschieben, aufzustehen und die Zollstation zu verlassen.

Auf einmal spürte Ansgar die Ungeduld hinter seinem Rücken. Er trat einen Schritt von der Barriere weg, und sofort schob sich ein dicker Mann an seinen Platz. Ansgar schaute den Seitengang hinunter. Hinter einem Pfeiler tauchte die schmale, traurige Gestalt der Französin auf, verschwand wieder. Wer war Matthäus? Ein Evangelist. Ein Berichterstatter. Ein Zeuge. Einer, der einem Ruf folgte, seine Erlebnisse aufschrieb und dafür getötet wurde. Auf dem Weg durchs Seitenschiff wurde es hinter ihm unruhig, als hätte er einen Aufruhr zurückgelassen. Dabei war alles so leise wie vorher, das Flüstern, das Scharren auf dem Steinboden. Die Bilder verfolgten ihn. Nur eine Sekunde, dachte Ansgar. Nur eine Sekunde Gegenwart, und in der Kapelle wäre der Teufel los, knatternde Tücher, umfallende Stühle, Angstschreie, Flügelrauschen, Wutgebrüll, Münzklingeln. Die ganze Geschichte eben, Mord, Geld, Aufbruch und der Anfang eines revolutionären Berichts. Jetzt rannte er fast. Der Mittelgang war leer. Er stieß die Schwingtür auf. Über der Straße, auf der grauen Kirchenfassade schien das Nachmittagslicht satter, kräftiger. Ellinor hockte auf dem Gehsteig vor seiner Tasche und faltete sein Hemd zusammen. Er hob das Tonbandgerät auf.

»Ich hab mir was überlegt«, sagte Ellinor, während sie ungeniert den Reißverschluss der Tasche aufzog und das Hemd obenauf legte. »Um die Ecke fährt der Bus. Wir können eine Strecke zusammen fahren. Es ist nicht mehr weit zu Beate. Aber besser, du verläufst dich nicht noch in der Hitze.« Sie lächelte hoch und stand auf. »Hat es dir gefallen?«

Die Gasse neben der Kirche lag im Schatten, sie mündete in eine zweite Straße, noch breiter und lauter als die vorige. Warum hatte ihn Ellinor vor die Caravaggio-Bilder geführt? Sie bog links ein, blieb nach ein paar Metern stehen und ließ die Tasche unter einem Haltestellenschild auf den Gehsteig fallen.

»Es sei denn …«, sie wies auf einen kleinen Durchstich gegenüber. »Da ist die Piazza Navona. Wir können noch einen Blick drauf werfen.«

Ansgar folgte Ellinors Zeigefinger mit dem Blick unter eine Reihe Arkaden, die ins Licht führte. In ihrem Schatten erkannte er einen Tisch und zwei Stühle, einen Mann mit Hut, Zuschauer drumherum.

»Was ist denn das für einer?«

»Ein Wahrsager. Von denen wimmelt's da. Also, willst du?«

Ansgar schüttelte den Kopf. »Lieber nicht«, sagte er. »Es sitzt mir im Nacken, Beate, das Gespräch, der Prozess …«

»Ich hab's!« rief Ellinor. »Was ich vorhin vergessen hatte. Du darfst Lydia nichts von deinem Priebke-Job erzählen. Geschweige denn sie nach dem Prozess fragen. Auf keinen Fall.«

»Und warum? Wieder so eine Intuition?«

Ellinor zuckte mit den Achseln und verzog ihren breiten Mund zu einem wissenden Lächeln. Der Bus kam, und unterwegs schrie sie ihm gegen das ohrenbetäubende Geklapper die Wegbeschreibung ins Ohr. Kurz darauf drückte sie ihm einen Kuss auf die Wange, »bis Donnerstagmittag!«, und schob ihn aus der Mitteltür hinaus. Er wollte ihr winken, konnte sie aber von draußen nicht mehr sehen.

ANSGAR TRÄUMTE. Er badete in einem klaren, rosafarbenen See. Der Widerschein des Wassers gab dem tiefblauen Himmel einen violetten Schimmer. Unten am Grund lag eine versunkene Stadt. In ihrem Relief spielte die warme Farbe; Kuppeln und Giebel, Zinnen und Schornsteine warfen geometrische Schatten über die Dächer, über Terrassen und Balkons mit Balustraden aus Steinsäulen und Pflanzen. Mittendrin erhob eine riesige weiße Treppe vier geschwungene

Flügel, als wollte sie die Kirche oben auf dem Hügel umarmen. Ansgar erkannte alles wieder. Die Stadt lebte. Weiche Unterwassergeräusche stiegen zu ihm hoch, und ab und zu flog in lautlosem Zickzack ein Fisch vorbei. Wellen spülten über die Brüstung und bewegten die lila Blüten der Bougainvillea, die Oleanderbüsche und die Orangenbäumchen, sie strichen über den Terrakottaboden, die gusseiserne Wendeltreppe, die altweiße Markise, die Steinkugeln. Sie streichelten seine frisch geduschte Haut unter dem weißen Hemd – dem Hemd, das Ellinor über ihre nackten Schultern gelegt hatte. Von der Schönheit träumte er, berauscht von ihrer Ruhe, ihrer vollkommenen Anwesenheit. So oft und von so vielen war dieser Traum schon geträumt worden, dass er nur im Traum in Erfüllung gehen konnte. Ansgar saß still und schaute zu, wie Beate in der Terrassentür erschien und wieder verschwand. Sie schwieg, als wollte sie ihn nicht bei seiner Andacht stören. Jedesmal, wenn sie ging, hatten sich die Gegenstände auf dem Tisch vermehrt, Teller und Keramikschalen mit Mozzarella und Tintenfischringen und in Öl eingelegtem Gemüse, Brot und Oliven und Feigen. »Bleib nur sitzen«, hatte sie gesagt; in seinen Ohren klang es wie: Träum weiter.

Wie hält sie das nur aus, überlegte er, wie kann sie Tag für Tag in diesem Paradies verbringen. Statt der ordinären Mädchenklamotten, auf die er sich gefasst gemacht hatte, trug sie ein langes weites Kleid aus dünnem Baumwollstoff mit halben Ärmeln, blau mit grünen Borten, ein bäuerlicher Chic, und er fragte sich, ob das Bild vom alternden Körper in Caprihose und engem Top von Ellinor stammte oder von seiner Wintererfahrung abgeleitet war. Aber alles war vergessen, weggeweht, er legte die flache Hand auf den rauhen, warmen Stein und atmete tief, um sich ganz anzufüllen mit der durchsichtigen, fließenden Atmosphäre, dem Frieden. Und es blieb friedlich, als Beate mit dem Flaschenkühler und den

Gläsern zurückkehrte, sich neben ihn an das runde Tischchen setzte, Blick auf die spanische Pracht im Westen, und ihm die Proseccoflasche zum Öffnen reichte – »es ist der beste«, sagte sie, und dann stieß sie mit ihm an: »Auf gute Tage in Rom.«

Die weiße, mit schwarzen Menschlein besäte Treppe hatte einen rosa Glanz angenommen, und oben der Doppelturm der Trinità dei Monti verdunkelte vor dem immer stärker glühenden Pink und Orange am Horizont zur Silhouette; zwischen den Türmen reckte sich wie ein schmaler Halm der Scherenschnitt eines Obelisken. Vom heißen Wind war nur eine laue Luftströmung übrig. Beate fragte nach seiner Reise, aber sie blieb vage, und so konnte Ansgar auf die vorsorglich – denn sicher kannte Beate alle Flüge – zurechtgelegte spätere Version seiner Ankunft verzichten. Sie versprach, ihm ihr Italienbuch zu schenken, das sie für jede Neuauflage auf den jüngsten Stand brachte, sie erzählte vom Fernsehen und wie schön, wie umständlich und aufregend es damals gewesen war, für dieses junge Medium, wie sie sagte, aus Rom zu berichten. Zwischendurch legte sie Pausen ein und schaute ihn an, als wolle sie ihm Zeit geben und die Wirkung prüfen. Ihre leicht toupierten, rotgefärbten Haare und ihr gebräuntes, ein bisschen verschwommenes Gesicht strahlten in der Abendsonne, so dass es ihm gelang, sich die jüngere Frau auszumalen, eine mutige und lebensfrohe Pionierin, die die römischen Berühmtheiten der sechziger Jahre vor die Kameras holte, mit ihnen aß und trank und diskutierte: korrupte Politiker, Mafiosi, neorealistische Filmemacher und linke Schriftsteller.

Als er das aussprach, lachte sie und erzählte ihm von einem halbjüdischen Kommunisten, der mit einem schwulen Abtreibungsgegner in einer riesigen Landvilla zusammenlebte. Von denen hatte sie gelernt, dass man in Italien mit

Stereotypen nicht weiterkam. Der Besuch in dieser Villa war eine ihrer ersten Erfahrungen als Kulturkorrespondentin gewesen, unvergesslich, wie sie junges Ding mit den beiden Künstlern in der Küche saß und über Christus und den Revisionismus der italienischen KP redete (beide waren inzwischen tot): Ansgar solle sich einen hochgewachsenen, weltgewandten alten Frauenhelden und Grandseigneur und einen kleinen, hässlichen, dekadenten Masochisten aus der Provinz vorstellen, sagte sie, beide vom Sex besessene Muttersöhne, beide verbissen katholisch und vom Vatikan verfolgt – dann hätte er ein Stück Italien kapiert. Ansgar kapierte und lachte mit. Er spürte, dass Beates italienische Welt aus einer undurchdringlichen Menge von Einzelheiten zusammengesetzt war, vielleicht nicht weniger platt und plan als seine angelesenen Vorstellungen, aber viel unterhaltsamer. Kein Wunder, dass sie eine alte *Spiegel*-Ikone war. Er schenkte nach und lehnte sich zurück, wohlig, nur ein kleines bisschen unbehaglich: War das der Einstieg in den Monolog einer Einsamen, die nur noch toten Reichtum zu bieten hatte, einen Haufen Geld und Vergangenheit? Wenn es heute abend sein musste, na gut. Der Blick auf den Sonnenuntergang überm historischen Zentrum und der Blick in eine exklusive Anekdotensammlung – wahrscheinlich war eins ohne das andere nicht zu haben.

Aber Beate schien in der Gegenwart bleiben zu wollen. Sie nahm eine Feige, schnitt sie auf und biss in das dunkelrote Fruchtfleisch. »Die musst du probieren«, sagte sie mit nassen Lippen, »selbst angebaut, selbst gepflückt.« Schade, dass er nur so kurz da sei, er müsse einmal in ihr Haus nach Genzano kommen, es sei ein bisschen wie im Himmel. Sie fuhr am Wochenende hin und blieb den ganzen Monat. Im August war die Stadt einfach nicht zu ertragen. Apropos August: Sie gebe morgen eine kleine Abendgesellschaft, das sei so eine

Institution seit Jahren, immer am 31. Juli, bevor endgültig alle weg waren, ein Essen bei offener Terrassentür. Eine Art *jour fixe* mit nicht allzu fester Besetzung, Deutsche und Italiener, aber deutsch sprachen sie alle bis auf einen, der konnte es aber ein bisschen verstehen und sprach ein gutes Englisch. »Ich dachte, das passt vielleicht«, jetzt zwinkerte sie komplizenhaft, »so ein Ausschnitt aus dem Italien jenseits der Klischees.«

Das Unbehagen entfaltete sich ruckartig, Ansgar rief sich Ellinors Ratschlag in Erinnerung. »Ich kann's nicht versprechen«, sagte er, »die Schlussitzung im Tribunal ist um vier, und man weiß ja ...«

Beate hob beide Hände. »Halt«, sagte sie, »ruhig, ruhig. Du machst deine Arbeit. Du hast dein Zimmer und den Schlüssel, und du bist willkommen, früher oder später. Und wenn nicht ... Ich weiß doch, wie das ist. Am Ende lädt dich der Staatsanwalt zum Essen ein, oder eine Kollegin will noch mit dir einen Wein trinken.« Wieder dieses Zwinkern. »Und jetzt erzähl mal von dir und diesem Priebke, aber vor allem von dir.«

Ich und Priebke, dachte Ansgar. Zu beiden fiel ihm nichts Besonderes ein. Konnte ihn Priebke davor bewahren, von sich selbst zu reden? »Ich bin gespannt, ihn zu sehen«, sagte er. »Was für eine Haltung hat einer, der die Quittung kriegt für das, was er vor fünfzig Jahren getan hat? Was für einen Blick? Das ist das einzige, was ich hier erfahren kann. Alles andere ist bekannt, zumindest das, was in die Zeitung soll. Der Rest ist Politik. Wie der Kerl überhaupt nach Argentinien abhauen konnte, warum man ihn am liebsten da gelassen hätte undsoweiter, mein Gott – es gibt viel weniger Leute, die dieser Dreck interessiert, als Leute, die daran interessiert sind, dass er verborgen bleibt.«

Das musste reichen. Beate hatte sich zurückgelehnt, jetzt breitete sie die Arme aus. »Das wäre doch mal eine Titelgeschichte, eine zeitlose, für die Reserve. Du fängst an mit den Rattenlinien – kein schlechter Titel übrigens –, womit wir wieder beim Vatikan wären, der den Leuten rausgeholfen hat, die Amerikaner nicht zu vergessen, Fluchthilfe für die ganze braune Belegschaft. Und am Ende landest du wieder in Europa bei all denen, die froh waren, dass sich die Ratten in Südamerika und Arabien tummeln, statt den Müll zu Hause aufzuwühlen.«

»Wäre das nicht eher was für dich?« fragte Ansgar. Sie wollte ihm offenbar beweisen, dass das Feld längst abgegrast war. Warum fragte sie ihn dann nach Priebke? Er dachte an seine eigene Titelgeschichte, seine eigenen Phantasietitel, *Das lange Schweigen der Lydia Marin, Die Auferstandene, Interview im Jenseits* ..., und betrachtete die schwarzen Punkte auf der Spanischen Treppe. Sie vermehrten und ballten sich in Grüppchen, sicherlich deutsche Schulklassen und italienische Pappagalli, ein rosaroter Romabend mit Verbrüderungsküsschen und Weinflaschen, die von Mund zu Mund gingen, während der Schatten der Kirche wie ein doppeltes Rinnsal immer weiter die Stufen herunterfloss. Beate sagte nein, sie sei definitiv im Ruhestand und kümmere sich nur noch um die schönen Sachen, Haus und Freunde und Feigenbäume.

»Und jetzt sag nicht, dass das ein sattes Privileg ist, das weiß ich selber. Aber ich finde, fünfunddreißig Jahre Arbeit sind genug, jetzt seid ihr dran. Alte Leute wie Paul oder ich sind sowieso längst aus der Mode mit unserer Weltverbesserei. Entschuldige, wenn ich das so sage, aber wir hatten wenigstens noch richtig Spaß dran, die Priebkes zu jagen, wir antifaschistischen Kriegskinder.« Sie lachte laut und hob ihr Glas, es fing die Abendsonne ein und wurde zur kitschigen Lampe, die Sektbläschen glitzerten. Von der Terrassentür quäkte eine mechanische Dreiklangserie, »entschuldige«, wiederholte Beate, kratzig und patzig hörte sich das an, und schob den Stuhl zurück. Mit dem Glas in der Hand wallte sie in die Wohnküche, durch die Ansgar auf die Terrasse gekommen war. Er schenkte sich den Rest aus der Flasche ein, die Telefonmelodie setzte aus, und drinnen tönte Beates Alt dumpf, wie in der Dose: »Wenn man vom Teufel spricht!« Paul also, Paul kontrollierte seine Anwesenheit.

Der Himmel leuchtete dunkel. Ansgar stand auf und beugte sich über die Brüstung. Eine Schwade Orangenduft wehte ihn an. Am liebsten wäre er hinuntergesprungen, rein in den lauwarmen Abend. Die Spanische Treppe schimmerte mondweiß. Über der Plattform zwischen den zwei Flügelpaaren hingen blassrosa Lampenköpfe in der tintenblauen Luft; bis auf einen schmalen Streifen war das Feuer über dem Hügel gelöscht, doch jetzt strahlten die Türme der Kirche wie eine Doppelflamme. Warum saß er nicht auf den Stufen zwischen den Freizeitpulks, albern, entspannt, jung und laut? Für Beate und Paul war er ohnehin ein Schüler. Nichts und niemand konnte sie aus der Ruhe bringen. Sie wollten ihn adoptieren. Er sollte da weitermachen, wo sie stehengeblieben waren, bei ihrem langweiligen, verwelkten Papa Priebke und all den anderen Vorfahren, Kappler, Kesselring, Hitler, Hass & Co. Rom war der Schauplatz, Rom war die Zugabe. Paul hatte ihn im Winter in das ehemalige Gestapo-Hauptquartier in der Via Tasso geschleppt, das jetzt ein Museum war – mit demselben Stolz wie aufs Forum und auf den Friedhof bei der Pyramide, wo Goethes namenloser Sohn lag. Was ging ihn diese *Belegschaft* an? Er hatte sich von Paul an Beate weiterreichen lassen. Ob sie etwas miteinander gehabt hatten, immer noch hatten? Vielleicht erstattete sie ihm gerade Bericht. Kein Zweifel, es war seine Prüfung, seine Nachfolger-, seine Ressortleiterprüfung.

Bis zum Abflug am Freitag musste er sich als Kriminalist ausgeben und seine Aufgabe wiederkäuen, das ardeatinische

Dezimalsystem, das in seinem pedantischen Zahlengedächtnis hängengeblieben war: 28 tote SS-Soldaten beim Attentat in der Via Rasella am Nachmittag, Suche nach 280 verurteilten Gefangenen der Resistenza als Todeskandidaten, abends Anstieg auf 32 Tote, also 320 Opfer. Ausweitung der Selektionskriterien, Addition von 65 Juden in den Zellen der Via Tasso, die für Auschwitz bestimmt waren, nachts ein Hilfeersuchen an die italienische Polizei, zusätzliche Liste von 50 Männern aus dem Gefängnis Regina Coeli, anderentags Tod des 33. SS-Mannes. Ordnungsgemäße Addition von 10 am selben Morgen aufgespürten Juden. Bestimmung eines geeigneten Exekutionsortes, einer Grotte im Süden, Verzögerung des Regina-Coeli-Transports während der Aktion, Abholung von 11 nicht aufgelisteten Männern durch die Deutschen, Streichung von 11 Männern auf der italienischen Liste. In all dem Durcheinander irrtümlicher Transport von 5 weiteren, die am Ende als ungebetene Zeugen ebenfalls in die Höhlen geführt wurden, eine Fünfergruppe zu viel. Macht zusammen 335. So weit die Mathematik. Juristische Fragen: Wie viele sind rechtmäßig, wie viele sind überflüssig? Geht es um die 10 über 320 oder die 15 darüber, um alle 335 oder nur um die 5 überzähligen?

Er trank das Glas leer. Wie gern er jetzt eine Zigarette geraucht hätte. Schnorren, dachte er, bei irgendeiner kichernden kleinen Gymnasiastin da unten, und den Chianti an den Hals setzen. Von drinnen rief Beate seinen Namen. Ansgar! Aus der Traum. Sie klang wie seine Mutter.

ANSGAR TRÄUMTE NICHT. Aus dem deckenhohen Spiegel, zwei Schritte vom Fußende des Bettes entfernt, schaute ein dunkles Rechteck auf ihn herab. Überm Kopfende hing ein Bild. Der Schein, der durchs offene Fenster auf das Laken fiel, machte es lebendig. Glänzende Fäden zuckten und gewitterten darin, Würmer oder Adern in einem Bergwerk unter einem schmalen, fahlen Horizont. Bei Licht – auf der breiten Konsole unter dem Spiegel standen Lampen zu beiden Seiten, wie auf einem Altar – hatte er auf dem Bild eine dünne Leiter erkannt, die sich senkrecht vom Grund durchs Erdinnere bis hinaus in den Himmelsstreifen reckte, und an ihrem Ende, dicht am oberen Rand, in Kinderschrift das Wort *Seraphim*. Leiter und Buchstaben waren im Halbdunkel nicht mehr zu erkennen. Doch selbst wenn er die Augen schloss, ging das Flackern weiter.

Schlimmer war, dass er die Ohren nicht verschließen konnte. Mitten aus der Stille der schlafenden Stadt drangen Schreie ins Zimmer, Schreie von Vögeln. Manchmal ebbten sie ab, dann fiel er in Halbschlaf, manchmal ballten sie sich böse und verzweifelt und holten ihn in die Wachtraumwelt zurück. Das unberechenbare Geräusch verbannte ihn an ein einsames Weltende. Das Bett war ein Boot im grauen, glatten Meer, und er selbst spielte das Spiel, das er als Kind im Meer gelernt hatte, an der Oberfläche auf dem Rücken liegend, Arme und Beine ausgestreckt: toter Mann. Irgendwann half ihm diese Erinnerung, die Vögel zu identifizieren. Er hatte sie sich automatisch schwarz gedacht, Krähen also, aber das langgezogene, hohe Kreischen kannte er von der Elbe. Das beruhigte ihn. Es waren Möwen.

Am Nachthimmel unter den Lidern, von winzigen Blitzen durchzogen, sah er sie im Flug ihre Figuren zeichnen, weißes Flattern auf schwarzem Grund, sekundenweise von unsichtbaren Lichtquellen erfasst, lebendige Himmelskörperteile, tänzelnde Sternbilder, rasende Engel im Darkroom. Immer wenn er dem Schlaf entgegensank, schloss sich dieser dunkle Raum mit den Stroboskopblitzen und drohte, ihn nicht mehr fliehen zu lassen. Im Finstern schnellte ein Arm hoch, ein Rücken glänzte, ein Rumpf krümmte sich, eine Hand schoss aus dem Nichts, mit ausgestrecktem Zeigefinger, noch eine und noch eine. Lauter Hände. Seine eigenen fuhren übers Laken. Sie zeigten auf ihn. Sie brauchten einen Zeugen. Bisher war nichts geschehen. Aber die Zeit wälzte sich dem Morgen entgegen. Sein Versteck, sein Inkognito war dicht, bis es hell wurde. Es gelang ihm einfach nicht, ganz unterzutauchen. Er schwamm ja nicht, er lag am Boden und hielt still. Schlafen musste er, er musste gut vorbereitet sein, ausgeruht und gelassen. Dieser elende Lärm da draußen, ewig ging das so weiter, Geld und Eile, Mord und Totschlag, Verfolgung, Flucht, Karriere. Sie schrien. Sie riefen ihn. Sie sollten Ruhe geben. Schlafen, nur endlich schlafen.

Er drehte sich, streckte sich, suchte nach einer kühlen Stelle auf dem Laken und zuckte zurück, wenn Haut an Haut kam. Die Möwenschreie sperrten ihn in einen Hallraum voll Unruhe und Ungeduld. Unter den durcheinanderpurzelnden Gestalten flammte der Blondschopf von Lydia Marin. Alt war sie und massig, eine Hexe, die auf dem Besen vor ihm her- und davonstob, immer knapp vor seiner Nase. Sie wusste, dass er von ihr abhing. Sie spielte mit ihm. Dauernd drehte sie den Kopf weg, um ihr Aussehen zu verbergen. Die Frau war böse, und sie hatte genauso viel Angst wie er. Zeternd flatterte sie vor ihm her, ein verschreckter Riesenvogel, sie beschuldigte ihn und hielt sich immer neue Masken vors Gesicht, mal das verhärmte Gesicht seiner Mutter, mal das breite, rote von Beate und immer wieder das der jungen Lydia Marin, der großen Nachkriegsdichterin, unschuldig hell und zart. Am liebsten hätte er sich gedrückt, hätte sie wieder wegfliegen lassen in ihre schwarze Einsamkeit. Und war doch hier, um sie zu fangen. Hier, in diesem schwülen fremden Raum, schlaflos. Er riss das obere Laken beiseite und öffnete die Augen. Graues, unwirkliches Licht lag auf seinem nackten Körper. Was war los? Der Prosecco vielleicht, und die

Hitze dazu. Es war, als wären seine Nervenenden verklebt und die Poren unfähig zu atmen; unter der Haut staute sich überflüssige Angst.

Sie hatten ihn verrückt gemacht, Beate und Paul, mit ihrer Fragerei. Das Wegplaudern war ihm unendlich schwergefallen, so leer hatte er sich gefühlt – wahrscheinlich, weil er diesmal tatsächlich etwas zu verheimlichen hatte. Am Telefon hatte sich Paul wie ein überbesorgter Stiefvater aufgeführt. Bist du gut gelandet? Kommt ihr miteinander zurecht? Ist es nicht herrlich im Sommer da oben auf der Dachterrasse? Wann ist nochmal morgen der Gerichtstermin? Vergiss nicht, die Dolmetscherin von mir zu grüßen. Und sag. Willst du nicht mal bei Ellinor anrufen? Hast du ihre Nummer? Ich glaube, es täte ihr gut, wenn du bei ihr vorbeischauen würdest ... Während Ansgar unter einer tiefhängenden Porzellanlampe an dem großen Esstisch saß und auf die im Halbdunkel funkelnde Küchenzeile starrte, als irrlichterten da die richtigen Antworten, bewegte sich Beates wallende Gestalt ständig in der Nähe; erst gegen Ende verschwand sie. Als er wieder in der Terrassentür erschien, erschöpft von seinem Rechenschaftsbericht, da setzte sie nach. Es war dunkel geworden. Der Tisch war abgeräumt, ein sanduhrförmiges Windlicht aus rotem Glas stand auf der Metallplatte, im Kühler die zweite Flasche, und Ansgar musste ein umfassendes Geständnis ablegen. Der Werdegang. Die Zukunftspläne. Und die Frauen. Er hielt sich an die aufzählbaren Fakten – das abgebrochene Studium, die Reportage über seinen Job bei MacDonald's, die ihn zur *Morgenpost* gebracht hatte, das Volontariat in New York, die Begegnung mit Paul, der Anfang beim *Spiegel* – und erriet an Beates fahrigen Reaktionen, dass sie über all das längst ausführlich informiert worden war. Immer mehr festigte sich sein Gefühl, dass Beate ihn aushorchen und beurteilen sollte, als objektive Instanz gegenüber Pauls besorgter Ratlosigkeit: Der Junge bewegt sich nicht. Kannst du ihm nicht mal auf den Zahn fühlen? Zu seiner Erleichterung lockerte sich Beates Zugriff mit jedem Glas. Das Thema seiner Zukunft übernahm sie selbst: Er müsse unbedingt für eine Weile ins Ausland, am besten raus aus Europa, und absolut obligatorisch sei ein Abstecher ins Fernsehen. Als sie bei der Liebe ankam, war sie in Fahrt geraten, sie vertrat wortreich die Theorie, jeder Mensch begegne einmal dem einen, Richtigen, die Kunst bestehe darin, ihn zu erkennen – und er konnte männliche Maulfaulheit demonstrieren. Aber auch er war ein bisschen betrunken, und die üblichen Sprüche gerieten aus der Form. Etwas wie »zu jung für Verpflichtungen und zu alt für Illusionen« gab er von sich und »als Mann will man auch mal gefunden werden statt zu suchen«, so schlaff und sentimental, dass ihm selbst schauderte. Es war ihm egal, was diese Unerbittlichen, diese aufgeputschten Lebensmüden von ihm dachten: Der Coup mit der Marin würde ihn unabhängig machen von ihrer Protektion, ihrer misstrauischen Fürsorge. Und trotzdem, das dumme Zeug, das er sich hatte abringen lassen, klebte an ihm – wie immer. Er griff nach dem Laken, zog es bis unter die Achseln. Noch glaubte er seinem eigenen Gerede nicht. Wenn es so weit war – würde er dann gut schlafen können?

Jetzt tat der Stoff seiner Haut wohl; es war kühler geworden. Eine winzige Menge Tageslicht verdünnte das Grau im Zimmer. Ansgar warf einen Blick hoch an die Wand. Seltsam: Da hing ein anderes Bild. Die Blitze waren erloschen, das Bergwerk hatte sich geöffnet und enthüllte in dem körnigen Dämmer eine Figur. In ihrer Mitte erkannte er die Leiter wieder, die aus dem Dunkel kam und über den Horizont ragte – es war keine Leiter mehr, sondern eine Bohrung ins Erdinnere. An die Achse drängten, zwei von jeder Seite, große kohlschwarze, löchrige, fischförmige Ovale heran. Ansgar kniff die Augen zusammen. Im Nachbild sah er vier Höhlen um einen Stollen im Erdinnern ... vier Blätter an einem Zweig ... vier Flügel an einem Schmetterlingsrumpf ... ein unterirdisches Wesen, das an die Oberfläche schlüpfen wollte, riesig und zart. Der Schemen zitterte unter seinen Lidern, breitete sich allmählich in seinem eigenen Innern aus. Erst jetzt nahm er wahr, dass die Vögel draußen schon seit einer Weile schwiegen. Er legte das viel zu kleine Kissen zurecht, fühlte den Kopf einsinken und spürte die Anziehung des schwarzen Lochs, in das die Masse der Außenwelt langsam hineinstürzte. Vom Rand aus beobachtete er, wie das Loch sich füllte, wie es den ganzen Aufruhr in seine Lautlosigkeit einsaugte. Angefangen beim Ende, schluckte es die Geschichten, die Zahlen, die Zeit. Endlich, bevor er selbst darin verschwand, erkannte er in der Tiefe unten die vielen Leiber, friedlich und nackt wie er selbst, aufgehäuft und ausgebreitet in der Form eines Engels, eines lebendig begrabenen Engels.

2.

Mittwoch, 31. Juli 1996
Allerlei Vögel

DIE KARTEN KOMMEN ZU SPÄT, dachte Walter. Die Party war für heute vorbei, die Piazza Navona unter dem schwarzen Himmel leer wie ein barocker Tanzsaal, in dem die letzten betrunkenen Gespräche hallten. Wie immer saß Walter am Rand neben der Seitentür, der Corsia Agonale. Um die Steinbänke und an den Brunnenrändern ballten sich kleine Menschentrauben, die letzte Formation vor der Auflösung. Die Welt war undurchdringlich geworden. Vielleicht war er einmal ein Seher gewesen, doch die Zahlen und Figuren des Tarot waren keine Schlüssel mehr. Unmerklich hatten sie sich zwischen ihn und die Zukunft geschoben. In sein Kartenhaus eingesperrt, starrte er auf die Bilder, die sich ihm zuwandten. Bei Lidias Hufeisen – an den Enden drei Trumpfkarten: oben der Wagen, links die Liebenden, rechts der Teufel – hatte er es festgestellt und später bei allen Kunden des Abends: Die Karten wirkten verbraucht. Ihre Abfolge und Kombination weckten keine Entdeckerlust, sie zeigten kein Geheimnis mehr. Stab, Kelch, Schwert und Münze waren Stab, Kelch, Schwert und Münze. Es schien, als könne das Tarot nur noch absegnen, was der Fall war, statt es zu überschreiten; als würde es seine Bedeutungskraft allein aus der Erinnerung beziehen. Die Bilder vor Walters Augen stammten aus einer Welt von gestern. War es so weit, war er schon in der Spezialhölle für Wahrsager angekommen, dem vierten Graben des achten Kreises, das Gesicht auf dem Rumpf nach hinten gedreht? *Weil er zu weit nach vorwärts schauen wollte / Schaut er zurück und muss nach rückwärts schreiten ...* Andere, tiefer im Körper versteckte Sinne meldeten, dass sich etwas Unvorhersehbares näherte.

In Walters Rücken rasselte der Rolladen vor der Tür des Barocco herunter. Massimo hatte mit einem stummen Kopfschütteln den Zwanzigtausendlireschein vom Tresen gewischt und ihn mit einem großen Glas Bier nach draußen geschickt; jetzt winkte er ihm mit dem Schlüssel zu und verschwand in der Gasse. Sant'Agnese schlug eins. Das Zeltdach der Sonnenschirme war abgetragen bis auf die kahlen Ständer, und der angekettete Korbstuhl zwang Walter nah an den Tisch. Unter den Rippen fühlte er, als Polster zwischen Tischkante und Jackettasche, das dicke Bündel Geldscheine, die Abendeinnahmen. Ganze siebenhundert stammten von dem Militäranwalt dieses deutschen Herrenreiters, dem bärtigen Avvocato Di Rezze, der heute – gestern – sein Plädoyer gehalten hatte: einem schwitzenden, parfümierten Aufsteiger im dunklen Anzug. Der Anwalt war ein glücklicher Mann, mit Münzkarten gesegnet, ein Mann der Tat. Dabei unterwürfig und geschwätzig. Den Staatsanwalt hasste er mit einem ehrlichen Hass, der in den Knopfaugen hinter der großen Brille funkelte. Als Walter seinen deutschen Akzent schnarren ließ, perlte die Angst auf der Stirn des prominenten Kunden, und er schwankte auf dem engen Klappstuhl, als wolle er aufspringen und salutieren. Noch ein Tag bis zum Urteil. Alles starrte auf Quistelli. Der Richter fürchtete seine eigene Macht, so viel hatte Walter verstanden, und er wusste, heute, am letzten Abend, würde auch der bei ihm erscheinen. Sie kamen zu ihm, weil sie ihre Rolle in der Geschichte glaubten, so wie andere an die Unsterblichkeit und wieder andere an die Sterne. Aber hatten sie nicht ausgespielt, die Geschichte, die Sterne? Und die Karten?

Walter lauschte den versprengten Stimmen auf dem Platz in seinem Rücken. Dieser alte Nazi, der ihm so gutes Geld brachte, was bedeutete er für ihn? Nun, er war ein Landsmann; ein Mann von gestern, dessen Bewegung seinesgleichen hatte ausrotten wollen; ein Mann vom Alter und Schlag seines Vaters – und jetzt, im Knast, sein Nachbar in Trastevere. Priebke würde ihn überleben. Es bedurfte keines Blicks in die Karten, um das zu sehen, es reichte ein Blick ins Bierglas. Trotz seines hohen Alters hatte der Herr Hauptsturmführer seine Zeit noch vor sich – wie es aussah, bis weit ins nächste Jahrtausend hinein. Selbst als Leiche würde er beharrlich weiterleben, denn er hatte Walter etwas Entscheidendes voraus – nicht seine Jahre, sondern seine Gegenwart. Priebke existierte in einer anderen Wirklichkeit: derjenigen, die nach allgemeiner Ansicht nicht Sache der Wahrsager war, sondern der Historiker, Richter, Journalisten. Er gehörte in die Welt der Tatsachen. Walters Welt dagegen beruhte auf Spekulation. Wer in diese Welt verbannt war, hinkte den Tatsachen hinterher. Diese Erkenntnis war nicht neu. Kurz nach Andrzejs Tod, als er verzweifelt nach einer Erklärung für das jämmerliche Versagen seiner Seherkräfte suchte, war Walter auf die Paradoxe von Zenon gestoßen. Der hatte vor zweitausendfünfhundert Jahren den griechischen Krieger Achilles im Wettlauf gegen eine Schildkröte antreten lassen. Achill lief bis heute, weil Zenon das Reptil ein bisschen früher hatte loskrabbeln lassen. Zwar halbierte der Läufer mit jedem Schritt den Vorsprung, aber das half ihm nichts: Achill blieb in einer Rechnung gefangen, die ihn zum ewigen zweiten Platz verurteilte. Das war auch Walters Platz.

Die Mathematik hatte das Paradox widerlegt, die Geschichte nicht – noch nicht. Walter konnte das Nazifossil genauso wenig einholen wie der traurige Held das fliehende Tier. Aber was war mit all den anderen, Mitläufer, Opfer, Zeugen, namenlose Tote? Mit all den kleinen Kunden? Auch die, dachte Walter und schloss die Augen. Auch die kriechen mir voraus und schaffen vollendete Tatsachen … Arme Schildkröte. Was hat sie davon, dass sie die Nase vorn hat? Sie schleppt den plumpen Panzer und streckt den Kopf hervor, blind und hilflos gegen die Welt, die rundherum rast, vom Sturm losgelöste, im Sturm trudelnde Fetzen, Körperteile, Schreie, Papier, Dynamit, Bilder hinter geschlossenen Lidern. Walter hustete. Und ich? dachte er. Ich bin zum Nachlaufen verdammt, zum Nacherzählen … Armer Achill! Das panische Viech vor Augen, immer zu spät, träumt er im Gehen vor sich hin. Er muss den Wettkampf mit der Wirklichkeit verlieren. Er hat Zeit. Also trödelt er, sucht er Stimmen und Steine, hebt zwei auf, lässt einen liegen, schaut auf die Fußabdrücke, die er selbst hinterlässt. Und auf die Schleifspur seines kleinen, mächtigen Gegners. Er ist ihm auf den Fersen. Die eigene Ferse verbindet ihn mit der Schattenwelt, er spürt es bei jedem Schritt. Jeder Schritt sagt ihm: Vorwärts geht es nicht. Trotzdem er läuft weiter, bis …

Er öffnete die Augen, starrte auf die nackte Tischplatte. Etwas kommt, hatte er zu Lidia gesagt. Es hatte mit dem Gleichnis zu tun, das ihm plötzlich wieder eingefallen war. Er spürte die Vorboten am eigenen müden Leib, als Erschütterung von unhörbar tiefer Frequenz, und in der Luft: eine stockende Atmosphäre, trüb und aufgeladen, aber ohne Aussicht auf Klärung. Momentlang erschien in den Flecken abgesplitterter Farbe auf dem Metall ein Bild, das Bild eines liegenden Körpers, ein schlafender Mann – oder ein toter Krieger. Wenn Achill aufgab, was geschah dann mit der Schildkröte? Natürlich: Sie krabbelte weiter, nicht ahnend, dass sie auf der ganzen Linie gewonnen hatte und endlich allein war, allein in ihrer einen, siegreichen Welt.

Walter schob den Hut im Nacken hoch, knetete seine Wangen mit der aufgestützten Hand. Er musste weg hier. Vom oberen Ende des Platzes rückte ein Trupp Touristen an, sie ruderten mit den Armen und steuerten taumelnd und einander anbrüllend direkt auf die verlassenen Bartische zu, Amerikaner oder Engländer. Auf einen Zug leerte er das Glas. Was sich da zusammenbraute, war etwas anderes als der Tod, auf den die ganze Wahrsagerei hinauslief. Die Konsistenz des Kommenden war schwammig. Alte Konturen und Gegensätze lösten sich darin auf, Wahrheit und Lüge, Glück und Verzweiflung, Anfang und Ende. Damit wurden die Fragen überflüssig, auf die seine Karten antworteten. Aber dieses Verschwinden versprach keine Ruhe, keine gnädige Nacht. Im Gegenteil. In den Schwingungen, die die Veränderung vorausschickte, raste eine Energie, die in Walter die Vorstellung einer künstlichen, nie erlöschenden Sonne hervorrief, einer bis in den letzten Winkel erleuchteten Erde. Da konnte er nicht leben. Keiner konnte das. Jetzt waren die Touristen auf seiner Höhe. Er trank aus, duckte sich, starrte in das leere Glas. Sie stolperten am Barocco vorbei, ohne ihn zu sehen, unschlüssig blieben sie in der Einbiegung stehen und schrien einander an. Walter wartete regungslos, beschirmt von der Hutkrempe. In der Welt, die sich ankündigte, waren die Menschen und ihre eigensinnigen, verfallenden Körper nur noch eine Kinderkrankheit. Aber sie würden nicht aussterben. Sie würden lebendig absterben in dem Licht, das sie entfacht hatten. Die Vision vom ewigen Tag, die lärmigen Stimmen über seinem Kopf ... er ertrug es nicht mehr, er zwang sich aufzuschauen. Eine Familie war es, oder eine Reisegruppe. Er sah Shorts, Gürteltaschen, Bauchringe, an dünnen Trägern hängende Brüste, die zerstörten Gesichter sah er, die aufgerissenen Münder, und ihm wurde kalt vor Entsetzen.

Sie lachten.

Es war ein altes, längst in die Träume verbanntes Gefühl:

Walter hatte Angst. Das Kommende? Er war wieder einmal auf seinen eigenen Trick hereingefallen, das, was in seinen Augen brannte, Zukunft zu nennen. Was ein Hellseher sah, war immer schon eingetroffen.

UNTERM MONTE CAPRINO kettete er den Helm an den Motorroller und löste den Hut aus dem Lederriemen am Lenker, bevor er den linken Treppenflügel hinaufstieg. An der Steinbrüstung blieb er stehen und schaute zurück auf den Scherenschnitt der Ruinenlandschaft, in der einzelne hohe, aber dürftige Palmen steckten; seit seiner Ankunft in Rom erinnerten sie ihn an die gefiederten Steckschirmchen, die in Deutschlands italienischen Eisdielen die Eisbecher geschmückt hatten. Die Stars unter den Trümmern posierten im Licht einzelner Punktstrahler, flammende dreidimensionale Inseln im flachen Totenland. Nachts wurde das Forum Romanum zum Schlachtfeld mit frischen Brandherden, zum Kriegsschauplatz, nicht anders als der Monte Caprino, der sich nur im Finstern belebte. Hier bildeten die schwarzen Silhouetten und die weißen Brände des Forums den Hintergrund für die stummen Rituale anderer schwarzer Silhouetten, Ausstellen, Murmeln, Tasten, Aufreißen, Abschleppen.

Er drehte sich um. Über dem Hügel kreisten die Möwen, grellweiß angestrahlt von den senkrecht in den Nachthimmel zielenden Flutlampen auf den Dächern der Kapitolinischen Museen. Das Rascheln und das Flüstern, Zweige und Zungen unterschied er erst in der Biegung zu dem kleinen abschüssigen Park neben der Treppe; wie gestaffelte Plattformen schob sich eine Nische über die andere, die Kieswege, die Rabatten, Stufen und Büsche und dazwischen süßer stumpfer Duft. Sie waren alle so jung ... Walter kannte die Zeichen nicht mehr. Sein Zeichen war der Hut. Der Hut eines Bettlers, ein Hut voll Geld. Er kam nur noch selten her. Aber sie kannten ihn, ja vielleicht war er selbst, die Zauberin, zum Zeichen der Eingeweihtheit geworden: Siehst du sie? *Vedi la maga?* Er strich dicht an den Paaren vorbei. Wenn er stehenblieb, drehten sie sich nach ihm um. Mit dem Rücken an einem Findling stand breitbeinig und allein ein alternder Muskelmann; er blickte Walter mit verschränkten Armen entgegen und neigte den Kopf, um unter den Hut zu schauen. Von seiner Linken, am rechten Ellenbogen, stieg der süße Rauch auf.

»Me la dai?« fragte Walter. Der Mann kam ihm bekannt vor. Den Namen hatte er, wenn er ihn je gewusst hatte, vergessen. Er hatte nie etwas mit ihm gehabt. Dafür war er zu dunkel. Eine schwarzgrau melierte Mähne fiel auf die breiten Schultern und ließ die Gestalt noch gedrungener wirken. Aus irgendeinem Grund kamen Walter die Buden am Testaccio in den Sinn, bekifftes Keckern und Schwatzen unter den kindischen Lampengirlanden, damals, als zu Hause noch der Engel wartete.

Der Typ grinste und streckte ihm die *canna* hin. »Walter«, sagte er, *»che rarità.«* Mit der Rechten winkte er nach oben. *»Come stai?«* Der Namenlose wirkte gelangweilt. Er reckte das Kinn und pfiff durch die Zähne, als würde er einen Hund rufen.

Walter lehnte sich ans Geländer. Der Rauch hinterließ einen weichen Schwindel, eine Ahnung von Übelkeit. *»Bene, tu?«* gab er flau zurück; er nahm einen zweiten Zug, und in dem Wirbel, der in seinem Kopf entstand, tauchte von weither der Minister ohne Portefeuille auf, De' Benedetti, der Spendeneintreiber der Democrazia Cristiana, der ihn einmal im Monat konsultiert hatte. »Das Portemonnaie« hatten sie ihn genannt, und nun fiel Walter auch der Spitzname seines athletischen Leibwächters und Schützlings ein: Rotkäppchen.

»Grazie, testarossa«, sagte er und gab ihm den Joint zurück. Rotkäppchen lachte laut los.

»Gary!« rief er. *»Via, vieni qua!«* Am ganzen Hang, so kam es Walter vor, breitete sich Unruhe aus. Wahrscheinlich machte das Zeug paranoid, stark genug war es. Die Büsche spielten verrückt. Sie lachten. Und dann brach es von oben herein, ein graziles Wesen setzte mit einem Sprung über das nächsthöhere Treppchen und rutschte quer durch das sperrige Grün zu ihnen herunter. Auf dem Weg landete ein zartes blondes Kerlchen, hob beide Hände wie zum Segen.

»Sì, caro«, sagte es. Ein kräftiger amerikanischer Akzent.

»Ti presento la maga«, sagte Rotkäppchen im Befehlston.

Der Knabe legte den Kopf schief. *»Piacere«,* flötete er. Eine Sekunde lang bildeten sie ein stummes gleichschenkliges Dreieck, an den Seiten der Ältere und der Bullige, an der Spitze diese hübsche Statuette, ein Geschöpf halb von Bernini gemeißelt, halb aus Hollywood entlaufen. Walter spürte wieder das Loch im Hinterkopf, da, wo der oberste Wirbel den Schädel trägt, schmerzhaft, als würde ein Zugwind hineinblasen. Garys Augen waren blau. Ihre geübte Koketterie zielte unbarmherzig auf Walters Gesicht, bis der helle Blick zu seinem Gönner flatterte. Das Dreieck geriet in Bewegung. Rotkäppchen streckte Gary den Joint hin und sagte zu Walter:

»Das ist Gary. Ein echtes Model aus den Vereinigten Staaten von Amerika.«

Der Kleine trat einen Schritt näher.

»A wizard?« fragte er. Er nahm die *canna* zwischen die Lippen, genau in der Mitte, und zog schamlos, dass seine Augen über der Glut blinkten, Katzenaugen. Walter starrte hinein. Das zugige Gefühl jagte die Wirbelsäule hinunter bis ins Kreuzbein. Neue Sitten auf dem Monte Caprino, dachte er wütend. Ich soll den Kerl kaufen, und ich werde ihn kaufen.

»I can tell you the future«, sagte er, *»if you wanna know it. It's not always the future that you want.«*

»No risk, no fun«, sagte der Kleine aalglatt und warf die Kippe auf den Boden.

Rotkäppchen grinste. *»Vaffanculo«,* sagte er, *»la fortuna è una puttana.«* Das Glück ist eine Hure … Im nächsten Moment trabte er den Weg hinunter. Perplex sah Walter ihn mit rollenden Hüften im Dunkel verschwinden. Als er den Kopf zu Gary zurückdrehte, blickte er wieder direkt in die Katzenaugen, dunkel jetzt, die Pupillen in der strahlenden Iris groß wie der Mond bei totaler Sonnenfinsternis.

»Up or down?« fragte der Junge grob.

Walter wies mit dem Kinn nach oben.

»Wie alt bist du?« fragte er ihn auf Englisch. Gary ging voraus, Kopf erhoben, Hände in den Hosentaschen. Er schämt sich, dachte Walter. Also noch keine richtige Nutte.

»Halb so alt wie du«, antwortete Gary, ohne sich umzudrehen.

»Das wäre siebenundzwanzig.«

»Exactly.«

Walter schätzte ihn auf einundzwanzig. Höchstens. Tatsächlich, die kokette Eleganz hatte der Junge abgeworfen, er bewegte sich absichtsvoll plump, kamelhaft wiegte er vor ihm her. Sein über die Stirn zurückgekämmter, auf Höhe der Ohrläppchen gerade geschnittener Blondschopf wippte. Unter dem schwarzen T-Shirt zeichneten sich seine Schulterblätter ab, in der Mitte des Rückens prangte ein Flammenkreuz mit einem Ring um den Schnittpunkt. Ein keltisches Kreuz.

»Bist du katholisch?« Er tappte im Dunkeln. Er musste wissen, wer ihm da vor die Füße gefallen war. Gary blieb stehen, ohne sich umzudrehen. Als Walter auf seiner Höhe war, fixierte er ihn wieder, von der Seite:

»Halb. Mein Vater ist Ire. Und du? Jude?«

Walter merkte, der Kleine wollte wieder barsch klingen,

aber der schwule Flötenton schlug mit an, überschlug sich am Ende: Jude? Er griff in seine Jackettasche. Riss die Scheine heraus und hielt sie dem Jungen unter die Nase.

»Willst du es wissen?« In Garys Pupillen schillerte die schwarze Pfütze. Als er merkte, dass seine Hand zitterte, fing Walter an, mit dem Bündel zu wedeln. Er holte aus und schlug es rechts und links um das Kinn, das sich zu ihm hochreckte: »Willst du es wissen?« Gary senkte den Kopf. Walter stellte die nächste Frage.

»Kennst du Marc Aurel?«

»Ich kenne nicht jede verdammte Tunte hier in Rom«, antwortete Gary dumpf. Walter schaute hilflos auf den blonden Haaransatz; etwas Gewalttätiges wollte ihm die Beherrschung nehmen, Mitleid, Hass, Begehren, ein Gefühl, als wolle, als müsse er seinen eigenen Sohn vergewaltigen. Er steckte die Scheine ein. Mit der Linken umschloss er Garys Kinn.

»Ich zeig ihn dir«, sagte er. Der Kleine ließ sich küssen, dann grub er abwehrend seine Stirn in Walters Achsel. Walter schob ihn weg. Am Hang, kaum durch den dünnen Stamm verdeckt, lehnte einer am Baum, schaute zum Himmel und presste den Kopf eines anderen in seinen Schoß. Der Kies knirschte unter ihren Füßen, Echos überall. Sie umrundeten die letzte Biegung zu der Balkonplattform über der Flügeltreppe. Irgendwo ein zischelnder Streit, Lachen. Hinter ihnen schnelle Schritte, die rasch aufholten. Auf dem oberen Absatz lehnte einer überm Geländer, hob den Arm und winkte. Walter sah sich nach dem Verfolger um, er war fast auf ihrer Höhe, schaute hoch und winkte zurück; dann senkte er in einer einzigen runden Bewegung die Hand und streckte sie Walter hin. Es war Gianluca.

»*Finalmente.* Ich beobachte dich schon lange.« Gianluca warf einen Blick auf Gary. »Pass auf dich auf«, sagte er zu Walter und ließ seine Hand los. »Es ist ein gefährlicher Ort für einen, der keine Augen im Rücken hat. *Ci vediamo*«, und dann lief er an ihnen vorbei. Gary schaute ihm nach.

»Wer war das?«

Walter schwieg und schaute auf seine weißen Schuhe, die sich bei jedem Schritt in den Kies bohrten. Etwas kommt, dachte er wieder. Und Gianluca – der einzige, der etwas von seiner Vergangenheit wusste, Gianluca, der Nachtschwärmer, diese kleine Kassandra – meinte, ihn vor diesem Jungen warnen zu müssen. Als sie oben auf den Asphalt traten, war Gianluca mit dem Mann am Geländer verschwunden, der Weg leer. Jetzt ging Walter voran, trat unter den hohen Durchgang zwischen den Palastmauern. An der Öffnung zum Kapitolsplatz legte er dem Jungen die Hand in den Nacken und zeigte quer über das gemusterte Pflaster zu dem leeren Sockel auf dem weißen Stern in der Mitte des Liniengeflechts.

»Das war ein Freund von Marc Aurel«, antwortete er.

»And who the fuck is Marc Aurel?«

»Er saß da vorne auf seinem Pferd, bis sie ihn weggeholt haben.«

»Ah, du hast mich verarscht!« Jetzt grinste Gary. »Ich hab schon viele gefragt, wer da fehlt. Also Marc Aurel ist – *the Kaiser?*«

»Ja«, sagte Walter. »Komm mit.«

Sein Kopf schmerzte, als zöge sich das Gehirn zusammen. Es musste sein. Wie im Schlaf zog er Gary über den zum Oval verzerrten Kreis aus wirren weiß umrandeten Trapezen, das Muster, das er so oft, ja bis ihm schwindlig wurde, vom Innern aus studiert hatte – die an den Sternspitzen entspringenden Schwunglinien, deren auseinanderstrebende Bahnen einander vielfach kreuzten, bis sie sich draußen in vergrößerten Zacken wiedertrafen, spitz an den Längsseiten, stumpf an den Querseiten des Platzes: Michelangelos Nabel der Welt.

Sie traten auf den Stern, stiegen über eine der zwischen den Pollern rings um den Sockel gespannten Ketten. Gary hatte verstanden; ohne ein Wort lehnte er sich rücklings an den Stein, beugte sich vor und formte die Hände zur Räuberleiter. Walter krallte sich in seine Schultern und setzte einen weißen Schuh auf seine Handflächen. Zog sich hoch. Er hatte die Beine noch nicht über den Rand geschwungen, als Gary schon mit einem Sprung und einem Klimmzug auf der Plattform angekommen war. Er stellte sich vorn an die Kante und schaute in Richtung der Freitreppe.

»Wie auf einem Altar«, sagte er.

Walter betrachtete Garys Gestalt in der Fluchtlinie zwischen den beiden riesigen Wächterstatuen am Eingang des Platzes, den Zwillingen neben ihren Pferden, in den knöchellangen Umhängen – von hier aus gesehen ließen sie nur Schultern und Arme unbedeckt, von der Freitreppe aus: alles. Walter trat dicht hinter den Jungen. Er stellte sich vor, Gary müsste sich nur umdrehen, um genauso nackt zu sein wie Castor und Pollux. Und er holte tief Luft.

»Es ist der beste Ort in der Stadt. Besser als jede Matratze.« Walter zog wieder die Scheine aus der Tasche und hielt sie ihm über die Schulter vors Gesicht. Gary fuhr herum. Seine Katzenaugen funkelten amüsiert.

»Horny punk«, sagte er und griff nach dem Bündel. Walter schlug es ihm wieder ins Gesicht. »Später«, sagte er.

WIE DIE NABE DES SCHICKSALSRADES AUF DER ZEHNTEN TRUMPFKARTE rotierte der zwölfzackige Stern um das lebende Reiterstandbild. Der Junge hielt still, und er gab keinen Laut, obwohl Walter eineinhalb Jahrzehnte abgestandener Verzweiflung in ihn hineinstieß. Er war der Kaiser – der Kaiser, der zurückschaute. Die Hexengeometrie des Zauberers Michelangelo wuchs und schrumpfte rhythmisch unter seinen Augen, ohne ihre Form zu verlieren – eine Riesenblüte.

Er war im kalten Herzen seiner Größenphantasie angelangt, deren Erfüllung ihm Andrzej verweigert hatte und die mit Andrzej gestorben war; die fixe Idee, die in dem Moment entstand, als der rostzerfressene Reiter vom Sockel verschwand. Es war die Zeit des Umzugs nach Trastevere, als er anfing, sich bei anderen zu holen, was ihm Andrzej mehr und mehr vorenthielt. Zwei Jahre lang hatte er ihn angefleht: Da wohnt der Kaiser, nicht der Papst! Dann verschwand auch Andrzej. Erst da hatte Walter Andrzej geschworen, es nie mit einem anderen zu versuchen. Monatelang war er nachts nach der Arbeit auf der großen Freitreppe (nicht mehr über die dunkle Rückseite) aufs Kapitol gestiegen. Am Fuß des Sockels hatte er eine Zigarre geraucht und sich das Wunschbild vor Augen gerufen – als Versteinerung. Andrzej und er: der Stempel in einer künstlichen Blüte.

Irgendwann hatte er wieder angefangen, über den Monte Caprino hochzulaufen, und war in der anderen Mechanik hängengeblieben, den Tricks und Codes, mit denen die Kompromisse der Liebe zwischen gleichartigen Körpern ausgehandelt wurden. In dieser Zeit hatte ihm Gianluca ahnungslos, ein besserer Seher als er selbst, eine alte italienische Übersetzung von Marc Aurels Selbstbetrachtungen geschenkt – damit du mal deinen Höllentrip vergisst, sagte er. *Wach auf und kehr zu dir zurück. Wie du beim Aufwachen erkennst, dass es nur Träume waren, die dir Angst machten, so sieh die Sorgen des Lebens nur als Träume an.* Der Kaiser kannte die Angst, die aus der Vergangenheit und die vor der Zukunft: *Lass dich nicht von der Zukunft ängstigen! Wenn es dir bestimmt ist, wirst du sie erleben mit derselben Vernunft, die dir in der Gegenwart beisteht.* Walter hatte sich diese Geisterbeschwörungen vorgesagt, bis er laut darüber lachen musste. Eine Philosophie, die den Träumen die Angst und die Hoffnung der Vernunft zuschanzte, war so tragikomisch wie sein eigenes Wahrsagerhandwerk. Ein Krieger predigt Harmonie, hatte er zu Gianluca gesagt, zum Totlachen. Dann hast du doch etwas von ihm gelernt, erwiderte Gianluca. Und Walter fiel ein, dass er Andrzej in den Jahren in Trastevere nicht ein einziges Mal hatte lachen hören.

Andrzej sollte ihn in Ruhe lassen. Andrzej und seine Trauer. Wessen Trauer? Die Träume. Die Angst. Walter wollte ihm nie mehr in die Augen sehen, in die wasserhellen, längst versiegten Tränenquellen. Wenn Andrzej ihn diesmal in Ruhe ließ, dann war er wirklich tot. Jetzt fickte er ihn, jetzt tötete er ihn. Castor und Pollux schwankten. Wer war wer? Gary hielt den Kopf erhoben. Ob er die Augen offen hielt? Oh nein, er hatte ihm keine Gelegenheit gegeben zu sehen, ob er beschnitten war. Der Junge bekam genug zu spüren – sollte er sich doch seinen eigenen Reim drauf machen. Walter würde der böse Traum dieser kleinen Hure bleiben, mit der er seinen eigenen bösen Traum vertrieb. Auf den raste er zu wie ein hilfloses Masseteilchen auf ein schwarzes Loch, er schloss die Augen, er sah es – ja, schwarz, schimmernd auf dem Pflaster, das Grauen – und riss sie wieder auf, die weißen Zacken des Sterns schossen auseinander, die künstliche Blüte zerplatzte, und er schaute in den Himmel, stumpf und grauviolett wie ein Bleidach. Der Junge warf ihn ab. Er, der Kaiser, schrie vor Schmerz und kippte rückwärts auf den Stein.

Als er sich auf die Knie aufgerichtet hatte, stand Gary vor ihm. Er beugte sich zu Walter herab und zog ihn fast liebevoll an den Aufschlägen seines Jacketts auf die Beine. Die Hände am Stoff, blieb er vor ihm stehen und schaute zu ihm hoch. Die Pupillen füllten die Iris bis zum Rand, ein glanzloser Blick, und Walter verstand, was er ihm gegeben hatte. Nicht die Rührung, nicht das Begehren, nur den Hass. Er hatte ihn in seinen bösen Traum geholt. In aller Schärfe zeichnete sich ab, dass Gary von dort nicht mehr zurückkehren, sondern weitergehen würde. Das Ende dieses Weges konnte Walter nicht voraussehen, nur die ersten Schritte. Er war nicht überrascht, als Gary den rechten Jackettaufschlag zu sich zog und in die Seitentasche griff, und blieb unbewegt, als er bemerkte, dass Gary mit den Scheinen auch den Ausweis herausgezogen hatte, den er wegen der Stadtpolizei immer bei sich trug. Der Junge blätterte langsam darin, schaute Walter wieder ins Gesicht und lächelte. Erst jetzt wurde Walter bewusst, dass er beim Fall den Hut verloren hatte. Er wartete. Gary steckte den Ausweis ins Jackett zurück, holte aus und schlug Walter mit dem Bündel heftig auf die Wange. Dann sprang er wie eine Katze zur Seite.

Eine Sekunde später sah Walter nur noch die Krallen am Sockelrand. Dann hörte er den Aufprall am Boden. Er beobachtete, wie der Junge auf den Stern trat, über die Kette hüpfte und quer über das gezirkelte Wabenmuster lief, nicht zur Treppe und nicht auf den Durchgang zum Monte Caprino, sondern auf den dritten Ausgang zu, den Torbogen auf der anderen Seite des Rathauses. Mit jedem Meter, den der Schatten, immer kleiner werdend, zurücklegte, verstärkte sich die Verbindung zwischen ihnen, sie spannte sich wie ein dehnbares Band, das irgendwann unter der Kraft, die zwischen den Polen wächst, zurückschnellen muss. Die Schritte hörte Walter noch, als Gary jenseits des weißen Kreises über die weiß markierte Bahn lief und hinterm Senatorenpalast verschwunden war, und noch länger, bis er merkte, dass sie nur noch wie eine Uhr in seinem Ohr tickten. Da riss er auch den Blick los. Der Hut lag am Rand der Plattform, er hob ihn auf. Keiner half ihm hinunterzusteigen. Er war alt geworden. Der Traum war aus. Es war Tag.

DIE ERSTE NACHT IN DER STADT hatte Ansgar den Schlaf geraubt, jetzt riss ihn der Tag in seine erstickende Umarmung, Dunst aus fauchenden Düsen, qualmende Kippen, Kommandos, das Hämmern der Siebeinsätze an den Holzschubladen voll feuchtem Kaffeesatz. Benommen versuchte er, sein Spiegelbild an der Rückwand festzuhalten. Die Glastüren der Bar waren weit auseinandergeschoben, das Sonnenlicht entfachte weiße Blitze auf Chrom und Glas. Morgenitaliener und Morgenitalienerinnen wechselten am Tresen die Plätze. Auch Ansgar war ein Morgenmann, ein Reporter mit Tonbandgerät über der Schulter, im Hemd vom Vorabend. Mitten in der Innenstadt, ein paar Gehminuten von hier, war er aufgewacht, aus dem Haus mit der Adresse Via delle Carozze 50 getreten und die Spanische Treppe hochgelaufen. Den Fußweg zum Bahnhof Termini hatte er im Kopf gespeichert. Von dort wollte er mit dem Bus fahren. An der Kasse hatte er eine Schachtel Zigaretten, eine weiche Packung der Staatsmarke MS, und ein Feuerzeug gekauft.

Draußen zitterten die Bilder des späten, leichten Schlafs unter seiner Haut weiter. Sie war dünn und durchlässig wie nach seiner Ankunft. Die verstopfte Straßenflucht führte schnurgerade abwärts, dann aufwärts. Nach einer Weile vermisste Ansgar die Querstraßen: Er hatte sich in der Entfernung verschätzt. Als sich endlich auf der linken Seite eine breite, stinkende Verkehrsinsel öffnete und er den Barberinibrunnen erkannte, spürte er den ersten Schweiß. Der abschüssige Platz flimmerte im Smog, die Luft stand; selbst der heiße Wind, der bei seiner Ankunft geweht hatte, wäre eine Erleichterung gewesen. Warum die Hetze? Er rannte auf das Interview zu. Aber in seinem Kopf war er es, der ausgefragt wurde. In der Nacht hatte Lydia Marin ihn verhört. Ein ganzer Schwarm flügelschlagender Fragen war um ihn herumgeflattert. *So, Sie sind also der Freund von Ellinor, dieser netten deut-*

schen Studentin von nebenan. Und? Was führt Sie wirklich her? Was wollen Sie von mir? Hinter dem Barberiniplatz musste die Via Rasella abzweigen, in der die Brüder der Resistenza ihre selbstgebastelten Nagelbomben in die SS-Kolonne geworfen hatten, erst 28, dann 32, dann 33. Er hatte sich vorgenommen, im Vorbeigehen einen Blick in diese Straße zu werfen, als Tribut an seinen offiziellen Auftrag. Auch den hatte Lydia in ihrer Traumattacke gegen ihn ins Feld geführt. *Erzählen Sie mir von sich und Priebke. Wie kommen Sie dazu, diesen Mann mit mir in Verbindung zu bringen? Wie können Sie es wagen, mich auszuschlachten, mit einem Schlächter als Alibi? Warum wollen Sie mich zum Sprechen zwingen?*

Stau auf dem Gehsteig. Jemand stieß ihm das Tonbandgerät gegen den Schenkel. Von hinten schoben sie, vorne fädelten sie sich zwischen die zentimeterweise vorrückenden Autos. Motorroller kurvten zwischen Blech und Leibern hindurch. Eine Frau zwängte sich in die Lücken; er hängte sich an sie und fixierte Schritt für Schritt die braunen, rasierten Waden, bis er auf dem gegenüberliegenden Gehsteig angekommen war. Sie drängte sich an der Menge vorbei, die sich am Übergang auf den Platz sammelte. Knapp über den Köpfen sah Ansgar das M in seinem roten Viereck schweben und beschloss, die Metro zu nehmen.

Auf der Rolltreppe stieg ihm, zusammen mit der modrigen Kirchenkälte, ein verwaschener Orchesterklang entgegen, dann ein Windstoß und das Donnern der Bahn. Tatsächlich, auf dem Bahnsteig quoll Musik aus unsichtbaren Lautsprechern, eine pathetische Höhlensinfonie. Ansgar setzte sich, zog den Recorder auf die Knie und nahm den Fragezettel aus der Seitenklappe, obwohl er wusste, dass ihn die Erinnerung an die Liste im Gespräch nur stören würde. Nummer eins, getippt: *Was hat Sie bewogen, dem jahrzehntelangen Rätselraten um Ihren Tod ein Ende zu setzen und an die Öffentlichkeit* (durchgestrichen, handschriftlich darunter: *in die Welt*) *zurückzukehren?* Darüber handschriftlich: *Kochen Sie gerne?* Nummer zwei: *Haben Sie nach Ihrem Verschwinden* (handschriftlich darüber: *Untertauchen*) *im Jahr 1974 die Spekulationen über die Ursachen Ihres Todes verfolgt?* Nummer drei: *Zu der Zeit standen Sie auf dem Höhepunkt Ihres Ruhms* (handschriftlich: *... also warum?*). Er traute den Fragen nicht mehr. Über Nacht war das Bild von der starrsinnigen alten Frau zum Angstbild geworden ...

»Tun Sie nicht so!« Er schrak auf. Das Flüstern war von ihm selbst gekommen, knisternd wie das leerlaufende Ende eines Magnetbandes. Im Schnellrücklauf war in seinem Kopf der Monolog abgespult, der sich seit dem Aufstehen als festes Knäuel hinter seiner Stirn ballte. Lydia Marin mochte mit einer harmlosen jungen Frau wie Ellinor zurechtkommen, aber er war ein Mann, noch dazu einer, der sie aus der jahrzehntelangen Reserve locken musste. Also hatte er bei sich selber angefangen. Ich bin Mitte dreißig, wie Sie nach dem Krieg, zwischen Währungsreform und Wiederbewaffnung. Was ich erlebt habe, kann ich nicht sagen, ich hab's vergessen, also war es wohl nichts. Ich fühle mich verbraucht und angewidert. Ich bin es so satt, dass ich in den Krieg ziehen würde, wenn nur einer käme. Was wollen Sie von mir wissen? Vater tot, Mutter allein, keine Geschwister, keine Kinder und seit einem Jahr keine Freundin mehr. Dafür ein hoher Lebensstandard, durchschnittliche Intelligenz und überdurchschnittlich viel Gehalt für eine Tätigkeit, die mir das Unmögliche abverlangt: Neugier.

Der Bahnsteig füllte sich mit schweigenden Menschen, Kratzen und Scharren am Grund des geisterhaften Klangbreis. Ein Luftzug strich Ansgar um die Beine. Er redete sich um Kopf und Kragen. Frau Marin, Ihr Leben ist mir fremd. Dieses alte Deutschland, das berührt mich nicht. Priebke ödet mich an. Und Ihre Bücher verstehe ich nicht. Diese Unruhe, diese Ungeduld, dieses Pathos, lauter scheiternde Menschen, pralle Mörder, hilflose Schöngeister, verzweifelte Nachkommen ... Was steckt dahinter? Wieso haben Sie sich verkrochen? Im Kopf überschrie er die anrollende Bahn. Erzählen Sie, erfinden Sie irgendwas, nur tun Sie nicht, als hätten Sie keine Ahnung, welchen Wert Ihre Worte in den letzten zwanzig Jahren bekommen haben ... *tun Sie nicht so!*

AUF DEM BUSBAHNSTEIG VOR DEM BAHNHOF TERMINI zündete er sich eine Zigarette an. Die erste seit über drei Jahren. Sofort wurde er wacher, ruhiger. Er hatte Zeit. Die Haltestelle der Nummer 105 lag am Rand von Afrika. Die meisten Schwarzen waren jung. Sie schleppten Seesäcke und riesige Plastiktüten. Zum ersten Mal sah Ansgar Gesichter, südliche Gesichter, Bauerngesichter, Schmerzgesichter, Ganovengesichter. Die Frauen trugen ausgelatschte Schlappen mit Absätzen und Querriemen, die Männer hatten die Hände in den Hosentaschen. Der Bus stand schon da. Zwei uniformierte Schaffner lehnten rauchend an der vorderen Ecke. Als der eine wegschlenderte und der andere seine Zigarette fortwarf, ballte sich die Masse an der Buswand, bis das Blech ratternd anfing zu vibrieren und die Türflügel auseinanderglitten. Sekunden später waren im Innern alle Sitzplätze unter trampelnden, rutschenden, fallenden Körpern verschwunden.

Ansgar wurde auf die Plattform gestoßen und im Innern weitergeschoben, wo er Raum gewann, um das Bandgerät vor den Bauch zu bugsieren, eine Halteschlaufe zu ergreifen, einen Fensterausschnitt zu sehen, zu atmen. Wie ein überfülltes Rettungsboot bewegte sich der Kasten aus der Busspur. Langsam wurde Ansgar in Trance geschaukelt, während seine Nerven fiebrig arbeiteten. Er bog den Oberkörper über einen Fenstersitz, auf dem eine dicke Frau saß, ein Kind auf dem Schoß. Sobald an dieser Seite Bahngleise auftauchten, musste er sich aufs Aussteigen vorbereiten. Zwischen Hälsen und Achseln ruckten Billigansichten am Fenster vorbei, verschmierte Fassaden, Basarschaufenster, Hotelschilder, staubiges Grün hinter Zäunen und Plakatwänden.

An der dritten, vierten Haltestelle wechselte der Bus die halbe Fracht, mitten in einer Ruinenlandschaft. Bröckelnde Torbögen ragten zwischen Straßenbahnschienen und Asphaltbahnen aus dem Brachland, und direkt unterm Himmel hing eine überdimensionale Achterbahn: Auf gigantischen Betonträgern lagerten die geschwungenen, sich verzweigenden und überschneidenden Arme einer Hochstraße. Ansgar wurde gegen die Frau gepresst, die zwei Tüten zwischen den Füßen hervorzog und sich mit dem Kind hochwuchtete. Es gelang ihm, seinen Hintern an ihr vorbeizuquetschen und in den Sitz zu rutschen. Beim Anfahren mischte sich ein roher Ton in das Geschrei, etwas wie Beißen und Knurren, eine Frau kreischte, die Bremsen kreischten, es polterte an der Tür, sie sprang wieder auf. Als der Bus erneut lospreschte, blickte Ansgar zehntelsekundenlang in die aufgerissenen Augen eines am Straßenrand zurückbleibenden Mannes – der, den sie hinausgeworfen hatten. Er hatte blitzartig die Hose geöffnet und richtete seinen Schwanz in der Faust auf den wegfahrenden 105er, der in den Schatten der Riesenpfeiler tauchte.

Lacher, Zurufe, Gesten. Ausgeschlossen von allem, fühlte Ansgar, dass er lächelte, als gehörte er dazu, Teil einer Gemeinschaft, die einen anderen ausgeschlossen hatte. Allmählich kam ihm die Gegend vertraut vor, Ellinors Gegend. Sie hielten auf einer Brücke über einem breiten Gleisbündel, bogen ab und rasten auf einer schmalen Trasse an den Gleisen entlang abwärts. Er stand auf und zwängte sich zur Mitteltür. An der Sohle kletterte er hinter drei palavernden Mädchen in

Jeans und Spaghettihemdchen hinaus in eine staubige, metallische Hitze.

Gleise und wieder Gleise. Neben einer langgezogenen Fassade lief er an einer Betonrampe über einer tiefen Schneise entlang. In Laufrichtung erkannte er Ellinors Wegmarkierung, eine gemauerte Fußgängerbrücke. Auf der anderen Seite des Gleistals unterbrachen hässliche Hochhäuser die niedrige Bebauung, *Siebzigerjahre-Palazzi* hatte Ellinor sie genannt. Lydia wohnte in einem *Siebzigerjahre-Palazzo*, Ellinor in einem Gässchen gegenüber. Er schaute auf die Uhr, als könnte ihm die Uhrzeit erlauben, zu ihr zu flüchten und Lydia zu vergessen, aber jetzt führte kein Weg zu Ellinor, denn Ellinor hatte ihn zu Lydia geführt. Hier lief sie herum als Lidia Marimpietro. Wie er ging sie über die schmale, gepflasterte Brücke und schaute auf die Schienenstränge in einem Abgrund, in den man sich gut und gerne zu Tode stürzen konnte. Oder nicht? Sie lief durch die Schattenflecke der Pinienkronen, zwischen einer schmuddeligen Ladenzeile mit winzigen Einraumwerkstätten und einem grau verputzten Klotz, *Scuola Media*. Ein trister eingezäunter Schulhof. Eine Spielfläche mit ein paar Bäumen und ein paar Bänken auf der nackten Erde. Alte Frauen und Männer beobachteten die grell aufgetakelten Mütter mit Pizzastücken und Zigaretten in den Händen, die Mütter beobachteten ihre kreischenden, rennenden Kinder ... Grüßte sie? Oder nicht? Kannte sie nach zwanzig Jahren die Leute, die kleinen abschüssigen Hinterhöfe, die Geschäfte und Streitereien? Kannten die Leute sie?

Und dann stand er am Eingang zu der Gasse, in der Ellinor wohnte. Von hier verzweigten sich die Sträßchen ins Viertel. Er erkannte die niedrige Mauer, an der Paul im Winter das Taxi hatte halten lassen. Lydias Haus warf seinen Schatten über die gesamte Straßenseite. Es war das Legohaus in diesem anarchischen Puppenstubendorf. Der ockerfarbene Anstrich war angelaufen, die Fassade durchlöchert von düsteren Loggien, mit grünen Plexiglaswänden voneinander abgeteilt, manche mit Tuchbahnen verhängt. Der Eingang, das wusste er von Ellinor, lag seitlich, in der Verlängerung ihrer Gasse. Die Frontseite des Gebäudes überspannte auf halber Breite eine gestreifte Markise. HOLLYWOOD BAR stand in Neonbuchstaben darüber; hier hatte Ellinor Lydia kennengelernt.

NOCH ZWANZIG MINUTEN. Auf der Eisbox schwenkte ein kleiner, ruckelnder Standventilator seinen Schirm wie ein Radar auf der Suche nach Gästen. Ansgar stellte den Recorder daneben. Er war allein. Der Raum war groß, fast ein kleiner Supermarkt, mit einem Kühlregal an der Wand und einem Sortiment Süßigkeiten neben der Kasse. Vielleicht steht sie auf der Loggia, dachte Ansgar. Vielleicht hat sie mich unter der Markise verschwinden sehen. Sie macht den großen Schritt, nicht ich. Es ist ihr letzter Versuch. Ganz einfach, ohne mich ist sie tot. Da oben zählt sie die Minuten, bis ich komme und sie zum Leben erwecke.

Also Martini und danach ein Pfefferminzbonbon. Ein nervöser Übermut hatte ihn gepackt. Er zog die Zigaretten heraus. Die Plastikschnüre an der Rückwand raschelten, ohne dass er Schritte gehört hatte. Der Mann, der in der Türöffnung erschien, ließ sich Zeit. Er war alt und hochgewachsen und band sich im Eintreten die Latzschürze hinterm Rücken zu. Darunter trug er einen grauen Anzug. Sein Jahrhundert ging zu Ende.

»Desidera?«

»Martini«, sagte Ansgar. »Rosso.«

»English? Ice?« fragte der Mann.

Gerührt, nicht geschüttelt, dachte Ansgar. Der Butler hält mich für James Bond. Er würgte das Kichern hinunter. Die Zigarette in seiner Hand zitterte. Oder für einen Alkoholiker …

aber der Mann drehte ihm den Rücken zu und reckte sich nach der Flasche.

»No ice. German«, sagte er.

Der Mann stellte ein kleines Weinglas vor ihm ab und fischte ein Feuerzeug unterm Tresen hervor. Sein Gesicht war lang und schmal. Kein Butler. Über der Flamme flackerten seine schwarzen Augen unter schütteren Brauen. *»Many Germans here in Pigneto.«*

Ansgar wies mit der brennenden Zigarette zur Decke.

»In this house?«

Keine Antwort. Ansgar beschloss, still zu sein, vielleicht war er schon zu weit gegangen – Bond, Reporter, Schnüffler. Der Mann schenkte schweigend ein, hielt inne, schenkte nach.

»Once«, begann er in seinem bedächtigen Englisch, »früher, da kamen die deutschen Männer. Später dann die Frauen. Vor ein paar Jahren war es eine Mutter mit ihrer Tochter, einem kleinen Schulmädchen mit blondem Haar. Sie sind nie hereingekommen. Nur einmal hat mich die Frau gebeten, ein Taxi zu rufen. Nach einem Jahr waren sie wieder weg.«

Jetzt drehte er Ansgar den Rücken zu und ging zur Kasse. »Letztes Jahr war es eine junge Frau, eine Studentin aus Hamburg. Sie wohnt hier immer noch.«

Ellinor. Und Lydia? Das Zeug schmeckte herb und fruchtig wie ein saurer Bonbon. Der Ventilator summte, stockte, wechselte die Richtung. *»Maybe …«,* kam von der Kasse, und dann: »Sie kommen zurück.«

Ansgar stutzte, was stimmte da nicht? Der Mann hatte deutsch gesprochen.

»Sie kommen zurück?«

Der Alte antwortete wieder auf Englisch. »Das hat meine Mutter gesagt, bevor sie starb. Am Ende ihres Lebens hat sie oft deutsch gesprochen.«

»Warum?«

Ohne etwas in die Kasse zu tippen, hatte sich der Mann zurückgelehnt und verschränkte die Arme. Neben ihm klebte ein Lichtstreifen an der Wand.

»Story of my life.«

Um Himmels willen. Ein Interview.

»Aber Sie sprechen Englisch.«

»Bad English.« Wieder eine Pause. Ansgar trank, zog an der Zigarette. Eine kleine süße Schwäche erfasste ihn, eine gefährliche Leichtigkeit, als öffnete sich unter ihm ein Zeitloch. Der Mann hatte Anlauf genommen, jetzt erklärte er:

»Als junger Kerl war ich in England, bis die deutschen Bomben kamen. Ich habe in einem Hotel gelernt, weil wir in Rom eines hatten.«

Sein Englisch klang tatsächlich unbeholfen. Ansgar schielte nach dem Tonbandgerät. Er durfte sich nicht vergessen. Diese Fährte in die Vergangenheit, was war das? Eine Ablenkung? Ein Einstieg? Was auch immer der Alte ihm sagen wollte, es klang einstudiert, wie ein Spiel.

»Ihre Familie besaß ein Hotel?«

»Ich war der letzte Mann in der Familie. Mein Vater starb in Äthiopien für Mussolini. Mein ältester Burder starb für Franco in Spanien. Mein zweiter Bruder kämpfte in Russland für die Deutschen. Er ist nicht wiedergekommen.«

Der Mann fixierte ihn. Was für ein Haus, dachte Ansgar. Oben wie unten Gespenster. Er leerte das Glas. Lydia wartete; er wartete. Trotzdem fragte er:

»Und Ihre Mutter?«

Diesmal kam die Antwort prompt. »Meine Mutter hat das Hotel geführt. Aber sie hat nicht mehr gearbeitet. Ich habe das getan. Zu der Zeit lernte sie deutsch.«

»Wann?«

»1943, 1944. Sie hatte einen deutschen Geliebten, einen

Offizier. Ich habe ihn nie gesehen, und sie hat nie darüber geredet. Aber ich wusste es.«

»Wer war das?«

»I don't know.« Jetzt trat der Mann aus dem Schatten zwischen dem Plastikvorhang und der Lichtbahn. Er stellte einen Aschenbecher neben das Glas und beugte sich vor. »Die Deutschen verschwanden wieder. Sie wurde zum vierten Mal alleingelassen. Dann haben wir das Hotel verloren. Ich habe bis zu ihrem Tod vor zehn Jahren mit ihr zusammengewohnt. Sie ist sehr alt geworden. Aber ich weiß, sie hat die ganze Zeit auf ihren Offizier gewartet.«

Ansgar drückte die Zigarette aus.

»Do you like Germans?« fragte er.

»Some bring death«, sagte der Mann, *»and some bring love. Some bring both. But death is everywhere, love not.«* Er tippte auf Ansgars Zigarettenschachtel: *»Morte Sicura.«* Ansgar hob den Blick von den Buchstaben, schwarzes M und rotes S, zu dem Gesicht des Mannes und lächelte pflichtschuldig. Aber der andere schaute ernst.

»Sie müssen gehen«, sagte er.

»Sie wissen, wo ich hingehe?«

»Wie ich sagte.«

Ansgar nahm das Bandgerät von der Eiskiste und griff in die Hosentasche.

»Nein, bitte.« Jetzt lächelte der Alte zum ersten Mal. »Sie sind mein Gast. Es ist mein letzter Tag in Hollywood.«

»Grazie«, sagte Ansgar. In der Tür drehte er sich noch einmal um; er hatte das Pfefferminz vergessen. Zu spät. Der Alte hob den Vorhang, als träte er von der Bühne ab.

»Buona fortuna!« rief er über die Schulter, dann schlugen die Plastikschnüre hinter ihm aneinander.

SCALA A 1,2,3 ... 39, 40 ... SCALA B 41, 42 ... 78, 79, 80 ... Ratlos starrte er auf die beiden Messingtafeln mit den schwarzen Klingelknöpfen, die Nummernrevue auf den Schildchen, rüttelte wieder am Metallgriff und legte die Stirn an die Glastür, die endlich, plötzlich aufsprang.

»C'è 'l bottone!«

Mitten in der Halle stand ein kleiner Junge barfuß auf dem glatten Steinboden und fixierte ihn, kurze Hosen, kurzes kohlschwarzes Haar. Es roch nach Putzmittel. Die Frau, die gerufen hatte, stand in einem niedrigen Türrahmen an der Seite der Halle, im Haushaltskittel, klein und ebenso dunkel. Aus dem dämmrigen Raum hinter ihr quäkte Fernsehgebrabbel, Ansgar erkannte ein Bett, bläuliches Flackern auf dem Überwurf.

»Da chi vuole?« Wieder klang es wie ein Schimpfwort, aber da die Frau am Ende fragend die Stimme hob, sagte er:

»Signora Marimpietro.«

»Chi?«

»Lidia ...«

»Scala A, quarto piano, interno trentuno. Daniele!«

Sie löste sich vom Türrahmen, stürmte in Pantoffeln auf Ansgar zu und schlug dem Jungen, der inzwischen vor ihm stand und mit den Fingern die Lederhülle des Recorders berührte, auf die Hand. Der Kleine rannte weg. Ansgar roch ihren Schweiß. Sie wies zu den Aufzügen zwischen zwei Treppenaufgängen am Ende der Halle. *»Scala A«*, wiederholte sie und zählte mit den Fingern: *»Quattro piano. Tre, uno.«* Ansgar nickte und durchquerte die Halle. Neben dem linken Aufzug stand der Junge, Finger am Knopf. Mit den auseinandergleitenden Türhälften teilte sich ein großes Schablonen-A und verschwand.

»Daniele!« schrie die Frau durch die Halle, doch der Junge schlüpfte vor ihm in die Kabine und reckte sich nach dem zweitobersten Knopf. Der Wirbel in seinem schwarzen Haarpelz schaute wie ein Auge zu Ansgar hoch; am liebsten hätte er seinen Zeigefinger da hineingedrückt, so wie der Junge seinen in das runde Bett des Knopfs mit der Ziffer 4. Dann sank der Kleine auf die Fersen zurück, patschte auf das Tonbandgerät und wischte hinaus. Ansgar blieb in dem summenden Kasten zurück – allein mit seinem Spiegelbild, dem Typ mit dem Tonbandkoffer in der Tiefe eines zweiten Kastens: weißes Hemd, Schweißflecke unter den Achseln, kurzer Hals, babyglatt rasiert, dunkle, akkurat geschnittene Musikerkoteletten, undeutliche Kiefer, weiches Kinn. Hinter seinem Rücken glitten die Ziffern der Stockwerke in Spiegelschrift abwärts. Unten die nackten Zehen. Auf den Sandalen wellten sich die Khaki-Hosenbeine, verrieten die Figur eines Sitzriesen ... Was sah man, wenn man diesem Mann zum ersten Mal begegnete? Er beugte sich nah zu seinem Gesicht und strich sich über den feuchten Scheitel. Wieder einmal bildete das kurze Drahthaar einen lächerlichen Dachvorsprung über der Stirn. Die Kabine ruckelte. Der Raum dahinter öffnete sich.

25, 26, 27. Die Ziffern waren auf die Türen geklebt wie Zimmernummern in einem billigen Hotel. Keine Namensschilder. Schräge Lichtsäulen fielen durch die Oberlichter in den Gang. Ansgar lief auf eine Tür am Kopf des Flurs zu, die Nummer 32. Sein Ziel war also die letzte an der Seite – die Tür, von der mit einem Mal ein Lichtstrahl wegsprang.

Sie stand im Türrahmen: ein kleiner, unruhiger Schatten mit einem fahlhellen Flammenkopf. Wie ein brennendes Streichholz, dachte Ansgar. Die vor der Brust gekreuzten Arme lösten sich, eine Hand griff an den Hals, die andere strich über die Hüfte; auf seinen letzten Schritten rangen sie miteinander im Schoß, dann hielt er die rechte in seiner Rechten, sehr klein – und kühl. Er beugte den Kopf und roch Zigarettenrauch und Zitronenduft.

»Herr Weber!« sagte sie.

»Guten Tag …« – schon blieb Ansgar stecken; wie sollte er sie nennen? Die Hand zog sich zurück.

»Kommen Sie«, sagte Lydia Marin.

SIE SCHLOSS DIE TÜR hinter ihm – über ihren Kopf hinweg sah er eine winzige dunkle Küche, einen Gasherd, einen Abtropfschrank über der Spüle – und ging durch den Flur voraus, ins Gegenlicht. Die Sonne schien durch das künstliche Blond, zählte die strohigen Haare. Sie floss durch die offene Balkontür herein; daneben war der Ausblick auf die Loggia mit einem Tuch verhängt. Ansgar roch das Alter, den Staub der Jahrzehnte. Erst dann kam er mit den Augen an. Die Neubauenge wirkte verwohnt und notdürftig in Ordnung gehalten. Eine verstaubte Kommode voll Bücher und Pflanzen, ein Armsessel mit einem Küchenhocker davor und eine Stehlampe mit Tütenschirm füllten die besonnte Längswand zwischen Zimmer- und Balkontür, der Boden davor war stumpf und fleckig. Kein Teppich, nur die nackten Marmorfliesen.

Der Rest des Zimmers lag im Schatten. Alles darin war verkeilt und festgewachsen. Zwischen schmalen, bis unter die niedrige Decke mit Winkeln angebrachten Regalbrettern stand ein ausgeblichenes rotes Sofa, das Ansgar an die Sechzigerjahresessel seiner Mutter erinnerte. Davor ein runder Tisch und ein Stuhl – er fehlte an dem Schülerschreibtisch unterm Fenster, der mit ordentlichen Papierstapeln bedeckt war: auf dem sollte er also sitzen. Plötzlich erkannte Ansgar, was den Raum so düster machte. An den tabakbraunen Tapeten hingen große Ölbilder, Fenster in eine dunkle Landschaft weit weg von Rom. Mitten im Wald schlug eine gedrungene Steinbrücke einen Bogen über nichts, eine Schlucht vielleicht. Dann ein Baum über einer Flussböschung, ganz Krone, rund und fast schwarz. Eine leere Dorfstraße mit geduckten Häusern. Und für den, der ganz ins Zimmer eintreten und an die Rückwand schauen durfte, wo chaotisch ineinanderfließende Stapel von Heften und Aktenordnern bis auf halbe Höhe wuchsen: Lydia.

Es war ein anderer Maler, nicht der düstere Heimatmaler, sondern ein farbwütiger Graffitipoet, der sie ins Feuer geworfen hatte, ins Rot – ohne Zweifel das Sofa, dessen frische, flammende Farbe an den Rändern in Grün und Weiß, Hügel und Himmel zerfloss: die Farben der italienischen Trikolore. Vielleicht, nein sicher lag sie da nackt. Aber zwischen dem Kopf auf der Lehne und den Beinen, eins angewinkelt, eins vom Rand hängend, klaffte ein zweites, wild in den Trikolorefarben schraffiertes Bild – ein Fenster, in dem er stand. Wer? der Maler? Man sah nur den Rücken und den Hinterkopf eines Mannes, der sie betrachtete. Auf den zweiten Blick wurde aus dem Fenster mit den Jalousienlamellen eine Wand. In den Schraffuren, die den Männerrumpf quer durchstrichen, erschienen Punkte, in denen Ansgar die Klingelknöpfe neben einer Unzahl Klingelschilder erkannte, alle weiß, alle leer – und dann bemerkte er, wie ihn Lydia Marin beim Betrachten des Bildes beobachtete. Sie stand noch im Zugang zum Flur, die Hände ineinandergelegt, in einem dunkelgrünen Sackkleid mit weiten Dreiviertelärmeln, das eine Handbreit unter den Knien endete, halb großmütterlich, halb mädchenhaft, und fasste jetzt, als er sich umdrehte, an eine Kette mit dicken schwarzen Plastikkugeln über dem runden Halsausschnitt. Am Ärmel sah er zwei dunkle Stellen auf dem Stoff, etwas wie Fettflecken. Die Wangen unter Lydias tiefen Augenringen waren geädert und leicht gedunsen. Eine alte Frau.

»Wollen Sie das Tonband da hinlegen?« fragte sie und zeigte auf den runden Tisch.

Sein Kopf summte vor Scham. Wie hatte er sie auf dem Bild

erkannt? War es das Blond? Gab es überhaupt Gesichtszüge? Der Tisch war leer bis auf einen großen Aschenbecher. Wartekippen.

»Sie rauchen?« fragte er.

»Ich habe Tee gemacht«, sagte sie. »Kaffee haben Sie sicher schon getrunken. Allerdings – ein Espresso geht fast von selbst, in der *Caffettiera*.«

Natürlich hatte sie ihn in der Bar verschwinden sehen. Sie sprach ein vollendet deutsches Deutsch, nicht einmal in der *Caffettiera* erschien ein italienischer Laut. Oh nein, er mochte Tee, und als sie in den Flur ging, drehte er sich nicht um, er setzte sich mit dem Rücken zu dem Bild auf den Stuhl, Blick aufs verhängte Fenster und die Schreibfläche mit den Papierstapeln. Seltsam. Das oberste Blatt war jedesmal leer; wären die Stapel noch akkurater geschichtet gewesen, hätte man meinen können, sie kämen frisch aus dem Schreibwarenladen. Dazwischen eine Lesebrille, ein paar Wegwerf-Kugelschreiber, ein Notizbuch, Papiertaschentücher, sonst nichts, keine Schreibmaschine, kein Telefon. Er öffnete die Hülle des Recorders, stöpselte das Kabel in die Buchse und klinkte das Mikrophon in die Spinne, die er neben den Aschenbecher stellte. Dann stand er auf, um in den Dämmerraum unterm Schreibtisch zu schauen: ein Heizkörper unter dem Sims, eine Fußbank und ein Papierkorb. Staubflocken. Zwei Flaschenhälse schauten aus dem Behälter voll zerknüllter Zigarettenschachteln und Schreibblätter.

»Brauchen Sie eine Steckdose?«

Wieder ertappt. Diese weltferne Frau wusste offenbar, worauf es ankam.

»Nur wenn eine frei liegt, für alle Fälle – obwohl die Batterie durchhalten müsste, sie ist frisch aufgeladen.«

Die Teekanne in ihrer Hand schwebte zitternd über der Tischplatte, bevor sie hart aufsetzte.

»Warten Sie.« Lydia Marin trat zwischen Sofa und Seitentür und kniete sich vor dem schmalen Regalturm auf die Steinfliesen, ungelenk, aber flink und entschlossen. Hilflos stand er über ihr. Der tannengrüne Stoff spannte über ihrem gebeugten Rücken, darunter lappten die Sohlen der Strohschlappen von den Fersen mit ihrer dicken Hornhautkante. Sie kippte zurück und legte einen Stapel kleiner Bilderrahmen, den sie vom untersten Brett gezogen hatte, auf dem Boden ab.

»Wenn Sie mir den Stecker reichen wollen?«

Wie heiß es war. Ansgar bückte sich und legte das Schnurende in die alte, ein wenig zitternde, kleine Hand, die sich ihm entgegenstreckte, ohne dass Lydia aufsah. Sie stocherte in der Wand. Unter dem verschmutzten Glas des zuoberst liegenden Bildes erkannte er das Schwarzweißfoto einer Barockplastik – Apoll und Daphne von Bernini. Wegen dieser beiden hatte er im Winter mit Paul vor der Galleria Borghese gestanden: *Wegen Renovierung geschlossen*. Wie Paul geflucht hatte (Jahrzehnte dauerte das), während er, Ansgar, Erleichterung empfand (ein Museum weniger). Stattdessen waren sie auf einen Hügel gestiegen, den Aventin. Sie schauten durch ein berühmtes Schlüsselloch auf die Kuppel des Petersdoms und dann von einem Balkon hinunter, wo ihnen die Stadt zu Füßen lag ... Man sah nur das obere Drittel der Plastik, das mädchenhafte Jungengesicht des Gottes und den großen Kopf der großen Daphne mit dem wild hochstiebenden Haar, das in Blättern und Zweigen erstarrte, mit geschlitzten Augenhöhlen und einem medusenhaft aufgerissenen Mund. Lydia richtete sich auf und zog sich an der Sofalehne hoch. Wieder stieg Ansgar das Zitronenparfüm in die Nase, diesmal mit einer Ahnung des schalen Körpergeruchs, den es verdeckte.

»Es tut mir leid ...«

»Warum? Ich bin hier in jeder Ecke zu Hause.« Lydia lächelte. Abrupt sprang dieses Lächeln auf ihr Gesicht, die Zähne – bräunlich und weit auseinanderstehend – erschienen, die Augen verengten sich, Fältchen spritzten zu den Schläfen und verzweigten sich bis zum Haaransatz. Aber die Wangen glühten, die Stirn glänzte, und hinter den grauen Augen saß ein scheues Tier. Sie hatte plötzlich eine Zigarettenschachtel in der Hand, auch MS, noch ungeöffnet, und ließ sich auf das Sofa fallen.

»Mögen Sie einschenken?« fragte sie und zog den Folienstreifen von der Schachtel.

Aber da waren keine Tassen, und Ansgar registrierte erschrocken, dass Lydia Marin mit dieser Begegnung überfordert war. Er streckte die Hand aus – nicht nach der Teekanne, nicht diese unnütze Geste, sondern nach dem Tonbandgerät. Er wollte den Deckel zuklappen und gehen. Das war sein Angebot. Aber sie schaute nicht hoch. Noch hatte sie die fehlenden Tassen nicht bemerkt. Fahrig langte sie auf den Tisch, und Ansgar zog das neue Feuerzeug aus der Hosentasche. Im selben Moment fischte sie unterm Rand des Aschenbechers ein Streichholzheftchen hervor.

»Ach«, sagte sie, warf es auf den Tisch zurück und stand auf. »Ich habe wohl etwas vergessen.«

Der Augenblick war vorbei. Ansgar schaute auf die Uhr. Eine Hitzewelle, die er nicht bemerkt hatte, flaute ab, sein Herz flatterte. Von diesem Stuhl würde er nicht mehr aufstehen, bevor das Interview fertig war. Sie brachte zwei Teeschalen, so hippiehaft wie ihre Strohschlappen. Auf ihrem Platz zündete sie sich eine Zigarette an und beobachtete ihn abwesend beim Einschenken, dann stieß sie heftig den Rauch aus und sagte:

»Wollen wir?«

Seit zehn Minuten war er hier, und sie wollte anfangen,

ohne jedes Vorgeplänkel. *Was wollen Sie von mir?* Ja, er hatte Angst vor ihr, aber jetzt, wo er ihre Angst spürte, verwandelte sich seine in Ärger. Wenn sie so begierig war, warum dann so spröde? Sie fertigte ihn ab, dabei hatte sie alle Zeit der Welt. Vielleicht benutzte sie ihn ... Er griff nach seinen Zigaretten.

»Zuerst«, sagte er, »möchte ich mich bei Ihnen bedanken. Ich bin sicher, es ist nicht einfach, diesen Schritt zu tun.«

»Nein.« Sie schnipste ihre Zigarette mehrmals über den Aschenbecher, ohne ihn herüberzuschieben. »Sie haben recht. Trotzdem habe ich mich dafür entschieden. Nur ... ja, es stimmt ... Es ist so.« Lydia schlug die Beine übereinander und senkte die Augen. Ansgar starrte auf ihre dürren, altersfleckigen Waden; in seinen Ohren rauschte es, er fiel, und wie ein Fallender wartete er auf den Moment des Aufschlagens. Ein Fehler. Ein Riesenfehler. Wenn sie jetzt einen Rückzieher machte, musste er sich auf die Knie werfen.

»Es ist so«, wiederholte sie. »Ich habe diese Idee aufgegriffen, die Idee von Ellinor, weil ich mich sprechen hören möchte. Ich möchte eine Geschichte erzählen, meine Geschichte, auf Deutsch. Ich möchte wissen, wie sie klingt, weil ich glaube, dass sie nur klingt, wenn jemand zuhört. Ich meine nicht Sie, auch nicht Ellinor oder jemand anderen, ich meine das Mikrophon hier. Das bedeutet, ich muss sie anhören.«

Er hing in der Luft, immer noch in Gefahr. »Ich verstehe nicht ganz ...«

»Ich weiß, Sie sind nicht lange in Rom. Sagen wir morgen um dieselbe Zeit. Dann holen Sie Ihr Tonband ab, und ich verspreche, ich werde es gut behandeln.«

Die Steckdose, dachte Ansgar, sie hat an alles gedacht. Lydia strich über das Deck des Geräts; wieder zitterte ihre Hand. »Sie werden mir erklären, wie es funktioniert«, sagte sie bestimmt. »Übrigens haben Sie nicht geklingelt. Sind

Sie gut ins Haus gekommen? Wissen Sie, dass draußen ein Knopf ist?«

»Ein Knopf?«

»Draußen, neben dem Eingang unten. Ein – wie heißt es? Türdrücker. Eine Spezialität des Hauses; normalerweise sind diese Knöpfe nur drinnen. Die Pforte kann ihn freigeben oder blockieren.«

»Nein, ja«, sagte Ansgar, »gut. Das heißt, Sie möchten die Aufnahme noch einmal anhören, bevor ...«

»Ja. Allein. Es ist – eine Bedingung.«

Er durfte sich nichts anmerken lassen. Weder zeigen, dass es nichts Wichtigeres gab, als das Band in den Händen zu behalten, noch behaupten, es gebe andere wichtige Dinge, die er auf Band aufzunehmen habe. Es gab keine. Nicht die letzte Anhörung heute nachmittag und nicht einmal – kein Wort von Priebke – morgen das Urteil. Bis dahin hatte er das Ding ohnehin wieder. Aber morgen war weit weg. Eine schreckliche, schrecklich lange Zeit.

»Morgen um elf?« fragte er.

Lydia nickte.

»Also fangen wir an?«

Sie nickte wieder.

»Hier«, sagte er, »ist die Taste zum Abspielen. Ich drücke sie zusammen mit der Aufnahmetaste, um unser Gespräch aufzuzeichnen: so ... Das Mikrophon ist sensibel, Sie können nah herangehen oder sich zurücklehnen, wie Sie wollen. Wenn jetzt etwas auf dem Band wäre, würde es auf diese Weise gelöscht – das sollten Sie beim Abhören natürlich vermeiden.« Er lächelte, dann erstarrte er. Eine alte Frau ... Er durfte nicht vergessen, nachher die Aufnahmesperre einzuschalten. »Hier spulen Sie vor, da zurück.«

Sie nickte und nickte.

»Ich kenne das von den alten Tonbändern.«

Er spulte zurück und drückte auf PLAY. Sie horchte steif auf seine Tonbandstimme und schaute ihn an, als wäre er ein Bauchredner. Als ihre eigene Stimme anhob, drückte sie die Zigarette grob aus und ließ sich zurückfallen.

»Gut«, sagte sie. »Versuchen wir's.«

Er drückte REWIND, dann PLAY und REC und hob den Blick. Sie hatte die Arme unter der Brust verschränkt und die Augen geschlossen, und er hätte viel darum gegeben zu sehen, was sie sah.

»Frau –«, sagte er, »wie möchten Sie angesprochen werden? Sind Sie Frau Marin oder Signora Marimpietro?«

JA, IN WELCHE WELT GEHÖRTE SIE?

»Nehmen Sie Lydia Marin.« Lydia blieb zurückgelehnt. Nach einer langen Pause fing sie an. Jetzt lagen ihre Hände im Schoß. Die Augen blieben halb geschlossen.

»Lydia Marin ist nicht totzukriegen. Sie führt ein Eigenleben. Das war schon so, als es Lidia Marimpietro noch nicht gab. Lydia Marin war ... ein Geschöpf des Erfolgs. Ich bekam es mit unzähligen Leuten zu tun, die ich nicht kannte, und diese Leute sahen in mir eine Person, die ich genauso wenig kannte. Verstehen Sie? Das sogenannte ... Licht der Öffentlichkeit. Darin warf ich einen Schatten, in dem ich meine eigenen Umrisse nicht wiederfand. Zuerst merkt man es nicht ...«

Sie redete langsam, mit kleinen Pausen, manchmal mitten im Satz. Ansgar fixierte das Gerät. Die Luft stand, als hielte das Zimmer den Atem an. Draußen lief das Leben weiter, es streckte seine Fühler nach ihnen aus, die hell hochstiebenden Rufe der Kinder vom Spielplatz, die spitzen der Frauen. Doch selbst das Scharren auf der anderen Loggiahälfte reichte nicht in den Umkreis des Mikrophons. Es war auf Lydias Worte geeicht. Zentimeter für Zentimeter, Wort für Wort lief das Band am Magnetkopf vorbei:

»... hat sie mich auch hier entdeckt, in meiner Wohnung im Testaccio-Viertel. Sie saß mir am Tisch gegenüber. Dem Tisch, an dem ich schrieb ... vor dem Fenster. Lydia Marin war mir im Weg, sie hat mir die Aussicht verstellt, diese schöne neue Aussicht. Da habe ich zum ersten Mal gemerkt, wie gut es wäre, mich von ihr zu trennen.«

Die Pause dauerte länger. Ansgar schaute auf. Auch Lydia starrte auf das Tonband. Ihre Hand umfasste die Halskette.

»Also hat Rom Sie auf die Idee gebracht, sich – zu verabschieden?« fragte er. Jetzt schaute sie ihn an, als käme sie von weit her. War er zu schnell? Er erinnerte sich an seine Frageliste und schob eilig nach:

»Sie sind 1954 hierhergezogen. Damals waren Sie siebenunddreißig Jahre alt, und Sie waren schon berühmt.«

»Ja. Eben. Sie haben mich nach meinem Namen gefragt ... Ich hatte einen Namen. Aber als ich auswanderte – ich sah es so – war ich eine Weile wieder niemand. Rom hatte etwas ... Konspiratives. Ich musste alles neu lernen: Sprechen, Denken, Sein. Tatsächlich habe ich angefangen, anders zu erzählen. Aber gleich der erste Roman hat mich wieder nach ... Deutschland zurückgeholt. Es war wie ein Experiment, mit dem Ergebnis, dass mein Schatten noch größer wurde. Und die Reisen noch länger. Trotzdem, jedes Mal, wenn ich wieder nach Rom zurückkam, habe ich mich gefreut, wie anders mein Vorname hier klang ...«

Wieso hielt sie sich bei ihrem Namen auf? Gut, aus Lydia war Lidia geworden in dem Land, wo eine Pyramide *piramide* hieß. Jetzt tat sie so, als betrüge die Entfernung zwischen dem einen und dem anderen Ort nur einen Buchstaben. Als wollte sie nicht wahrhaben, dass es um etwas anderes ging. Am Ende würde sie behaupten, sie habe mit ihrem endgültigen Verschwinden nur den Nachnamen gewechselt. Diese Frau hatte alles gehabt – und alles aufgegeben: Reisen, Poetikvorlesungen, das Titelbild des *Spiegel*, Freunde, Geld, Interviews. Interviews wie dieses. Sie horchte in sich hinein, als würde sie nach Antworten suchen, die nicht auf der Hand lagen. *Nach Deutschland zurückgeholt, mein Schatten wurde noch größer* – damit hatte sie auf die jahrelang breitgetretene Affäre um den Schriftsteller Andreasson angespielt. Der hatte ihren ersten römischen Roman kritisiert, und zwar wohlwollend; trotzdem hatte sie ihn daraufhin wegen seiner Vergangenheit angegriffen ... Ansgar musste vorsichtig sein. Ihr die Gelegenheit geben, aus ihrem Leben zu plaudern.

»Warum war es Ihnen so wichtig, sich von Deutschland abzuwenden? Hat es damit zu tun, wie Sie die Nazizeit erlebt haben?«

»Ich habe nur meine eigene Geschichte erlebt«, antwortete Lydia prompt. Sie blickte auf ihre Hände. »Die *Nazizeit*«, sie betonte das Wort ironisch, »die Nazizeit erleben ist ein Ding der Unmöglichkeit – es sei denn, man wäre das Subjekt einer objektiven Geschichte. Zu dieser Geschichte habe ich nichts zu sagen, fürchte ich.« Sie hielt inne, hob die Augen, schaute durch ihn hindurch. Es war so still, dass Ansgar die Stimmen vom Platz unten unterscheiden konnte.

»Ich verstehe ...«

Lydia wedelte abwehrend mit der Hand, griff nach den Zigaretten, den Streichhölzern. Das erste brach ab. Er gab ihr Feuer. Der Stengel zitterte über der Flamme.

»Ich denke an diese Zeit wie an ein Buch, das ich gelesen habe, ein populäres Buch, das alle kennen ...«

Das Band arbeitete für ihn, es drehte sich wie von ihren Worten angetrieben. Nichts ging verloren, auch wenn er abschweifte oder an einem Satz hängenblieb. *Es gibt falsche Verzweiflung und richtige, falsche Freude und richtige* ... Das war kryptisch, aber wunderbar druckreif. Titelreif. Offenbar lange überlegt. *Immer geht es ums Ganze*. Er sah sich vor Pauls

Schreibtisch stehen, Blick auf die Brücken zur Speicherstadt, während diese Merksätze durch den Raum schwebten und Paul, stumm lauschend, die Lider senkte wie Lydia hier auf dem verschlissenen Sofa. Zentimeterweise wanderte die Lichtbahn von draußen auf den Tisch zu. An der Schwelle der Balkontür sammelte sich eine Staubmoräne. Ansgars Blick kehrte zu dem Fenster im Deck des Geräts zurück, unter dem sich das Magnetband von einer Spule auf die andere bewegte. Es nahm Lydia auf, ganz und gar. Durch dieses kleine Schaufenster konnte er zuschauen, wie sich ihr Porträt entwickelte. Wenn sie innehielt, stellte er eine Frage, und es ging weiter:

»Aber wie haben Sie wirklich gelebt?«

»Eben so wie viele ...«

Sie sprach weiterhin stockend, aber in vollständigen Sätzen; nur die zitternde Zigarettenhand und das Herumfingern an der Kette verrieten etwas wie Aufregung. So einfach war es, aus über Jahrzehnte verstreuten Informationen einen richtigen Menschen zu machen. Seit er durch Ellinor auf die römische Fährte gekommen war, hatte sich Ansgar nur widerwillig mit der verwitterten Literaturikone seiner Schülerzeit beschäftigt (lieber noch hätte er das Leben des Verbrechers im Gefängnis Regina Coeli studiert). Die Essaybände, Hörspiele und Theaterstücke hatte er sich erspart. Lydia Marin, das waren schleppende Unterrichtsstunden in den Siebzigern, ein Klassensatz nachgedruckter Taschenbücher mit Erzählungen von verzweifelten Söhnen, zerstörten Frauen und einsamen Alten. Sie klangen dürr und abgerissen wie trockener Husten, doch man lernte, dass die Leser damals, in den Ruinen, diese Geschichten zu sich genommen hatten wie eine neue Medizin. Geboren 1917 in Murnau, Kindheit auf dem Land, Studium in München und Wien – das stand auf jedem Klappentext. Die Monographien erwähnten eine »unglückliche Liebesgeschichte«, die »innere Emigration« und das »karge Künstlerleben«, das sie mit Honoraren für billige Drehbücher finanziert hatte.

Langsam tastete er sich vor.

»Was empfinden Sie, wenn Sie das heutige Dasein mit Ihrem Vorleben vergleichen?«

Die eigentliche Lydia Marin stand an der wichtigsten Stelle in der Bibliothek seines Vaters im Berliner Zimmer der Charlottenburger Altbauwohnung, nah am Fenster auf Augenhöhe: die beiden Nachkriegsromane, die Trilogie, das Totenbuch für ihren Mann. Dicke Buchrücken mit schwarzem, handschriftlich stilisiertem Namenszug auf gelblich weißen Glanzumschlägen. In Ansgars Erinnerung verband sich der Ausdruck seines Vaters vor den Büchern von Lenz, Marin, Grass, Weiss, Bachmann, Celan, Lettau, Richter, Hildesheimer undsoweiter mit ebendiesem vergilbten Glanz. Die Hand hämmerte in die Luft, wenn sein Vater auf dieses Regalbrett deutete, die Augenbrauen zogen sich zusammen, denn hier standen die Gerechten neben den Ungerechten, und für solche Unterscheidungen war er zuständig. Richter hieß der schlimmste Verdränger unter den Dichtern der Nachkriegszeit, und dieser Name, wutzitternd ausgesprochen, schien Ansgar aufs treffendste den Beruf des Vaters zu bezeichnen – einen gefährlichen Beruf, der mit Schuld und Urteil, Einschüchterung und Bannstrahl zu tun hatte. Privatdozent Dr. Weber, der sich Professor nannte, übte diesen Beruf an der Universität aus. Nie hatte Ansgar seinen Vater dozieren gehört, doch er ahnte, dass seine Studenten das Gefühl einer stets gefährdeten Zugehörigkeit auskosteten: Jeden Augenblick konnte dieser Richter einen von ihnen unlauterer Gesinnung überführen und den Richters zuschlagen.

»Darf ich fragen, ob Sie weiterhin schreiben?«

»Ich schreibe immer«, sagte Lydia.

Er wartete.

»Ohne zu veröffentlichen?«

»Darum geht es ja. Ich habe mir den Weg abgeschnitten, um eine Sprache zu finden, die nicht auf die andere Seite schielt. Ich habe immer nur den heimlichen Worten vertraut. Das hat etwas mit meinen Anfängen zu tun …«

Auf welcher Seite stehst du? Nur die väterliche Nachsicht bewahrte Ansgar vor dem Versagen im Gewissensexamen, dem sich die Studenten, Vaters wahre Schüler, begeistert unterwarfen. In der Berliner Wohnung antwortete er maulfaul auf die rituellen Fragen nach der Schule, der Schülerbewegung, der Haltung der Lehrer und nach der Schullektüre – den Erzählungen von Lydia Marin etwa, die wenige Jahre zuvor in Italien eines ungeklärten Todes gestorben war. Ansgars zweite Stiefmutter – wie die erste eine ehemalige Studentin und keine zehn Jahre älter als er selbst – kochte und fütterte die beiden Kinder, die der ergraute Mann mit ihr gezeugt hatte. Manchmal saß neben ihren eigenen auch das Kind ihrer Vorgängerin am Tisch. Ansgar kam sich vor wie der Onkel seiner Halbgeschwister und der Bruder der Frauen seines Vaters. Seine leibliche Mutter, die Vorvorgängerin, verbrachte solche Wochenenden in Hamburg, allein oder mit ihren Freundinnen und Kolleginnen aus der Verwaltung des literaturwissenschaftlichen Seminars; ihre Gespräche drehten sich nicht um Berufsverbote und Nazikontinuität, Konformität und Widerstand, Richter und Marin, sondern um Familie, Frauenleiden, Wohlfühlfragen. Ansgar empfand sich solidarisch mit ihrem Altern; das viel höhere Alter seines Vaters verkörperte für ihn nur eine unerreichbare Autorität, gewonnen in einer Vorzeit, von der Ansgar rein gar nichts wusste. Die frühe Lebensgeschichte des Mannes, der ihm den verhassten Namen gegeben hatte, war Ansgar so dunkel, wie ihm die vergangene Zeit des Zusammenlebens mit seinem Vater fremd war.

»Es ist viel gesagt worden über Ihre – Auswanderung«, sagte er. »Die ja zunächst nicht so entschieden vonstattenging, sondern mit einigen Unterbrechungen. Es drängt sich auf, Ihren Entschluss, sich für tot erklären zu lassen, wie eine zweite Auswanderung zu betrachten. Eine endgültige. Was hat sie mit der ersten zu tun?«

Lydia lauschte ihm lange hinterher, bevor sie wieder ansetzte. Hätte sein Vater noch gelebt, dann wäre er ein alter Mann gewesen (nicht viel jünger als Lydia, die Ansgars Großmutter hätte sein können). Er hätte erfahren, dass sein Sohn der leibhaftigen Lichtgestalt gegenübersaß. Aber noch unglaublicher als die Tatsache, dass die Marin von den Toten auferstanden war, wäre ihm Ansgars Entschluss erschienen, den Weg in die heiligen Bücher zu suchen. Und wirklich, es war ihm schwergefallen. Diese Literatur war wie eine Steppe, in der sich jedes Zeit- und Raumgefühl verlor. In Ansgars Kurzzeitgedächtnis überschnitten sich die beiden frühen Romane aus den fünfziger Jahren: hier das elende und absurderweise trotzdem irgendwie glückliche Landleben eines Kindes und seiner armen Mutter, dort die unheimliche Kriegs- und Agentengeschichte in einem fiktiven Balkanland – das erste in Rom geschriebene Buch, das, wie Lydia meinte, ihren deutschen »Berühmtheitsschatten« verlängert hatte. *Ein bestürzendes Chaos aus Korruption, Libertinage und Guerilla,* hatte er in einer Kritik von 1956 gelesen. Danach kam ihr ominöser Zusammenbruch; zwei Jahre in München bei ihrem jüngeren Bruder; die Rückkehr nach Rom; der Beginn der Liebesgeschichte mit dem Arzt und Maler Arturo Caianiello, die dauernden Trennungen und das Hin und Her zwischen Rom und München; die sechziger Jahre; die Trilogie *Die Anderen.* Das Delirium dieser drei Bücher hatte Ansgar durchgestanden wie den Trip in eine kaputte Blade-Runner-Zukunft, obwohl von Zukunft nicht an einer einzigen Stelle die Rede war. Das Nachkriegseuropa wirkte bei Lydia Marin wie ein gefährliches Entwicklungsland in einem kapitalistischen Delirium, an den Rändern archaisch und verwahrlost, im Zentrum glänzend und hohl. Dazwischen stolperten, liebten und kämpften ein paar Romanfiguren herum, die immer unwirklicher wurden und am Ende zu einer Art Puppen oder Androiden verkamen. Das Ende erinnerte ihn wieder an das des ersten Romans, wo das Mädchen, noch ohne von dem gewaltsamen Tod seiner Mutter zu wissen, in der späten Dämmerung mit den anderen Kindern in den sumpfigen Auen am Dorfrand herumrannte, sie spielten Verstecken und Erschrecken zwischen den Birken, und die Leuchtkäfer tanzten. Am Schluss der Trilogie herrschte eine ähnliche trostlose Ausgelassenheit. Die ehemaligen Freunde, Feinde, Verwandten und Geliebten schwärmten durch eine illuminierte Fußgängerzone, alle glücklich am selben reichen Ort, aber die Fußgängerzone war kalt wie der Mond, die Figuren erkannten einander nicht mehr, ihre Geschichten hatten sie vergessen, und die Schaufenster spiegelten erloschene, hässliche Gesichter ... Dann der Rummel, Große Staatspreise und Sonderausgaben, Vorlesungen und Ernennungen und die Titelgeschichte im *Spiegel*. Lydia Marin zog ganz nach Rom, machte sich rar, bis es still wurde um sie, und schwieg vier Jahre lang. Nach dreien, 1970, starb Caianiello. Ein Jahr später erschien Lydias letztes Buch, sein Totenbuch *Kein Ende*, und 1974 stürzte sie, 57jährig, in der Nähe von L'Aquila in den Abruzzen ab und wurde nie gefunden.

»Es war die einzige Möglichkeit, mich so zu entziehen, dass ich nicht mehr zurückkonnte«, sagte sie.

»Können Sie mir verraten, wie Sie das gemacht haben?«

Jetzt richtete sie sich auf und atmete heftig aus. Am Hals, über den schwarzen Kugeln, blühten rote Flecke – sie hatte mehr geredet, als er erwartet hatte, sie war müde.

»Es war ziemlich einfach … aber … nein«, sagte sie. »Ich glaube, das will ich nicht. Trinken Sie auch ein Glas Wein – oder Wasser?«

Sie stand umständlich auf und verschwand im Flur. Besorgt drückte er die Stoptaste. Der Mittag war längst vorbei. Sie war neunundsiebzig. Auch wenn sie jünger wirkte, war ihr Leben lang, das Gewicht dieser Stunden schwer. Sie wich ihm aus. Die letzten zweiundzwanzig Jahre waren immer noch nicht gefüllt. Das Bild, das er mitnehmen wollte, war leer ohne diese leere Zeit, nicht viel wertvoller als die alten Berichte über die vergangene Lydia Marin. Ein bisschen mehr Lidia Marimpietro musste er noch haben. Mehr von der gegenwärtigen Toten. Während er die zweite Kassette einlegte, hörte er sie in der Küche hantieren, dann wieder Stille.

Rasch wandte er den Kopf und warf einen zweiten Blick auf das Bild, das Lydia auf dem Sofa zeigte. Man sah das Blond, aber das Gesicht war verwischt. Das Seltsamste war die Rückenansicht des Mannes, der sie durch das schraffierte Rechteck betrachtete, halb Fenster, halb Wand. Es war offensichtlich, dass er sie nicht sehen konnte. Stattdessen verdeckte er sie. Man wollte ihn geradezu auffordern, den Rahmen endlich zu verlassen, damit man – oder er – sie ganz in den Blick nehmen konnte.

Sie blieb lange weg. Als sie mit einem Glas Weißwein in der Hand zurückkam, lächelte sie entschlossen wie jemand, der sich mit einer Tatsache abgefunden hat. Sie war ruhiger. Diesmal setzte sie sich auf die Sofakante und schaute auf das Mikrophon:

»Fragen Sie, was Ihnen noch wichtig ist.«

»Wie sehen Sie Ihr Leben danach?«

»Das ist lang.« Lydia schaute über seinen Kopf hinweg. »Die erste Zeit habe ich noch in meiner eigenen Nachwelt gelebt. Mein Tod hat sich bezahlt gemacht. Ich kam mir vor wie ein Schatten, der den Anschluss an die Realität verloren hatte, und die Realität hat davon profitiert. Nachrufe, Fotos, Artikel, das ganze Rätselraten, immer neue Theorien, neue Geschichten – ohne dass es mich gab, vielmehr: weil es mich nicht mehr gab …«

Jetzt, wo er das zweite Band eingelegt hatte, redete sie flüssiger, ihre Hände zitterten nicht mehr. Die Anspannung war von ihr abgefallen wie bei einem Konzertmusiker, der die Zugabe spielt. Manchmal, sagte sie, empfinde sie sich als eine Kreuzung aus ein paar namhaften Toten, die in naher Zeit auf verwandten Boden gefallen seien. Es kämen immer neue dazu; der letzte sei erst vor ein paar Wochen gestorben …

»Wer?«

Lydia schüttelte den Kopf.

»Wer ist wer – das ist etwas für Quizmaster«, sagte sie abwehrend. »Diese Leute, die ihr Geld mit Rätselraten verdienen. Die mit Namen handeln.« Die Personen, die sie meine, hätten alle schon zu Lebzeiten mit ihrem eigenen Tod gespielt. Hier mit dem Todeszeitpunkt, da mit der Todesart. Und Rom, das mit dem deutschen Mord und Tod verquickt sei wie – an dieser Stelle gluckste sie mädchenhaft – wie in einem Kreuzworträtsel, gebe immer wieder den Todesort.

»Oder soll ich sagen: Tatort? In einem Fall hieß es *Es war Mord*, aber es gab keinen Mörder, und in einem anderen Fall, wo es einen gab, da hat man einen Tod auf Bestellung entdeckt. *Wenn die Blätter ihre Farbe wechseln, wird einer gelebt haben*«, zitierte sie lächelnd. Die roten Flecke waren bis zu den Wangenknochen hochgeklettert. Ansgar lauschte verwirrt, doch seine Zufriedenheit über diese unverhoffte Nachspielzeit wuchs. Er würde recherchieren.

Wie bei ihr, sagte sie, so sei auch bei diesen historischen Personen über die Todesursache spekuliert worden. War es ein Unfall? Mord? Selbstmord? Tod auf Verlangen? Fahrlässige Selbsttötung? Nicht zu vergessen die größte Gewalttat, bei der kein Blut geflossen sei: Der letzte habe sich selbst lebendig begraben, wenn auch ohne unterzutauchen, ja er habe nicht einmal seinen Namen geändert. Das habe er nur einmal als Kind getan, als er ein Schild an seine Tür hängte mit der Auskunft: *Herr Tod, Literat.*

Jetzt stockte sie, als sei ihr der Wortschwall peinlich. Sie saß immer noch vorn auf der Sofakante. Das Glas war leer. »Manchmal glaube ich«, sagte sie leiser, »ich ahne, wie es den Toten geht. Wie man weiß, spazieren sie neben den Lebenden herum. Solange sie stumm und unsichtbar sind, ist das nicht einmal ein beunruhigender Gedanke. Aber wahrscheinlich ist es umgekehrt: Die Lebenden sind taub und blind. Wie auch immer, die einen und die anderen können einander nicht berühren, auch wenn sie sich im Gedränge nahe kommen. Und das tun sie unausweichlich. Die Grenze ist dünn wie Luft, aber unüberschreitbar.«

Er hatte sie gemustert, mit einem Mal versunken, jetzt wachte er auf.

»Würden Sie sie überschreiten, wenn Sie könnten?«

Lydia stand wieder auf, das leere Glas in der Hand, und ging auf den Flur zu; dann drehte sie um und lief zur Balkontür. Einen Augenblick stand sie in der Sonne, die mittlerweile auf den Tisch, das Tonbandgerät und Ansgars Beine fiel – ein Schattenriss mit einer gelbgoldenen, schütteren Haarkrone. Mager war sie unter dem taillenlosen Kleid. Der Saum war an einer Stelle lose. Sie stellte das leere Glas auf den Schreibtisch, griff zur Seite und zog ruckartig einen Vorhang vor die Öffnung, dunkler, durchsichtiger Nesselstoff wie der am Fenster. Mit dem Schatten wurde es im Zimmer sofort kühler.

»Lieber Herr Weber, was, meinen Sie, bedeutet dieses Gespräch für mich?«

Ihre Stimme klang wieder erschöpft und abweisend. Er

spürte, dass das Interview zu Ende war, ja dass er nicht einmal mehr antworten durfte. Das Band lief noch. Wahrscheinlich hatte es diesen letzten Satz trotz der Entfernung aufgezeichnet. Er hielt es an und legte den Hebel der Aufnahmesperre um, bevor er es zurückspulen ließ. Sie hatte die Arme verschränkt und schaute zu Boden.

»Jetzt bin ich am Ende«, sagte sie doppeldeutig. »Aber ich sehe Sie ja morgen.«

»Morgen um elf – Sie möchten das Band wirklich behalten?«

»Genau. Verzeihen Sie.«

»Ich habe mich zu entschuldigen. Ich habe Ihre Geduld sehr strapaziert.«

»Sie sehen ja, ich habe viel erzählt. Nur bin ich es nicht gewöhnt …«

Sie brach ab, und auf einmal hatte er die Empfindung, dass sie ihn nur ungern gehen ließ. Ansgar legte die erste Kassette ein. Eine Weile lang horchten sie beide auf das leise Surren des zurückspulenden Bandes. Dann stand er auf und bat, ihr die Bedienung noch einmal erklären zu dürfen. Sie kam und setzte sich auf seinen Stuhl. Wie eine Schülerin drückte sie auf sein Kommando die Tasten.

»Sehen Sie?«, sagte sie aufschauend. »Sie brauchen sich keine Sorgen zu machen.«

Er glaubte ihr in diesem Moment, in dem seine größte Sorge war, diesem engen, halbdunklen, halb geschlossenen Raum zu entkommen. Der kleine Flur war jetzt so schattig, dass ihn das Licht draußen im Korridor blendete, als sie die Wohnungstür öffnete. Ihre Hand war diesmal kalt und feucht.

»Auf Wiedersehen«, sagte sie.

Als er unten ankam, war die Tür zur Portierswohnung geschlossen, die Eingangshalle leer.

JETZT WAR ANSGAR FREI, der Rücksitz neben ihm leer, und die Fahrt wollte nicht enden. Um zehn nach fünf, beim Stand von neunzehntausend Lire, hatte er es aufgegeben, auf die Armbanduhr und das Taxameter zu schauen. Mit der Aussicht, das Tribunal noch vor dem Ende der Sitzung zu erreichen, schwand auch seine Ungeduld. Es gab sowieso keinen guten Grund, in die Via (der Taxifahrer hatte ihn korrigiert: Viale) delle Milizie zu fahren – ihm war einfach nichts Besseres eingefallen, als er aus Lydias Palazzo auf die Straße getreten war. Das Viertel schien auf einen Schlag ausgestorben. Das Licht aufdringlich, die Hitze atemberaubend. Und dann die Stille. Die Ladenzeile gegenüber war mit Rolläden verrammelt, Schulhof und Spielplatz verwaist, nur ein paar Alte saßen vergessen und versteinert auf den Bänken im Schatten. Ellinor war an der Uni, und Ansgar hatte wenig Lust gehabt, wie ein verlorener Tourist durch diese tote Siesta zu laufen, um die Bushaltestelle in die Gegenrichtung zu finden.

Dann hatte er festgestellt, dass die Hollywood-Bar, unter deren Markise er Schatten suchte, geöffnet hatte – nur die Tür war inzwischen zu, und als er sie aufstieß, schlug ihm eine klimatisierte Kälte entgegen. Der kleine Ventilator stand still. Ihm fiel auf, wie sehr er das Gewicht des Tonbandgeräts an der Schulter vermisste. Ein panisches Gefühl. Vielleicht hatte er deshalb den Alten ohne jede Einleitung nach einem Taxi gefragt. Der blieb diesmal stumm, wie zur Strafe. Ansgar wartete lange, aß zwei aufgewärmte Minipizzen und schaute durch die getönten Scheiben hinaus auf die wüstenleere Nachmittagsszene. Jede Bewegung darin war ausgelöscht, eine Stimmung wie nach einer Katastrophe, die auch die Erinnerung daran zerstört hatte, was und wie es passiert war. Wie grausam, tagtäglich diesem Nichts ausgesetzt zu sein, auf der Straße, im Zimmer, auf der Loggia. Hatte er tatsächlich den Nachmittag da oben in der Wohnung verbracht? Das Interview hatte sich hinter seiner Stirn zu einem Katergefühl verflüchtigt, wie die Reste eines betrunkenen Abends, von denen man nicht wusste, ob sie erlebt oder geträumt waren. *Ich fürchte, ich bin längst zu einer fiktiven Figur geworden … nur, wer erfindet mich?* So viele tastende, zeitungsreife Sätze! Und kein Beweis, dass sie wirklich gefallen waren.

Dann endlich der Abschied von der Hollywood-Bar. Kaum war das Taxi, ein kleiner Lancia ohne Klimaanlage, in städtische Gegenden vorgestoßen, da endete der Fahrtwind, und der Verkehr wurde dicht und zäh. Schläfrig starrte Ansgar auf den Nacken des Fahrers. Er merkte erst auf, als das Kolosseum vorbeiruckte, das Trümmerfeld des Forum Romanum und das fette weiße Monument des ersten Königs, und versank wieder in unruhige Apathie, als der Wagen in das dunkle Auspuffrohr der Via del Corso abbog. Immer wieder tastete Ansgar nach dem fehlenden Recorder. Seit einiger Zeit bewegten sie sich im Schrittempo am Fluss entlang, vielmehr einer Brüstung über dem steinernen Flussbett. Vor jeder Brücke schloss sich das stockende Blech und stand. Wie die Zeit selbst. Egal, was ihn noch erwartete, die bevorstehenden Stunden verflossen mit denen, die hinter ihm lagen, zu einer leblosen Fläche, aus der nur ein Moment herausragte: morgen, elf Uhr. Inzwischen war die Hoffnung, die ihn während des Interviews beim Blick auf das laufende Band erfüllt hatte, so stark mit Angst versetzt, dass Ansgar tief atmen musste, um sie wegzudrängen.

Der Fahrer schaltete energisch; mit einem Mal wehte wieder Luft durchs offene Seitenfenster, Luft über dem Tiber, endlich freie Fahrt auf einen breiten, baumbestandenen Boulevard. Der Mann wandte den Kopf halb zurück, ein vogelartiges Profil mit einer stolzen gebogenen Nase. *»Il tribunale militare«*, sagte er und zeigte mit dem Daumen nach links. *»Faccio il giro.«* Hohe Kasernengebäude glitten vorbei, unterbrochen von Querstraßen, die die Form riesiger Blocks enthüllten. Dann eine langgestreckte Mauer, Stacheldraht auf dem Kamm, an der Ecke im Innern ein Wachturm mit abgedunkelten Fensterscheiben. Der Fahrer wendete und drosselte das Tempo unter einem Eingangstor mit offenen Eisenflügeln, über dem ein Strauß Fahnen aus der Wand wuchs. Davor stand eine Reihe Carabinieri mit Gewehren. Das Taxi hielt hinter zwei schwarzen Limousinen.

»Arrivati dal Herr Priebke.« Der Fahrer klopfte auf das Taxameter. *»Ventisei trecento.«*

Ansgar ließ ihm die Münzen und einen Tausender. Auf dem Gehsteig klaubte er den Presseausweis und die Akkreditierung aus der Brieftasche. Als er aufschaute, stand einer der Bewaffneten neben ihm. Fast noch ein Junge.

»Documento.«

Ansgar reichte ihm die Karte und den Zettel. Ohne ihn anzuschauen, streckte der Uniformierte die andere Hand aus.

»Documento.«

»I am accredited to the process.«

»È finito«, sagte der Carabiniere. *»Documento.«*

»I must have a look into the building«, sagte Ansgar. Er zog die Brieftasche wieder hervor und wühlte nach dem Personalausweis. In diesem Moment ein lauter Ruf am Tor, ein zweiter Carabiniere kam angerannt, zerrte Ansgar am Hemdärmel und schob ihn beiseite; Ansgar riss sich los und griff nach den Papieren in der Hand des ersten. Der zweite drehte ihm den rechten Arm auf den Rücken.

»What's going on?!« Ansgar hörte sich schreien.

»Calma, calma«, das klang drohend; der junge Carabiniere packte ihn von der anderen Seite. Ansgar hielt still. Die Reihe am Tor hatte sich für ein Trio in Zivil geöffnet, eine junge Frau im grauen Kostüm und zwei Männer: einer im schwar-

zen Anzug, mächtige Figur, große Brille, heller Bart und gewelltes Haupthaar, der andere älter, dunkler, mit Schnurrbart und schlaffen, deprimierten Gesichtszügen. Die Frau löste sich von den beiden und lief auf Ansgar zu.

»Dio, chi è Lei?« rief sie, »sind Sie Herr Weber?«

»Genau der«, sagte Ansgar, immer noch eingeklemmt zwischen den beiden Carabinieri. »Wollen Sie mich retten?« Tatsächlich, unter einem Beschuss italienischer Sätze wurden seine Arme frei; die Frau hielt plötzlich seine Akkreditierung in der Hand und rezitierte laut auf Italienisch. Sie hatte ein rundes, kindliches, sehr blasses Gesicht, um das sich die schwarzen Haare zu einem Pagenschnitt bogen. Über ihre Schulter hinweg sah Ansgar die beiden Männer, von Uniformierten flankiert, jeden in eins der schwarzen Autos steigen.

»Kommen Sie.« Die Hand, die jetzt seinen Arm fasste, war leicht, der Akzent weich und verschliffen: »Entschuldigung. Alle sind ein bisschen nervös.« Im Laufen gab sie ihm die Papiere zurück.

»Sind Sie die Dolmetscherin?«

»Ja, Tiziana. Tiziana Volpe.«

»Und die beiden Herren?« Er deutete mit dem Daumen auf die zwei Limousinen, die sich neben ihnen auf die Straße fädelten.

»Richter Quistelli. Und Di Rezze, der Anwalt. Deshalb die Aufregung. Sie sind beschimpft worden. Das Publikum spielt verrückt. Es ist furchtbar anstrengend. Wenn Sie wollen – ich gehe da vorne etwas trinken, bevor ich nach Hause fahre. Ich bin froh, wenn es morgen vorbei ist.«

Sie stöckelte neben ihm her wie eine kleine Businessfrau, etwas Rigides in Stimme und Körper, das ihm wohltat. Ihre Anspannung – so viel klarer, kühler als Lydias fiebrige Konzentration – ließ ihn spüren, wie die eigene von ihm wich, hier, im Schatten zwischen der Kasernenmauer und den riesigen gefleckten Platanen, die aus dem Gehsteig wuchsen. Die Wurzeln hoben den Asphalt; er musste aufpassen, nicht über die rissigen Falten zu stolpern. Paul fiel ihm ein, sein Auftrag, die Dolmetscherin zu grüßen. Sie kam ihm zuvor.

»Und Sie konnten nicht früher kommen?«

»Mein Recorder ist kaputtgegangen. Ich habe den ganzen Nachmittag damit verbracht, einen anderen zu organisieren. Mein Tag ist morgen«, sagte Ansgar. Morgen, der Anfang. Die kostbaren Bänder mit Lydias Stimme würden zuunterst in seiner Tasche in Beates Gästezimmer liegen, während er, warum auch nicht, mit einer neuen Kassette im Gerichtssaal hinter dieser Platanenallee saß, das Ende eines anderen Kapitels verfolgend. Priebkes Ende. Das Ende all der Alten, das Ende der Vergangenheit.

»Attenzione!« Wie ein Schlagbaum klappte Tizianas Arm aus; Ansgar war neben ihr auf die Querstraße gelaufen, Platanen auch hier, und fast unter einen Bus geraten. »Passen Sie auf. Wir sind in Rom!« Und wieder ihr sanfter Polizeigriff. Sie ließ nicht los, ehe er an einem der Aluminiumtischchen auf der anderen Straßenseite saß.

»Weißwein?«

Sie stellte ihre große Handtasche ab, hängte die Kostümjacke über die Stuhllehne und verschwand mit klackenden Absätzen. Ansgar zog die zerknitterte Zigarettenpackung aus der Tasche, *Morte Sicura*. Diese Frau flackerte hektisch wie ein Licht, das überraschend an- und ausgeknipst wird. Das mechanische Erscheinen und Verschwinden der Bilder in der Kapelle kam ihm in den Sinn. Tizianas enger grauer Rock, die weiße Bluse erinnerten ihn an die traurige französische Frau in der Caravaggio-Kirche. Nicht lange; kaum hatte Tiziana Platz genommen, verwandelte sie sich in ein plapperndes Mädchen, sie ermahnte ihn, morgen pünktlich da zu sein – »spätestens eine Stunde vorher, besser schon um halb fünf, es wird voll werden, und denken Sie an die Kontrollen, wir sind hier beim Militär«, und sie stöhnte über die Plädoyers; vier Stunden hatte vor zwei Wochen der Staatsanwalt geredet, und die Verteidigung gestern: ganze sechs.

Ansgar lachte. Es brauchte keinen Beweis, dass er Glück hatte, die Zeit mit ihr nicht im Tribunal, sondern an einem Bartisch zu verbringen. »Wenn die Verteidigung meint, dass ihr das hilft … Und heute?«

»Nichts Neues. Aber zum Prozessverlauf darf ich außerhalb nichts sagen.«

»Wie ist Priebke?«

»Was glauben Sie?«

Er schaute sie an. Sie erwiderte seinen Blick mit großen runden Augen, deren Schwärze durch einen kräftigen Lidstrich verstärkt wurde. Grübchen lagen neben den leicht zusammengepressten Mundwinkeln. Er spürte die Luft weicher werden, wie gestern auf der Terrasse. Jetzt aber saß er draußen im Platanenschatten, kleine Vogelschwärme spielten um die Kronen. Er trank Wein mit einer hübschen Italienerin, er hatte es hinter sich. Vergnügt hob er sein Weinglas und schwenkte es, bis sich die Flüssigkeit drehte. Der deutsche Angeklagte – in diesem Moment war er genau der Richtige, ein hässliches Fossil, über dem sie beide die Köpfe zusammenstecken konnten.

»Steif? Kalt? Selbstgerecht? Zynisch?« Der kleine Wirbel im Glas wurde zum Strudel. »Ich stelle mir einen Mann vor, der immer Haltung bewahrt hat. Wenn er einsehen würde, dass er ein Massenmörder ist, würde er zusammenbrechen. Aber er wird die Haltung nicht verlieren, bis zum Ende. Die Haltung gibt ihm recht.«

Tiziana hatte aufmerksam gelauscht, jetzt hob sie die Brauen, und die Augen wurden noch ein bisschen größer.

»Genau so sieht es aus. Woher wissen Sie das?«

»Ich weiß nicht, ich ahne nur ... Ich habe Fotos gesehen, dieses langgezogene Gesicht, hohe Stirn, die Mundwinkel hängen so tief«, Ansgar grimassierte und grinste, »ein Herrenmensch. Kennen Sie den Ausdruck?«

»Ja, ja. Aber Sie haben gerade kein Foto beschrieben.« Sie schüttelte den Kopf und lächelte, aber nicht freundlich. »Wissen Sie, alle stellen mir diese Frage. Wie ist Priebke? Ich sage es Ihnen. Priebke ist ein beeindruckender Mann. Er ist gebildet. Er spricht hervorragend italienisch, umso mehr, seit er es nicht mehr mit dem Spanischen durcheinanderbringt. Er spricht fließend englisch. Er ist gewandt. Die Frauen mögen ihn. Er hat Verehrerinnen, die ihn besuchen.«

»Verehrerinnen?«

»Es gab die Affäre um diese Fernseh-Kartenlegerin aus der Ciociara, die ihm jeden Tag Rosen ins Gefängnis gebracht hat, bis sie eines Tages Zeugin der Staatsanwaltschaft wurde. Die Verteidigung hat sie als enttäuschte Liebhaberin dargestellt. Und dann die Witwe von Priebkes Vorgesetztem, der wegen derselben Sache hinter Gittern saß ...« Sie unterbrach sich mit einem schnellen Blick zu ihm, dann erklärte sie: »Kappler. Seine Frau hat ihn vor zwanzig Jahren aus Rom befreit, und zwar mit Hilfe des deutschen Staates. Jetzt ist sie Priebkes große Liebe. Sie wissen nicht viel, Herr Weber.«

»Ich berichte über das Urteil, das ist mein Auftrag ...«

»Entschuldigen Sie«, sagte Tiziana. »Natürlich. Sie sind der Journalist, Sie entscheiden, was wichtig ist. Ich wollte nur Ihre Frage beantworten. Wer ist Priebke? Die Frage stelle ich mir ja selbst, und wissen Sie, vorgestern habe ich eine neue Antwort gefunden. Seit Montag ist Priebke dreimal so alt wie ich demnächst. Ich bin im Dezember 69 in Milano geboren. Fünf Tage danach war da ein Bombenattentat in einer Bank. Siebzehn Tote. Mein Vater war Anwalt eines der Angeklagten.

Ein Anarchist. Dann fiel der Verdacht auf Neonazis, italienische und amerikanische Geheimdienste, das Innenministerium, den italienischen Staat.« Von Anarchist bis Staat hatte sie zählend die fünf Finger ihrer linken Hand ausgestreckt. »Bis heute ist nicht bewiesen, wer dahintersteckte.«

»Wollen Sie damit sagen …«

»Ich will sagen, dass Priebke überall ist. Deshalb sind alle so neugierig auf ihn, und deshalb wissen alle so gut über ihn Bescheid. Jeder könnte Priebke sein. Auch ich. Auch Sie.«

»Na, wenn, dann doch mehr ich als Sie.« Achtundzwanzig also, fast. »Aber ich hoffe doch, ich sehe ihm nicht zu ähnlich.« Ansgar lächelte in Tizianas Kindergesicht, in dem seine Ironie nicht erwidert wurde. Was machte dieser Prozess mit ihr? Wie blass sie war, und wie streng sie ihre naive Philosophie vortrug. Zwischen den Blusenflügeln hing an einem Kettchen ein kleines silbernes Kreuz. Er musste etwas sagen, zögerte aber, horchte irritiert: Ein gedehnter Schrei schwebte hoch über ihnen in den Baumkronen, dann noch einer. Ansgar streifte mit den Fingern über Tizianas bloßen Unterarm, dann rückte er den Stuhl nach hinten.

»Den nächsten Wein gebe ich aus. Vielleicht erzählen Sie mir ein bisschen mehr von diesen – diesen Frauen- und Staatsaffären. Ich bin wirklich nicht gut informiert. Außerdem wüsste ich gern, woher Sie so gut deutsch können.« Er schaute zum Himmel; die grellen Vogelschreie vermehrten sich, doch in den Platanen war nichts zu sehen.

»Auf keinen Fall.« Tiziana hob beide Hände, dann griff sie nach ihrer Handtasche. »Ich muss gehen, und zwar – tut mir leid – sofort.«

»Was ist das?«

Jetzt war die ganze Straße erfüllt von schneidenden Tönen, so durchdringend, dass sie den Verkehr übertönten. Und trotzdem schaute keiner der Passanten auf.

»Was?«

»Diese Schreie.«

Tiziana, inzwischen aufgestanden, legte den Kopf in den Nacken. »Ach die. Ich habe keine Ahnung. Ich höre sie immer nur hier, um dieselbe Zeit, am Abend. Vielleicht die ... wie sagt man? Stare? Spatzen?«

»Niemals. Die müssen größer sein. Es klingt ja wie im Urwald, wie Papageien ...«

»Ja, richtig ... oder Affen ... schrecklich. Nach der Dämmerung ist es vorbei.« Sie streckte ihm die Hand entgegen. »Wir sehen uns morgen. Übrigens, es kann sein, dass wir danach hier ein bisschen feiern, ein paar Journalisten, die Dolmetscher, alle, die es so lange im Gerichtssaal ausgehalten haben. Vielleicht sind Sie ja dabei?«

Sie rannte weg, sie ließ ihn sitzen. Nicht einmal die Kostümjacke hatte sie übergezogen. Ansgar sah ihrer weißen Bluse nach und zündete sich eine Zigarette an. Morgen, morgen. Die Schatten waren länger, die Farbtöne tiefer geworden. Die Schreie zogen tiefe Schnitte durch die weiche Luft.

UND DANN KEHRTE ER HEIM, ein Abendmann, die Hände in den Hosentaschen. Im warmen Dunkel glitzerten die Bars, und die Pflastersteine der Piazza di Spagna schienen unter seinen schnellen Schritten zu federn. Noch während er in der Metro stand, war die Dämmerung gefallen. Unerwartet war der Zug nach dem zweiten unterirdischen Halt ins Freie geschossen und hatte ihm einen verzauberten Ausblick zwischen Ufer und Ufer, Himmel und Fluss eröffnet, in dem schon das künstliche Licht herrschte und den Abend in einen blauen Schattengrund drängte. Goldbraunes Glitzern zündete Kaimauern und Lastkähne an, ließ die Blätter der Uferrandbäume neongrün leuchten und kehrte in langen Streifen auf dem blanken Wasser wieder. Auch die nahe Brücke auf gleicher Höhe wirkte wie eine Spiegelung; Ansgar sah sich, bevor er Sekunden später wieder abtauchte, selbst darauf entlangrasen: mitten durch die Stadt. Seine Stadt. Das empfand er wieder, als er in der Via delle Carozze unterm Eckhaus zum Platz den Schlüssel in die Tür steckte. Mit einem kleinen Bedauern hörte er sie, fast schon im zweiten Stockwerk angelangt, unten zuklappen. Beates Welt schloss sich um ihn. In der Wohnung war es still. Nur am Ende des Flurs, unterhalb der Innentreppe, hörte er leises Klappern und Lachen vom Dachgeschoss.

Sein Zimmer hatte niemand angerührt. Die wirren Träume standen noch darin. Aber als er sich ohne Kleider aufs Bett warf, Blick auf die Spiegelung des graubraunen Gemäldes mit den schwarzen Ovalen im Erdinnern und der Himmelsleiter, die daraus hervorwuchs, verschwanden sie. Tief atmete er ein und wieder aus. Geschafft. Seit Wochen hatte er auf diesen Moment gewartet, jetzt hatte er sein Ziel erreicht – fast. Er sprang auf und stellte sich unter die Dusche, spülte die letzten Zweifel ab. *Jour fixe*. Er würde das dunkle Hemd anziehen, raufgehen, essen, trinken, dummes Zeug reden und dann mit einem schönen Schwips und einer schönen Erschöpfung schlafen gehen.

Als er oben die Tür zu der an die Dachterrasse grenzenden Wohnküche öffnete, fiel sein erster Blick auf Beate. Sie stand an der Anrichte; diesmal war das wallende Kleid rosa, die Borte golden. Als er eintrat, breitete sie die Arme aus, in einer Hand ein großes Küchenmesser, in der anderen ein Büschel Kräuter, und rief:

»Schau an, die arbeitende Bevölkerung!«

An ihrer Seite stand eine große Frau mit weißgrauer Ponyfrisur und einer formlosen Figur: Über dem knielangen weißen Rock floss eine weite weiße Bluse bis unter die Hüften, ein Bündel Ketten hing über dem Busen. Als Beate sie vorstellte – »meine alte Freundin Christa Buchbinder, ohne die der deutsche Geist Rom schon längst verlassen hätte« –, schlug sie Beate scherzhaft abwehrend auf die Hand, dass das Messer blitzte, und führte Ansgar an den Tisch voller Weinflaschen und halb geplünderter Vorspeisenplatten, an dem zwischen ein paar freien Plätzen zwei Paare saßen. Die strenge Frau mit dem dunklen Bubikopf hieß Alice und schrieb für den *Corriere della Sera*, Luciano, linksdemokratischer Staatssekretär, trug eine altmodische Brille im eckigen Beamtengesicht. Götz, das ließ sich besser merken, Götz Musebrink, Bildhauer, rasierter Schädel, schmerzhafter Händedruck, und Tamara – das klang italienisch und sah auch so aus, wie sich das glatte schwarze Langhaar, an den Spitzen eingedreht, ins lollobrigidahafte Dekolleté ringelte. Doch aus dem Schmollmund kam es hessisch (oder pfälzisch?):

»Ach, Sie sind der vom *Spiegel*? Ich hätt mir Sie viel älter vorgestellt!«

Vom Herd schallte Beates Tenorlachen. »Kind, auch jüngere Männer haben was zu bieten«, rief sie.

Auf der Schwelle zur Terrasse stand ein kleiner grauhaariger Mann ganz in Schwarz und lachte über Beates Bemerkung. Wilhelm Weigel, das klingelte in Ansgars Ohren.

»Ich glaube, ich hätte Sie letzten Winter schon kennenlernen sollen«, sagte er zu ihm. »Das war zumindest die Idee von Paul, Paul Just. Wir waren in Rom, aber er hat Sie nicht erreicht.«

»Paul Just ... natürlich. Grüßen Sie ihn von mir«, antwortete Weigel zerstreut. Über seiner zwergenhaften Gestalt leuchtete der Himmel, der von drinnen stockdunkel erschienen war, wie eine tiefblaue, transparente Stoffbahn mit schwarzen Aufdrucken, die Brüstung, die Pflanzen, die Wendeltreppe. Der junge Mann, der plötzlich dahinter hervorkam, nur wenig größer als Weigel, wurde mit jedem Schritt ins Licht älter. Die tiefliegenden Augen, scharfen Wangenfalten und schmalen Lippen, das ganze stolze, dunkle Gesicht stand im Kontrast zu der lächerlichen Aufmachung, weiße Röhrenhosen und eine kurze Jeansjacke über dem hautengen lila Hemd.

»Salve. Gianluca Di Cesare. Nice to meet you.«

Ansgar beobachtete ihn von seinem Platz am Kopfende zwischen Tamara und Christa. Wie ein Fremdkörper saß Gianluca neben Beate, die mit Alice diskutierte, ob zur *pasta alla Norma* Parmesan erlaubt sei. Man sprach deutsch mit italienischen Tupfern. Beate war der Meinung, die *ricotta salata* sei Pflicht, weil nur sie den Geschmack der *melanzane* nicht übertöne, während Alice – ein hart reibendes R im vokalischen Akzent – die Deutschen bezichtigte, zu streng zu sein, selbst mit der italienischen Küche.

»Wir lieben euch zu sehr«, konterte Beate.

»Was ist das für eine Liebe!« rief Götz. »Wir sollten den Italienern beibringen, wie man einen guten Kasselerbraten macht.«

»Ihr wollt uns nur kopieren und, wie sagt man, übertreffen – wie die Japaner es mit euch machen«, sagte Luciano, was Tamara zu einem Seufzer veranlasste. Sie erinnerte an die Einweihung eines Sushi-Lokals vor drei Jahren, bei der sie mit Federico zusammen gegessen hatte – zum letzten Mal. Beate hob abwehrend die Arme.

»Federico, Federico – ich schlage vor, wir trinken auf Federico, damit heute abend nicht andauernd von ihm die Rede ist. Alice? Luciano?«

Am anderen Ende begannen Verhandlungen auf Italienisch. Die Spannung des Tages wich aus Ansgars Gliedern. Noch kämpfte er gegen die Fremdheit; das faule, wohlige Gefühl konnte sich nicht niederlassen. Er musste aufpassen, nicht zu viel zu trinken, um die ersehnte Betäubung zu finden. Er schenkte Tamara nach. Sie beugte sich zu ihm, wirbelte eine Parfümwolke auf und beklagte sich über die Riesenportion.

Götz hob den Kopf von seinem Teller: »Ach was. Tu was gegen den Hunger in der Welt. Magersucht ist aller Laster Anfang.«

Ansgar musste Christa vom *Spiegel* erzählen, der Italien, wie sie meinte, sträflich vernachlässigte, seit Beate nicht mehr arbeitete. Dann kam vom unteren Tischende das Ergebnis; Beate kündigte den Trinkspruch auf den großen Federico an. Gianluca hob sein Glas.

»We drink to Federico Fellini«, sagte er langsam auf Englisch, »den Experten für die Ödnis der herrschenden Klasse, für die Melancholie des *dolce vita* und – ich weiß nicht – drei sollten es sein ...«

»Le donne«, schlug Luciano vor, »die Frauen?«

»Bene, allora ... und einen persönlichen Kenner der Dummheit des Alters. *Cincin.«*

Lautes Lachen. Götz schlug Tamara ironisch auf die Schulter – sie lachte noch, Haare schüttelnd, Kopf zurückgeworfen, als alle tranken.

»Noch einen!« rief er und ließ sein Glas in der Luft schweben. »Einen auf Alberto, damit sie nicht noch mit dem anfängt!« Er schaute an ihr vorbei und flüsterte Ansgar vernehmlich zu: »Sie hat buchstäblich das Letzte aus den alten Herren rausgeholt ...«

»Alberto? No, please.«

»... und dann sind sie prompt gestorben.«

»Götz!!« schrie Tamara.

»Wie alt war Alberto, als er diese Spanierin heiratete?« wandte sich Christa an Alice. »Achtzig?«

»Neunundsiebzig, und sie knapp über dreißig, glaube ich.«

»Sooo alt?« Beate kreischte vor Lachen.

»Und dann – kamst – du«, sang Götz und schwenkte sein

Glas vor Tamara; dabei fiel ihres um. Er griff nach der Rotweinflasche. »Nero d'Avola – ein kleiner Sizilianer?«

Tamara hielt die Hand über ihr Glas. »Wisst ihr, Alberto hat damals zu mir gesagt, das Alter ist nur ...«

»Halt mal einen Moment den Schnabel, *cara*.« Beate bat um ein ehrliches Urteil über Alberto Moravia, er ruhe in Frieden – aber kurz, der *secondo* wartete. Sie hatte ihn immer, mit Verlaub, für einen faulen Salonlinken gehalten. Ansgar schaute von einem zum anderen, als würde er ein Fußballspiel im Fernsehen verfolgen. Wieso kamen sie ihm zusehends vor wie ausgedacht?

»Er kannte die kleinen Leute«, sagte Alice, »spätestens ab 1943, als er sich in der Ciociara versteckt hat.«

»Die kannte er, aber!« Luciano hob die Hand: »Aber aus der Sicht des Bürgers.«

»Aus der Sicht der Langeweile«, sagte Wilhelm und gab die Frage an Gianluca weiter. Sein Italienisch klang deutsch; mit gesenktem Kopf hörte Gianluca zu.

»That's what he felt. What he described, had a simple point of view – sex and money. Let me say it in italiano ...«

»Der Gesichtspunkt von Sex und Geld«, übersetzte Wilhelm. »Alberto hat einen Verlust beschrieben. Sex und Geld sind dasselbe geworden – eine Währung, mit der man alles kaufen kann. Selbst den Kommunismus. Wie einen Versace-Anzug. Man trägt ihn, solange er sexy ist.«

»Was sagt man zu dieser traurigen Philosophie?« dröhnte Götz. »Ansgar! Du und ich, wir verstehen kein Italienisch. Verstehen wir die Italiener?«

»Warum nicht«, sagte Ansgar. »Die Sprache verstehen wir doch alle, oder? Auch wenn ich noch nie einen Versace-Anzug getragen habe, leider ... und den Kommunismus nie sexy gefunden habe. Die Moral hat halt ihre Konjunkturen. Nur, was nützt die ganze Aufregung?«

Er redete in eine plötzliche Stille hinein. Wieder einmal hatte er das Gefühl, dass man ihm auf eine abwesende Art lauschte, ohne seine Worte zu verfolgen. Beate erhob sich ruckartig.

»*Ragazzi,* entschuldigt mich. Wer hilft mir bei der *gremolata*?«

»Sie vergessen den Katholizismus«, sagte Luciano in Ansgars Richtung. »Alberto war zwar ein halber Jude. Aber was er vertreten hat, war ein katholisch gefärbter Existentialismus. Sartre auf italienisch.«

»Okay, lasst uns eine rauchen. Und dann erklärt mir mal euren schlappen Existentialismus.«

Auf der Terrasse hielt Ansgar Götz seine MS-Packung hin. Gianluca lehnte mit übereinandergelegten Beinen am Rand und schaute zu ihnen herüber, die gespreizten Arme auf der Steinbrüstung.

»*Merda Secca!* Nein danke.« Götz zog ein Päckchen Drehtabak aus der Hemdtasche, wühlte darin nach den Blättchen. »Existentialisten!« höhnte er. »Da hocken sie auf dem Bettrand, nachdem sie mal wieder eine Büromaus gevögelt haben, und überlegen, ob sie als nächstes Kommunist oder Faschist werden wollen. Die Leere! Die Qual der Wahl! Gott, diese Großbürgersorgen möchte ich haben.«

Ansgar sah den Tabak auf Götz' Hemd rieseln und auf seinem Bauch liegenbleiben. Obwohl er den Typen in der Redaktion ähnelte, die ihre Hohlheit mit dröhnender Zufriedenheit tarnten, schien er ihm frei, fast beneidenswert. Götz' Proletenmarke war mehr als eine Attitüde, sie war ein komplettes Design. Und seine Selbstsicherheit war abscheulich.

»Warum nicht?« versuchte Ansgar dagegenzuhalten. »Besser, als sich die Entscheidungen im Leben diktieren zu lassen. Und das vielleicht, ohne es zu merken.« Von wem sprach er? Dieser Schwätzer, dieser kleine Künstler befreite seinen alten Überdruss. »Wir sind doch nicht anders als die dekadenten Schmarotzer von damals«, setzte er hinzu, »höchstens abhängiger.« Er schaute über die Brüstung auf den glitzernden Hügel; Lydias Loggia fiel ihm ein, ihr verlottertes Exil. »Haben Sie sich nie gewünscht, alles hinzuschmeißen und zu verschwinden, und sei es in die totale Langeweile – bloß um herauszufinden, was von Ihnen übrigbleibt?«

»Na – spricht da vielleicht der *Spiegel*-Mann, der Angestellte mit Gewinnbeteiligung? Entschuldigung! Ich schmeiße jeden Tag alles hin. Und fange von vorne an.«

»Leben Sie hier?«

»Wenn Sie so wollen. Ich lebe in der Villa Massimo, jetzt noch für ein halbes Jahr. Vielmehr, ich lebe und arbeite. Darum geht's. Es gibt den Trieb, es gibt die Arbeit, und damit ist für alles gesorgt. Ton oder Teig – wir müssen nur was draus kneten!« Damit schlenderte Götz auf Gianluca zu und schnippte die Asche über die Brüstung.

»Your grand old artists«, sagte er laut, »eure großen alten Künstler, sind die nicht alle reiche, müde Bourgeois aus der Faschistenzeit?«

Gianluca antwortete freundlich: *»The fascist times continue.«*

Götz verstummte. Am Tisch in der Terrassenecke, an dem Ansgar gestern mit Beate gesessen hatte, erzählte Tamara Wilhelm von ihren Plänen in Rom, Artikel schreiben wollte sie, vielleicht zeichnen und natürlich weiter schauspielern. Wilhelm schaute in ihr Dekolleté und antwortete gereizt:

»Jaja, Frauen wollen immer viel, nur was, das wissen sie selten. Ihr seid so herrlich unbewusst.«

»Of course! Fascism is everywhere!« Götz hatte die Sprache wiedergefunden. Während er erklärte, dass keiner ein so sensibles Gefühl für die Anziehungskraft des Faschismus habe wie gerade sie, die Künstler, die unablässig mit der Zerstörung von Konventionen beschäftigt seien, blickte Gianluca

zerstreut an ihm vorbei. Ansgar stand unentschieden daneben; je mehr ihn der Schwätzer abstieß, desto sympathischer wurde ihm der andere, der noch kein Wort an ihn gerichtet hatte. Da erschien Luciano neben ihm und schob das Gesicht nah an seines heran. Seine Augen glitzerten hinter den Brillengläsern.

»Mein Freund, wir sind ein katholisches Land geblieben. Wir mögen das schmutzige Gewissen. Oder wie sagen Sie? Das schlechte Gewissen. Verstehen Sie? Es ist gut für die Libido, und die ist gut fürs Geschäft ...«

Christas plumpe Silhouette erschien in der Tür, ihre Ketten klingelten. *»Osso buco con risotto milanese!«*

»Cara!« sagte Luciano. *»Sai che stasera sei bellissima!«*

Ansgar folgte ihnen, erleichtert über die Unterbrechung. In der Terrassentür blieb er stehen. Das Wortcluster in seinem Kopf, das Gewusel vor seinen Augen, die randvollen Steinguttöpfe auf dem Tisch, warmer Dampf und Essensgeruch, alles ballte sich zu einem Déjà-vu zusammen. Einen Moment lang fühlte er sich zu schwach, um wieder einzutreten, als hinge vor dem absehbaren zweiten Akt da drinnen ein schwerer Türvorhang. Er kannte die aufwendige Inszenierung von Genuss, er kannte die Leute; die zwischen Plattheiten und gebildeter Ironie ausbalancierte Konversation, sogar die Mischung der Typen war überall gleich. Aber mehr noch: Er hatte diesen Abend mit Beate und ihren Gästen schon einmal erlebt, wie sie da trotz ihrer dröhnenden Stimmen und ihrer Körperschwere in einer Blase über dem historischen Kern der Stadt schwebten, an deren Peripherie sich Trümmer und Müll anhäuften. Die Liberalen und Erfolgreichen feierten ihren Sieg über die Dumpfen und Gewalttätigen da draußen, ein großes Fressen der Entkommenen. Festmahl, das war's – in Lydias Romantrilogie befand er sich ... auf dem Fest mit dem Auftritt dieses Götz'schen Sprücheklopfers, der von ein paar Zaungästen bei seiner revolutionären Ansprache gestört wird (und ähnelte nicht die gastgebende Unternehmersgattin Christa?); mitten in der Erosion, die im dritten Band zur Auflösung führte. Die Ränder überschwemmen das Zentrum, bis es in einem kurzen Bürgerkrieg von den Eindringlingen gesäubert wird und als bewachtes Sperrgebiet fortexistiert.

Bei der Kalbshaxe verkündete Tamara eine neue Idee: Sie werde ein Buch schreiben, über ihre italienischen Erlebnisse und ihre Nebenrolle in Federicos letztem Film. Ansgar lachte, weil auch die anderen lachten. Er wurde immer müder und aufgedrehter, heiß im Gesicht und kühl am Rücken, den die Nachtluft von draußen berührte. Alice diskutierte mit Wilhelm über den deutschen Autorenfilm, den Wilhelm längst begraben hatte. »Fassbinder hat von Pasolini gelernt«, rief sie, »und Edgar Reitz ist hier berühmt geworden!« Am unteren Ende redeten Beate und Luciano auf Gianluca ein, der einen flackernden Blick bekommen hatte. Götz aß stumm und trank viel. Erst als Christa ihre Hand auf Ansgars Arm legte und ihn nach dem Prozess fragte, merkte er auf und unterbrach sie brüsk.

»Richtig! Unser Mann hier war ja bei Priebke! Und, wie ist er so?«

Ansgar schaute in sein gerötetes Gesicht. Prompt war es still geworden. Ihm war, als müsse er die Aussage verweigern. »Wie man es erwartet«, sagte er. Er sah die Schweißperlen auf Götz' Glatze und fing selbst an zu schwitzen. »Kalt, zynisch, selbstgerecht – ein Herrenmensch.« Er zögerte, merkte, dass er sein Glas in der Hand hielt, und schwenkte es, bis der Wein einen Strudel bildete. »Wie wir alle eben.«

»Bravo!« Götz lachte dröhnend, Christa ungläubig. Tamara hob die Hand wie ein Schulmädchen.

»Herrenmenschen mag ich nicht«, erklärte sie.

»What exactly is a Herrenmensch*?«* fragte Gianluca über den Tisch.

»A boss by nature«, sagte Götz.

»But ... Ansgar?*«*

»I don't know«, sagte Ansgar. *»I really don't know.«* Gianluca schaute ihn immer noch lächelnd an. »Ich glaube, ein Herrenmensch«, setzte er mühsam hinzu, »verhält sich wie der Herr, der andere Menschen behandeln darf wie – Hunde.«

Gianluca nickte, sein Lächeln verschwand. *»I see«*, sagte er.

»Habt ihr von der Prügelei im Ghetto gehört?« fragte Alice. »Die Naziskins haben Parolen für Priebke an die Mauern gemalt. Dann kamen die anderen. Laut Agentur waren es nicht bloß die Autonomen, sondern auch jüdische Jugendliche. Elf Verletzte.«

»Jüdische Jugendliche! So was hab ich noch nie gehört«, sagte Beate. »Wer mag einen Espresso?«

Alice und Wilhelm stritten, ob es jüdische Jugendliche gebe und ob sie fähig seien, die politische Situation zu begreifen. Der feine Luftzug in Ansgars Rücken wurde immer mehr zum Sog. Die Betäubung hatte eingesetzt, doch statt ihn zu beruhigen, lähmte sie ihn. Die Ungeduld zerrte an ihm, zog ihn hinaus, raus aus dem bizarren Romandoppel. Meine Stadt, dachte er. Er sah sich hinunter- und durch die nächtlichen Straßen Richtung Osten laufen, rauchend, im Zickzack, bis er in der Morgendämmerung bei der Hollywood-Bar ankam, um dort bis um elf auf die Übergabe des Tonbandgeräts zu warten. Die Stimmen am Tisch erinnerten ihn an die fremden Vogelstimmen, wie scharfe Schnitte gellten sie durch seinen Kopf. Gerade wollte er aufstehen, auf die Terrasse gehen, da fiel ein merkwürdiger Satz.

»In Rom sah ich im Ghetto, dass noch nicht aller Tage Abend ist«, sagte Christa mit getragener Stimme.

»Muss man das kennen?« fragte Götz.

»Herr Musebrink«, sagte Wilhelm, »in der Villa Massimo gibt es eine Bibliothek. Da stehen alle deutschen Schriftsteller, die in Rom gelebt haben, nicht nur Goethe. Bachmann, Johnson, Rühmkorf ...«

»Marin, Koeppen, Kaschnitz, Brinkmann ...«

»Schon gut«, sagte Götz. »Solange ich hier lebe, sind das für mich alles tote Ausländer.«

»Tote Ausländer!« Tamara wollte sich ausschütten.

»Na ja, so tot sind sie ja nicht alle. Rühmkorf lebt noch, und die Marin ... wisst ihr, Christa hat sie gekannt.« Die Espressomaschine zischte. Beate stand auf.

»Ich glaube nicht dran, Christa!« rief sie von der Anrichte. »Du kannst sagen, was du willst.«

Christa lächelte nachsichtig. »Wie sagtest du so richtig, meine Liebe? Ich habe sie gekannt, nicht du.«

»Cosa?« fragte Luciano.

»La morte della Marin«, antwortete Alice.

»Ah, quella. Una brava scrittrice. Gute Bücher. Sie hat sich umgebracht, als ihr italienischer Mann starb, oder? Eine wilde Geschichte.«

»Falsch.« Wilhelm reckte seinen kurzen Oberkörper. »Ihr letztes Buch handelte vom Tod dieses Mannes. Wer so was schreibt, bringt sich deshalb nicht mehr um. Außerdem ist sie erst ein paar Jahre später gestorben. In den Bergen abgestürzt. Der Rest ist Presserummel.«

»Appunto«, sagte Christa. »Mehr braucht man nicht zu sagen.«

»Vielleicht stimmt das gar nicht! Ich hab so was gehört. Vielleicht lebt sie sogar noch ...«

»*Brava*, Tamara. Es geht doch!« sagte Beate anzüglich. »Und wenn Christa sagt, ich hätte sie nicht gekannt – ich habe sie zweimal erlebt. Ich sage euch, diese Frau ist damals nicht verunglückt, und ich gäbe eine Menge drum zu wissen, ob und wie und wann sie wirklich gestorben ist. Wetten, die war – oder ist – keine Selbstmörderin. Dafür war sie nicht dumm genug. Aber sie war klug genug, ihren Abgang zu inszenieren. Außerdem wollte sie den Journalisten eins auswischen. Versteht mich nicht falsch, ich fand sie sehr angenehm. Sogar beeindruckend. Aber sie hatte was Fanatisches, Masochistisches. Man braucht doch nur *Die Anderen* zu lesen.«

»Diese depressive Trilogie? Die hab ich tatsächlich mal angefangen, als Student. Nicht schlecht«, fand Götz, und ein klares Argument für die Selbstmordtheorie. Außerdem, meinte er, wäre auch er gefährdet, wenn er länger in Rom leben müsste. Luciano gab zurück, genauso gehe es ihm mit Berlin, und Wilhelm erklärte Rom für das beste Antidepressivum, das er kenne, allein das Licht. Ja, dieses überirdische Licht ... Christa lauschte mit verklärtem Ausdruck. Das Licht von Jerusalem, sagte Alice, das christliche Zion! Sie holte aus und sprach von der Angst des großen Freud vor Rom, der meinte, wie Hannibal scheitern zu müssen, wenn er es wagen sollte, die heißersehnte Stadt zu erobern, die heilige Stadt des Feindes.

»*Roma santa. Roma eterna.* Er hat sich vorgestellt, man müsste in Rom nirgendwo graben, um die Vergangenheit zu sehen, wie sie war ... wie sie ist. In Rom geht nichts verloren.«

Gianluca schwieg, die Augen auf einen Punkt gerichtet, der weit außerhalb des Raums zu liegen schien. Götz fing an, Ansgar und Tamara das Intimleben der Massimo-Stipendiaten zu schildern. Er redete unbeirrt weiter, als Ansgar aufstand und durch die Tür nach draußen trat. Das märchenhafte Zentrum lag unter ihm, aufgeschlagen wie eine Bilderbuchseite, die Gasse, die Treppe mit der rosa Kette der Laternenköpfe, der schwarze Scherenschnitt der Kirche, die Baumsilhouetten auf dem Hügel. Er ahnte, dass er wieder nicht würde schlafen können. Und wie zur Bekräftigung erklangen über ihm die kurzen, empörten Schreie eines Möwenschwarms.

»Andiamo?«

Gianluca stand neben ihm.

»You mean – you want to go?«

»Ja. Ich gehe jetzt«, sagte Gianluca auf deutsch und setzte auf englisch hinzu: »Und Sie scheinen mir hier auch nicht glücklich zu sein. Vielleicht wollen Sie mitkommen. Wir könnten einen Spaziergang durchs Zentrum machen.«

Erst in diesem Moment wurde Ansgar richtig bewusst, dass Gianluca stockschwul war. Aber die Unsicherheit, die sich in seine jähe Freude über den Vorschlag mischte, verging sofort. An ihre Stelle trat mit aller Macht das Gefühl der Ungewissheit, das er bis jetzt niedergehalten hatte, all die abwegigen, alptraumhaften Phantasien von dem entscheidenden Moment (Lydia hatte die Aufnahmesperre gelöst, Lydia öffnete nicht, Lydia zog ihr Einverständnis zurück, Lydia stellte weitere Bedingungen) und von der Zukunft dahinter, die er sich nur als form- und farblose Masse vorstellen konnte, diffus und drohend – wie das, was man früher Schicksal genannt hatte. Noch nie hatte er sich gefragt, ob ihn das Interview wirklich vor diesem Schicksal retten konnte. In diesem Moment rettete ihn Gianluca, und Ansgar lächelte ihn an, befreit und dankbar.

»I think that's a very good idea. Just now?«

»Just now.«

War es Einbildung, oder schwang in Beates lautstarkem Bedauern eine schräge Missbilligung? Gewiss erinnerte sie sich jetzt an Ansgars müde Bemerkungen über die Liebe, und sie überschlug, ob sie ihn bei den Männern einzuordnen hatte. Gianlucas Abgang schienen dagegen alle erwartet zu haben. Er lotste Ansgar durch die halb beleidigten, halb höflichen Abschiedsgesten hindurch zur

Tür, die Treppe hinunter. Beates Stimme holte sie auf dem Flur ein:

»Vergiss den Schlüssel nicht, Ansgar!«

»She sounds like my mother«, sagte er zu Gianluca.

»I imagine.«

»Do you?«

»I imagine your mother.«

Auf der Straße hielt ihn Gianluca zurück: *»That way.«* Erleichtert hörte er nach ein paar Schritten die Haustür zuklappen. Sie liefen die Gasse hinunter, und ihm war, als schaute er selbst ihnen beiden von der Dachterrasse nach:

»You don't like your mother?«

»Hard to say ... It's a whole story.«

»I love my mother.«

»Really?«

»It's a whole story.«

»I imagine ...«

GIANLUCA LEBTE MIT SEINER MUTTER im Prenestino. Der Stadtteil lag noch jenseits des Pigneto, wo Lydia und Ellinor wohnten – eines Viertels, das er liebte. Noch, sagte er. Immer mehr junge Leute bevölkerten die Gehsteige, Vorboten der Auflösung; jetzt fürchtete er um die Alten, die Handwerker, die winzigen Läden und Gärten, die Wildnis.

»Der Pigneto erinnert mich an diese Enklaven«, sagte er, »die alten Armengärten – wie nennt man die? Schreber? –, die man bei euch von den Eisenbahnstrecken aus sieht. Mittendrin steht ein Haus, das aussieht wie eine kleine Burg mit einem Geschlechterturm. Drumherum läuft ein Gehsteig nur für dieses Haus, weil es allein steht, in der Mitte eines Sterns. Es gibt fünf kleine Straßen, an deren Ende man es plötzlich auftauchen sieht. Es ist die einzige Adresse am Platz: Piazza Copernico. Sozusagen die Mitte eines Weltbildes – des Weltbildes, das uns an den Rand geschoben hat. Aber ich glaube, dieser Stern ist schon entdeckt worden.«

Hier, im echten Zentrum, stehe Ähnliches bevor, sagte Gianluca. Man hatte den Termini-Vorplatz gesäubert, der Bahnhof selbst sollte ein Einkaufsparadies werden, und die Via Nazionale war mit Pflanzenkübeln, Bänken und historisierenden Laternen bestückt worden. Der neue Bürgermeister, ein Mann aus Lucianos Partei, vertrat die Mentalität des europäischen Kapitals, nachdem die Democrazia Cristiana, die das Land zusammen mit der Mafia als Familieneigentum geführt und vor jeder Modernisierung bewahrt hatte, an ihrer eigenen Korruption zugrunde gegangen war. Gianluca kommentierte lachend, dass er ihr nachtrauere, obwohl er diesen Leuten zu verdanken habe, dass er wegen seiner Homosexualität aus der kalabrischen Provinz vertrieben worden sei und in Rom eine neue Lehrerstelle habe suchen müssen. Immerhin, hier habe er außerdem angefangen zu schreiben. Damit, alles in allem, könne er sich und seine Mutter ernähren.

»Ich gehe nur selten durchs alte Zentrum«, sagte er. »Aber nachts sieht es manchmal aus wie ein Traum von früher. Wie gefällt dir Rom?«

Ansgar war erleichtert, dass Gianluca nicht weiter nach seiner Mutter fragte. Alles, was er mit ihr verband, erschien angesichts von Gianlucas Erzählungen so grausam eintönig und funktional wie Hamburg-Lokstedt angesichts dieser warmen, schrundigen Gassen: gediegen und einsam. Das Rentnerleben seiner Mutter spiegelte den Zustand seiner eigenen Kindheit, den einer gutsituierten, lückenlos bürgerlich ausstaffierten Armut. Leben gab es nur hinter verschlossenen Türen, und auch das nur, solange der Vater noch den Adressaten von Auflehnung und Eifersucht abgab. Am nächsten war Ansgar diesen Dingen, wenn er sie vergaß …

»It is … exciting«, sagte er. *»That's the word.«* Sie überquerten die Via del Corso, die wie ein Negativ ihrer selbst am Tag schien, kein schwarzes Rohr mehr, sondern ein schummrig glimmender Hohlweg, und tauchten dahinter in eine Enge zwischen riesigen grauen Palastmauern. Die Schritte hallten.

»Die Stadt bedrängt mich. Mal ist sie schön, mal scheußlich. Wahrscheinlich empfinden das alle Fremden hier so.« Das Gespräch in der Hollywood-Bar über die Deutschen fiel ihm ein. Ein weiter Platz öffnete sich; an der hell angestrahlten Säule mit dem spiralförmig hochkletternden Bilderrelief erkannte Ansgar den Platz in der Nähe des Parlaments.

»Die Marc-Aurel-Säule«, sagte Gianluca, ohne den Kopf zu heben, und nahm in der nächsten Gasse den Faden wieder auf. »Alle Fremden? Ich glaube nicht. Ich glaube, ihr Deutschen seid Experten für gemischte Gefühle.«

Ansgar erzählte von dem alten Barmann. *Manche bringen Tod, manche Liebe, manche beides. Aber der Tod ist überall, die Liebe nicht.*

»Recht hat er.« Gianluca lachte. »Bei den Deutschen weiß man nie. Aber gemischte Gefühle hin oder her, die meisten fühlen sich pudelwohl in Rom, von Winckelmann bis Priebke. Oder Beate. Denk an die Schriftsteller, die Wilhelm aufgezählt hat … Schau!« Er wies über die Schulter auf die Längsseite des freien Platzes zurück, den sie eben an seinem schmalen Ende verließen. Ansgars Blick fiel auf die Front eines antiken Tempels. Im Licht unsichtbarer Scheinwerfer zeigte sich die imposante Reihe geriffelter Säulen voller Löcher, wie von Einschüssen. »Weißt du, welcher Tempel das ist?« fragte Gianluca und gab sich selbst Antwort: »Die Börse.« Das Gassennetz wurde verwinkelter, Gänge, die um einzelne Gebäude herumführten und sich in winzigen

Plätzen mit bizarren Zufallsformen kreuzten. Für seine Qualitäten als Mann interessierte sich Gianluca nicht im geringsten, das spürte Ansgar – gerade jetzt, wo er ihn am Arm berührte.

»Was weißt du von dem Tod dieser Frau, Lidia Marin?«

Was interessierte ihn dann? Ansgar biss sich auf die Unterlippe – fast hätte er gesagt: *I met her today.* Irgendetwas an der einnehmenden Aura dieses bunten Vogels war unheimlich, auf andere Art verführerisch; er wirkte so wissend, dass man ihm alles hätte anvertrauen mögen. Ansgar schilderte, viel zu ausführlich, die offizielle Version vom Unfalltod ohne Leiche und schloss, es sei immerhin möglich, dass die berühmte Frau heimlich weitergelebt habe, ja noch immer lebe – und hielt inne, als eine neue Postkartenansicht vorbeiflackerte: Für ein paar Schritte öffnete sich ein belebter Raum, an dessen Rückseite wie eine grelle Traumerscheinung die steinerne Geometrie des Pantheons aus dem Dunkel ragte, davor die Stufen des Brunnens voller Menschen und in der Mitte, wie eine ins Dunkel hochschießende Flamme, der Obelisk. Gianluca beobachtete Ansgar, während er ihn weiterdirigierte. Sein Blick flackerte wieder.

»Das erinnert mich an den anderen berühmten Deutschen, den du heute getroffen hast. Merkwürdig, oder? Dasselbe Alter, und beide hatten zwei Leben, erst ein öffentliches, dann ein geheimes.«

Unwillkürlich schüttelte Ansgar den Kopf. Der SS-Mann und die Schriftstellerin? Unter seinen Füßen beulten sich die Pflastersteine, von denen immer noch Wärme aufstieg, kleine schwarzglänzende Quadrate mit breiten Ritzen dazwischen. Gianluca hatte ihn in eine belebtere Gegend geführt. Hier spielte Rom die römische Sommernacht, sanft glitzernd, mit Laternen unter künstlichen Pergolen, schillernden Feigenblättern, Lachern, schönen Menschen.

»Weißt du, dass Priebke als Tourist in Rom war – unter seinem eigenen Namen – während seines zweiten Lebens in Argentinien?«

Wollten sie ihm hier alle demonstrieren, wie wenig er wusste? Schweigend ging Ansgar ein paar Schritte, bis er feststellte, dass er diese Geschichte einfach nicht glauben konnte.

»Bist du sicher? Wann?«

»Zweimal, habe ich gehört, Ende der Siebziger, Anfang der Achtziger. Ich will damit nur sagen: Irgendjemand wird ihn gesehen haben. Und mit dieser *Dichterin*, für die du dich interessierst« – das Wort Dichterin sagte er auf deutsch – »muss es ebenso sein.«

Ansgar blieb stehen. »Sie lebt«, sagte er und schaute in das dunkle Gesicht, dessen scharfe Falten sich unterm Licht der bunten Glühbirnen zu Furchen vertieften. »Und ich könnte sie sehen und sprechen. Ich weiß nicht, ob es klappt, aber es hängt viel für mich davon ab. Sehr viel.«

»So was dachte ich mir. *Listen, my friend.*« Gianluca nickte ihm zu, sie liefen weiter. »Ich habe gleich noch eine Verabredung. Wenn du magst, begleitest du mich bis zur Piazza Navona. Es ist ein magischer Ort, obwohl« – er grinste – »obwohl das auch in den Reiseführern steht. Manchmal findet man dort die Lösung für das, was einen bewegt.«

Ansgar blickte irritiert auf seinen Nebenmann.

»Lösung?« fragte er enttäuscht. »Um die Zeit?«

»Genau die richtige Zeit. Jetzt erholt sich der Platz von dem Rummel. Man kann sitzen, trinken, schauen – und warten, was kommt.«

»Aber was soll ich …«

»Es ist nur hundert Meter von hier.«

Es war Ansgar peinlich weiterzufragen. Gianluca bewegte sich im Zickzack vorwärts, durch schmale dunkle Schläuche, an den Ecken hier und da ein paar Tische draußen. Ansgars Ratlosigkeit wich einer Mischung aus Scham und Ärger. Dass er sich widerstandslos an einem prominenten Touristenpunkt abliefern ließ, vermehrte seine unvernünftige Angst, statt sie zu mildern. Am Ende eines der Durchstiche meinte er die Tiberstraße zu sehen, die Uferbäume und die steinerne Einfassung. Die Hauswände rückten so nah zusammen, dass sie eng nebeneinander hergehen mussten, dann öffnete sich ein halber Platz, eine Fahrstraße, das elektrische Leben. Von dort führte ein kurzer Durchgang ins Freie: eine Flucht so lang wie ein Sportplatz, mit überdimensionalem Barocknippes und Festbeleuchtung, hell schimmernde Brunnenbecken, rosarot die geschlossene Front der Häuser mit einer Zeile erleuchteter Lokale – und die ganze Fläche voller Menschen.

Aus dem Becken des Brunnens vor seinen Augen stiegen weiße Steinleiber, Pferde, glubschäugige Fische, barbusige Frauen, dickliche Putten, und in der Mitte reckte sich ein bärtiger Mann, um dessen Beine sich gesprenkelte Schlangenarme ringelten. Beim Nähertreten erkannte er, die Punkte waren Saugnäpfe: Der Riese kämpfte gegen einen Riesenkraken. Ansgar legte den Kopf in den Nacken; die Geräusche zwischen den Fassaden hallten so nah wider, dass er unwillkürlich nach einem Dach Ausschau hielt. Aber er sah nur Kamine, Kirchtürme, eine Kuppel vorm Nachtblau des Himmels. Natürlich, er kannte diesen Platz.

»Sind wir da?« fragte er.

»Sì. Vieni.« Gianluca ging am Rand entlang, der wie eine Aschenbahn um den Platz lief. Wimmelndes Touristenbusiness auf der ganzen Strecke. Im Vorbeigehen verglich Ansgar die Kohlezeichnungen der Porträtmaler mit den Modellen auf den Hockern. Kerzen standen auf den kleinen Tischen der Wahrsager, die sich wie Buchhalter über den Lichtkreis beugten. Ein dunkelhäutiger Mann lief dicht an ihm vorbei

und ließ etwas aus der Hand schnellen, das mit einem unheimlichen Schnarren hochstieg, bis das Geräusch durch eine zweite Handbewegung abbrach. Plötzlich hörte Ansgar das Schnarren überall, überall liefen die kleinen Männer herum, die Luft war erfüllt von unsichtbaren mechanischen Vögeln oder Insekten. An einer Bar mit weißen Sonnenschirmen blieb sein Begleiter stehen und zeigte auf eine Gasse, die vom Platz wegführte.

»Siehst du den – da unter den Arkaden? Vielleicht ist das dein Mann. Er sieht mehr als andere, und er ist absolut seriös, auf seine Art. Ich empfehle ihn dir. Aber du wirst etwas bezahlen müssen. Versteh mich recht: Ich habe nichts davon.«

»Spricht er englisch?«

»Er ist ein Landsmann von dir.« Gianluca lächelte breit. »Er mag es nicht, wen ich ihm Leute anschleppe – am besten, du erwähnst mich nicht.« Er packte Ansgar an den Oberarmen und legte eine ledrige, unrasierte Wange an seine. »Ich muss los.«

»Danke«, sagte Ansgar. »Danke ... für den Spaziergang.«

Als Gianluca ihn losließ, spürte er immer noch den festen Griff in den Muskeln. Gianluca wandte sich ab, lief ein paar Schritte und schaute sich noch einmal um.

»Take care – please. Take care!« rief er und winkte. Ansgar beobachtete, wie er diagonal auf das illuminierte, gezargte Oval des unteren Brunnens zulief, schnell, mit wiegendem Hintern und weißen Beinen, und verschwand. Dann nur noch die anonyme Menge. Der Platz hallte, summte, und über allem schnarrten die unbekannten Flugtiere. Zögernd ging Ansgar auf die Seitengasse zu, die zur Hälfte unter einer Reihe dicker achteckiger Säulen lag. Als er die Tischreihen vor der Bar passiert hatte und unter die Arkaden blicken konnte, stellte er fest, dass er den Mann schon einmal von weitem gesehen hatte. Er trug einen schwarzen Hut.

DIESE MÜDIGKEIT. Längst ging es bergab. Und dennoch jede Nacht derselbe mühsame Aufstieg, vier Stockwerke hoch, von dem Punkt, an dem der Engel aufgeschlagen war, zu dem, wo er seinen letzten Schritt getan hatte. Andrzej hatte sie gezählt: Vom Gehsteig bis zur Wohnungstür waren es zweiundsechzig Stufen. Entweder sie brachten einen schnell um – oder langsam, Schritt für Schritt.

Die Haustür war, wie so oft, nicht eingeklinkt; ein Wunder, dass in diesem dunkleren Teil des Viale di Trastevere noch nie jemand eingebrochen war. Dabei lohnte es sich, wahrhaftig. Überall in Walters Wohnung lag das Geld herum, man musste nur einen Teppichläufer oder ein Kissen lüften. Es half nichts, dass er ab und zu die Scheine zusammensuchte, stapelte und einen Teil an die Rechnungen heftete, die sich ebenso unkontrolliert ansammelten, bis er sich mit ein paar Hunderttausend bei der Post in die Schlange stellte – Telefon, Gas, Strom, Kondominium und die Bußaufschläge für verspätete Zahlung. Mit dem stundenlangen Anstehen zwischen verschlampten Hausfrauen, die ihre Pastarezepte austauschten, zahlte Walter den Preis für sein hartnäckiges Weiterleben in dieser Stadt. Dafür hätte es ausgereicht, ihre Prominenten und ein paar ihrer Touristen an den Wochenenden auszunehmen. Trotzdem erschien er jeden Abend in der Corsia Agonale, um das Honorar zu scheffeln, das er seinem Ruf schuldig war, und kletterte jede Nacht von neuem die Treppen hoch, seinem Angsttraum entgegen. Denn ein noch schlimmerer Traum handelte von einem Sonnenlauf von Mittag bis Mittag allein in der ranzigen Plüschlandschaft, den Gespenstern ausgeliefert.

Heute brachte er gut fünfzehn Hunderttausender nach Hause – eine Million kam allein von Quistelli, die Summe, die im allgemeinen nur fällig war, wenn ein Ministerpräsident die Vertrauensfrage stellen und sich fragen musste, wie viele Stimmen er zu kaufen hatte, wahrlich eine Frage für Hellseher. Der Richter mit dem mürrischen, verfallenen Gesicht war spät erschienen und hatte Walter eine geschlagene Stunde beansprucht. Jede Karte hatte er dreimal umgedreht, als könnte er die Urteile des Schicksals über ihn manipulieren wie seine eigenen über andere. Dabei zeigten die Karten weniger das Bild eines Herrschsüchtigen als das eines Verbohrten. Und wieder hatten sie das Erwartete geliefert. Als Quistelli zuletzt den Turm aufdeckte, hatte Walter laut gelacht: Das Tarot war eine Patience geworden, die glatt aufging. In Quistellis Fall lagen die nahe Zukunft und das Ergebnis, der rechte Balken und die Schlusskarte des keltischen Kreuzes, nah beieinander. Walter hatte ihn eine Weile zappeln lassen. Wie es aussah, musste der Richter endgültig auf die Nase fliegen, wenn er nicht heute nacht noch fliegen lernte. Doch für ihn, Walter, sah es noch schlechter aus. Er war dazu da, Voraussagen aus den Karten zu lesen. Wenn er die Karten selbst voraussagen konnte, hatten sie ausgedient – und er mit ihnen. Seine Zukunft wäre vorbei.

Aber diese Gleichung ging nicht auf. Die Zukunft lag ja längst hinter ihm. Walter schaute auf sie zurück, und er sah diese Treppe, die er täglich heruntergestiegen war, um täglich wieder hinaufzusteigen, ein endloses Pendeln zwischen Tatort und Todesort, Ende und Ende. Immer schleppte er Geld herauf und manchmal einen bezahlten Liebhaber, der es wieder hinuntertrug. Nur eine Karte passte zu dieser ewigen Wiederkehr – das Schicksalsrad, die leere Nummer zehn. Jetzt aber hatte dieses geschlossene, zeitlose Bild einen Riss bekommen. Kaum hatte sich Andrzej zurückgezogen, waren unbekannte Ströme in die Lücke gefahren. Die Zeit war in Walters Dasein gesickert. Das bedeutete einen Anfang, und jeder Anfang war gefährlich. Die Gefahr hatte in der Luft gelegen. Inzwischen war der Scirocco abgeflaut, doch das Gefühl des Neuen war aufgegangen wie eine Blüte. Die Blüte auf dem Kapitol. Sie war giftig. Sie verführte ihn, an morgen zu denken. Auf etwas Unbekanntes zu hoffen, das einen anderen aus ihm machte. Das Ungewisse zu lieben. Leben zu wollen.

Deshalb waren die Karten verblasst. Sein Blick auf das Kommende trübte sich, weil er selbst zum kleinen, zukunftssüchtigen Narren wurde wie die Kunden, die seine Orakel kauften. Als Quistelli, ausgelaugt und grau im Gesicht, gegen Mitternacht abgezogen war, hatte sich ein junger Mann aufgedrängt, der vom Barocco herübergekommen und schon eine Weile um den Tisch herumgelungert war. Ein Deutscher – untersetzt, leichter Bauchansatz, eher Geschäftsmann als Tourist. Genau der Typ, der nichts vom Tarot hält und alles davon erwartet. Solche Leute wirkten stets, als würden sie zum ersten Mal in den Puff gehen: Sie kaschierten ihre Gier mit Geringschätzung und flatterten dabei vor Unsicherheit. Selbst wenn nicht schon ein großer Fisch im Netz gewesen wäre – der war kein Kandidat für eine letzte Sitzung. Während er zusammenpackte, ließ Walter ihn reden und fragte sich, wie ein nichtssagender Mensch eine so verführerisch weiche Stimme haben konnte. Er hatte noch nicht mal die Tischdecke zusammengelegt, da begriff er, dieser Mann war Lidias Besuch, der Journalist, der ihre Karten so aufgemischt hatte wie … wie der blauäugige Amerikaner mit dem keltischen Kreuz auf dem Rücken die seinen. Seine Karten? Welche Karten galten für ihn, Walter Haymon, den Wahrsager? Wie auch immer der Kerl ihn gefunden hatte – er hatte ihn mit Vergnügen abgewiesen. Als er Tisch und Stühle ins Barocco trug, verfolgte ihn der Zeitungsmann weiter. Er wollte ihn auf einen Drink einladen. *Drink.* Walter packte der Zorn. Er war kein Dealer, der seinen Stoff jedem anbot, der einen Kick brauchte. Er war Walter Haymon, der große Schamane. Also schickte er ihn zum Teufel. Schluss. Sie können morgen wiederkommen. Sollte er sich bis dahin überlegen, ob ihm wirklich an seiner Ware lag.

Jetzt ahnte er, dass es Neid gewesen war, verspäteter Neid auf die unbedarften Laufkunden, die keine Ahnung von seiner Kunst hatten, sondern nur von einer Ungewissheit erlöst werden wollten. Sie litten an der Krankheit, die er selbst vermisst hatte – einer, die so wach und lebendig machte, als würde fremdes, frisches Blut in ausgetrocknete Adern schießen. Walter wusste, dass er nicht schlafen würde. Statt bewusstlos in seine Angstträume zu fallen, würde er mit seiner Angst ins Bett gehen und eine leidenschaftliche Nacht mit ihr verbringen … Über dem dritten Stockwerk wurden die verdösten Stunden des vergangenen Morgens wieder lebendig. Er war zerschrammt und zerschlagen gewesen, die Hose am Knie zerrissen. Helm, Hut und Schuhe hatte er neben das Bett fallen lassen, dann hatte er im Anzug dagelegen und auf Andrzejs Racheauftritt gewartet. Doch obwohl seine Augen zufielen, erschien Andrzej nicht, und als die Sonne durch die Ritzen kam, öffnete er das Fenster; da war es ihm vorgekommen, als hätte er die ganze Nacht tief geschlafen.

Die Zukunft kam ihm entgegen. Auf den letzten Stufen spürte er, dass das Neue oben wartete. Er blieb auf der Schwelle stehen, Blick in das große Zimmer. Nichts. Nur seine eigenen Spuren, wie immer: Gläser, Zigarrenkippen, Krawatten, Morgenmantel, Zeitungen. Am Boden aufgeschlagen die Gelben Seiten und die Leopardi-Gedichte (*passero solitario, alla campagna / cantando vai finché non more il giorno:* Einsame Amsel, aufs Land fliegst du singend, bis der Tag stirbt), die Kleiderbürste und das Tischfeuerzeug in Form des Petersdoms, aus dessen Spitze keine Flamme mehr sprang. Kein Ort, an den er einen Schritt tun mochte. Als er es tat, rutschte er aus. Unter seinem Fuß lag eine Postkarte. Er hob sie von den Fliesen auf: Sonnenuntergang über der Engelsbrücke – und auf der Rückseite: *See you, Marc Aurel.* Unfrankiert. Unter der Tür durchgeschoben. Auch der kennt meine Adresse, dachte Walter, weiß der Henker, woher, und setzte sich auf den Bettrand. Drehte die Karte dreimal um, als hielte er ein Urteil in den Händen. Krampfte die Hand ins Laken. Sein Puls raste. Der kleine Kaiser. Endlich, endlich.

Er stand wieder auf, zündete das Licht am Tisch an, lehnte die Postkarte an den Lampenfuß und fing an, die Fläche leerzuräumen. Papiere, Geldscheine, Streichhölzer, Visitenkarten, die zerfledderte Göttliche Komödie, die er gestern wieder konsultiert hatte, Kondome, Stifte, das handgeschriebene Telefonbüchlein, ein Magnetspielzeug – der ganze Mist, bis auf einen Aschenbecher, landete auf dem Teppich. Er zog das Jackett aus und wühlte in den Taschen. Die Million warf er auf den Haufen, den Ausweis ließ er drin, dann setzte er sich mit dem Tarotblatt an den Tisch; stand wieder auf; holte ein Glas und eine Flasche Champagner aus der Küche und zündete sich eine Zigarre an. Blick auf das Pink und Lila des Sonnenuntergangs, fing er an, seine Karten zu mischen.

3.

Donnerstag, 1. August 1996
Ein dunkler Wald

ALS SIE AUFSTAND, fiel die Flasche neben dem Bett um, kullerte darunter, stieß gegen eine andere. In der späten Kühle war Lydia eingedämmert. Schlaf war es nicht gewesen, eher der Gang an einer Mauer entlang – sie schien endlos, die Mauer, die Nacht. Selbst dort, am Matratzenrand gegen die Wand gedrängt, hatte Lydia noch die Anwesenheit des Fremdkörpers im Rücken gespürt, den Kasten mit ihrer Stimme. Sie hatte ihn nicht mehr angerührt. Da stand er auf dem Tisch im vorderen Zimmer und reflektierte ein unsichtbares Licht. Dieses Licht hatte sie aufgestört. Es war neu. Sie schwankte, stützte sich auf den Tisch. Die kalten Teepfützen schwappten. Daneben der volle Aschenbecher, die zweite Weinflasche. Vorsichtig tastete sie sich durch die offene Balkontür nach draußen. Auf der Loggia umklammerte sie die Eisenstreben und lehnte sich, nackt wie sie war, in das warme Dunkel. Auf dem Grund der Nachtschwärze mischte sich die erste Morgendämmerung mit dem Streulicht der rosagetönten Straßenlaternen zu einem schweren, aber schon durchsichtigen Lila. Sie atmete gierig, als könnte sie diese Luft in sich aufbewahren.

Mit einem Mal eine Störung, ein geräuschloses Signal. In dem Haus auf der anderen Straßenseite flammte auf gleicher Höhe ein elektrisches Licht auf und erleuchtete eine Küche. Das mattweiße Rechteck schwamm im Dämmer wie eine Spiegelung auf ruhigem Wasser. Jemand bewegte sich darin, beugte sich über den Herd und drehte etwas in den Händen, die *Caffettiera*. Es sah aus wie eine Stummfilmszene auf einem fernen Bildschirm: Eine Frau im Nachthemd kochte Kaffee. Lydia hatte sie noch nie gesehen. Während sie zuschaute, wie ihr Gegenüber hantierte, verwandelte sich der samtige Rausch in einen römischen Morgen wie jeder andere. Eine Alchimistin, dachte Lydia. Die fremde Nachbarin verzauberte den Moment – man konnte »öffne dich« zu ihm sagen und durch die Mauer gehen. Das war eine Antwort. Auch wenn sie endlich ganz verschwunden wäre, würde alles unaufhörlich wieder anfangen und sich weiterbewegen. Eine kleine Unruhe erschütterte sie, etwas wie Sehnsucht nach Gegenwart, zurückgebogen auf diesen weichen lila Augenblick. Gab es das, Verlangen nach dem eigenen Dasein – so wie es ist, jetzt, an diesem Punkt? Natürlich, es hatte sogar einen sehr gewöhnlichen Namen: Glück. Lydia lächelte – das deutsche Wort war so kurz wie ein Taktschlag, ein bloßes Schaltgeräusch, ein Klick. Der Moment dehnte sich, Spuren von Tageslicht verdünnten das schimmernde Dunkel.

Klick, das Fenster drüben erlosch. Drinnen wartete das schwarze Gerät, die Black Box. Vielleicht war sie ja leer, genauso leer wie das Zimmer selbst. Von gestern war nur noch eine wirre Betäubung übrig – und die abweisende Ordnung im Raum. Fünf, sechs Mülltüten hatte der kleine Daniele abgeholt (und sie hatte trotzdem den Papierkorb vergessen). Nur der Stapel an der Wand war gewachsen. In der Küche klebten ihre Sohlen auf dem Boden. Teeblätter verstopften den Spülabfluss. Sie schraubte die *Caffettiera* auf. Der Wecker am Herd zeigte zwanzig nach fünf.

Während sie den braunen Pulverberg im Filtereinsatz aufhäufte, kehrte ein Nachtbild wieder. Caianiello saß neben ihr auf dem Sofa, er redete auf sie ein und drückte ihre beiden Hände, so fest, dass sie weh taten – und jetzt entdeckte sie, dieser kräftige Mann war Caianiello und war es nicht, er war auch der Journalist, Ansgar Weber, in einer anderen, begehrenswerten Gestalt. Sie hatte Leute gekannt, die über ihre Träume Buch führten, und Romanschriftsteller, die ihren Figuren lange, oft langweilige Träume zumuteten, die sauber von der Wirklichkeit dieser Figuren getrennt waren; dann erschienen die Traumgebilde als wahre, wilde Schöpfung, die noch den stumpfsten Schläfer zum Künstler machte. Dabei waren die Träume Kinder der Wirklichkeit, schamlose Kinder, die ausschwärmten und aufstöberten, was längst sichtbar war ... Im Traum war sie jung gewesen, und der Mann auf dem Sofa hatte mit seiner drängenden Geste etwas aus ihr herauspressen wollen. Die andere Lydia.

Das Lila des Himmels hatte sich in ein rosa schimmerndes Graublau aufgelöst. Noch war es kühl. Auch das Tonbandgerät zeigte die Zeit an, die Stunden von gestern, in grünen Leuchtziffern. Daneben die zweite Kassette, das Mikrophon und das Gestell, in dem es gesteckt hatte. Die Kaffeetasse in der Hand, drückte Lydia auf die PLAY-Taste. Sie lauschte im Stehen.

... merkt man es nicht. Aber mit der Zeit wird einem die Person unheimlich, die unter dem eigenen Namen in der Öffentlichkeit verkehrt. Sie bildete Eigenschaften aus, die mit mir nichts zu tun hatten: mutig, unbestechlich, unbequem ... In allen kleinen Leuten, die sich heimlich selbst verspotten, habe ich mich eher wiedererkannt als in dieser Gestalt. Weil sie mich um einen Kopf überragte, hat sie mir ständig über die Schulter geschaut. Erst in Rom fühlte ich mich sicher vor ihr. Aber dann hat sie mich auch hier entdeckt, in meiner Wohnung im Testaccio-Viertel. Sie saß mir am Tisch gegenüber ...

STOP. Die Stimme war brüchig – ganz anders als die geübten Sätze. Lydia setzte sich, der Sofabezug scheuerte an der nackten Haut. Keiner beobachtete sie. Der Journalist war weg, und diese andere gab es nicht mehr. Es war nur derselbe Tisch. Der einzige Gegenstand aus der Vorzeit. Er hatte sie aus München nach Rom begleitet, in das kleine quadratische Zimmer in der Via Zabaglia. Neues Rom, neue, ungeübte Sprache – durchlässig für anderen Sinn, Unsinn, Gegensinn. Neue Aussichten ... davon hätte sie sprechen können. Sie hätte den Blick auf die Robinie im Innenhof schildern können oder den auf die andere Seite, quer über die Straße auf den glatzenhaft kahlen Hügel. Da, am Küchentisch, konnte sie jeden Abend an dem Theater draußen teilhaben. Müßiges, hitziges Leben. Sie hätte beschreiben können, wie dieses Leben nach und nach mit den Nachbarn in die Wohnung kam, fröhliche Streitereien, die in Pathos umschlugen oder in Albernheit und immer wieder in dreiste Annäherungen. Wie auch dieses Spiel zum Wettkampf wurde, solange sie sich sträubte, Lidia *la bionda*. Wie sie sich daran gewöhnte, dass diese Leute dauernd ihre Positionen tauschten, als spielten sie nur, obwohl sie sich so kompromisslos gaben: der Polsterer und der Finanzpolizist, die Kosmetikerin vom *Studio Bellezza*, der schwule Straßenbahnschaffner, Anarchisten, Faschisten, Hausfrauen, Kriminelle, alles durcheinander. An Lydias Küchentisch redeten sie von früher – Geschichten von Rationierungen und Diebstählen, von Denunziationen, Verstecken und Razzien, von Folter. Nie begriff sie, wer von ihnen mehr gelitten und wer mehr profitiert hatte. Sie wurde mitgerissen. Mit Wein und unverschämten Fragen zwang man sie, das Stammeln zu verlernen. Auf Italienisch redete sie über Dinge, die im Deutschen unaussprechbar waren. Aber tagsüber drang der Geist der Küchenabende, dieser Widerspruchsgeist ins Hinterzimmer, wo sie in ihrer deutschen Geheimsprache schrieb. Lydia erfand eine Figur, die keine Fronten kennt, Kollaborateurin und Partisanin zugleich. Sie schrieb immer freier und rücksichtsloser. Die Ruinen, Dörfer, Mütter und Moorlandschaften waren weit weg, doch die neuen Kommandos konnte man bis nach Rom hören. Die Leichen waren beseitigt, jetzt beseitigte man die Geschichte. An dem runden Münchner Tisch schickte sie Fedora in den Kampf, eine Frau auf beiden Seiten; es war der zweite Roman, der einzige, der frei atmete ... Rom, als es neu war, lila Augenblicke ... Lydia spulte das Band vorwärts, schlang die Arme um den Bauch und horchte vorgebeugt, Blick auf die Knie, die knochigen Knie.

... angefangen, anders zu erzählen. Aber gleich der erste Roman hat mich wieder nach ... Deutschland zurückgeholt. Es war wie ein Experiment, mit dem Ergebnis, dass mein Schatten noch größer wurde. Und die Reisen noch länger. Trotzdem, jedesmal, wenn ich wieder nach Rom zurückkam ...

Mehr nicht. Die Flucht und den Grund der Flucht hatte sie ausgespart. Es war ja auch nur eine Legende, ein Skandal. Dieser Weber wusste natürlich vom Erfolg des Buchs und von der Andreasson-Geschichte, die darauf folgte. Aber sie hatte es an seinem Gesicht gesehen: Heute interessierte es niemanden mehr, welche Spiele damals gespielt wurden. Die Rezensenten hatten ihren Ärger über den neuen Krieg, den sie auf dem Papier entfacht hatte, mit großen Worten weggelobt. Sie erklärten die Agentin Fedora zur Heldin ihres eigenen Opportunismus: eine *schillernde Figur*. Die strenge Richterin Marin sei *geläutert und gereift*, schrieben sie, und sie äfften damit Ferdinand Andreasson nach, der die Ehrentitel als erster vergeben hatte: *Engel des Zweifels* für Fedora, und für Lydia: *Der blonde Unschuldsengel von damals.* Es war seine späte Rache für ihren Spott auf den Schriftstellerclub, der wie ein Phönix aus der Asche des Krieges gestiegen war. Die Rede vom »Heimatbund engagierter Dichter« hatte ihr Andreasson nie verziehen.

Sie hätte nicht zurückschlagen dürfen. Schuld daran war

ihr eigener blinder Fleck: Sich selbst hatte sie nicht gesehen, sondern nur auf das Nächstliegende geachtet. Keiner sprach mehr davon, dass Andreasson seine Zulassung als reinrassiger Schriftsteller erreicht hatte, indem er sich von seiner jüdischen Frau lossagte. Dreizehn Jahre war das damals her gewesen. Andere hatten die Konsequenzen zogen, die er in Kauf genommen hatte. Ferdinand Andreassons Schuld war groß – und als sie seine zweideutige Anerkennung vernahm, entdeckte Lydia ihre Genugtuung darüber, ohne zu merken, dass dieses Gefühl ebenso zweideutig war. Sie glaubte sich in Sicherheit, unverwundbar wie Fedora. Also sprach sie, starr vor Gerechtigkeitsgefühl, die Wahrheit in seiner eigenen Radiosendung aus: Andreassons geschiedene Frau war deportiert worden.

Da wuchs ihre eigene Schuld augenblicklich an. Nie, bis auf das eine, untilgbare Mal, hatte sie sich den Tätern so nah gefühlt. Einen Tag später begann die Heimholung. Selbst in Rom tauchten Landsleute auf, Journalisten und sogenannte Kollegen, und verdrängten die Italiener vom Küchentisch. Ein Buch, das eine *Kollektiventlastung* anbot, und eine Autorin, die als *Oberste Anklägerin* auftrat, wie passte das zusammen? Schuldige, Unschuldsengel, Richter, schillernde Figuren, plötzlich war ihr ausländischer Unterschlupf voll davon. Die Lydia Marin aus den Zeitungen saß ihr nicht *am Tisch gegenüber* – sie nahm ihren Platz ein. Furien. Sie verscheuchten sie aus der Via Zabaglia. Der Roman verkaufte sich wie warme Semmeln. Vermutlich war der Krieg erst da für sie zu Ende gegangen.

Lydia war halb eingenickt, jetzt öffnete sie die Augen. Im Halblicht strahlten ihre Schenkel weiß, gezeichnet von einer Landschaft aus Flecken und Aderlinien. Sie saß am selben Platz wie immer. Aber die Wohnung war nicht mehr dieselbe, seit sie diesen Journalisten eingelassen hatte. Sie war kein

Schutzraum mehr ... Der Krieg war ihr Schutzraum gewesen. Im Krieg schwieg sie und schrieb mit vollem Herzen über das Schweigen hinweg, das in dem Höllenlärm herrschte. Als er verstummte, kamen die Übriggebliebenen aus den Löchern und schwiegen insgeheim weiter, während sie wieder losplapperten. Auf einmal redeten alle ununterbrochen, das Volk und die Volksempfänger, und aus Lydia Marin wurde ein Name. Sie hatte diesem Namen nichts entgegengesetzt – bis heute.

Es war immer noch still draußen, die drohende Ruhe vor dem neuen Tag. Unmerklich war die gegenüberliegende Zimmerwand näher gerückt. Die für den Besuch aufgereihten Pflanzen standen auf der Kommode wie heimliche Zuschauer, die für ihn aufgeschichteten Bücher wirkten vorwurfsvoll. Zum ersten Mal hatte Lydia die unteren Schubladen wieder geöffnet, hatte überlegt, alles wegzuwerfen, Briefe, Zeitungsausschnitte, Fotos, Urkunden, und sich dann doch gescheut, das braune Papier anzufassen.

FAST FORWARD. Sie ließ das Band lange vorspulen. PLAY.

... empfinden Sie, wenn Sie das heutige Dasein mit ihrem Vorleben vergleichen?

Vielleicht bin ich erst wirklich geworden, als ich dieses Leben erfunden habe. Ich fühle mich weit mehr in Sicherheit, näher an der Kindheit, der Unwissenheit ...

STOP. Lydias Arm war vorgeschossen, Ascheflöckchen stoben auf. *Kindheit, Unwissenheit:* tote, auswendig gelernte Wörter. Sie hatte vor dem Fremden die Kinderreime vom Aufgeben und Aufhören aufgesagt, die verlogenen Verse von der seligen Unschuld. Seit Jahrzehnten saß sie in ihrem Gedächtniskäfig – und redete vom Vergessen. Es klang, als wäre sie im Jahr 1974 nach einer hektischen Zeit am Hof einfach in den Dornröschenschlaf gefallen. Ja, sie hatte diesen Journalisten mit dem Prinzen verwechselt. Und Ansgar Weber weckte sie auf, und der Koch gab dem Jungen eine Ohrfeige, und die Magd rupfte das Huhn weiter, und alles war wie vorher. Hundert Jahre Warten, nur um wieder als dieselbe aufzutreten – die alte, junge, falsche Lydia Marin.

REWIND. PLAY.

... den Mord und das Land, und meinte ...

STOP. REWIND. PLAY.

Ohne zu veröffentlichen?

Darum geht es ja. Ich habe mir den Weg abgeschnitten, um eine Sprache zu finden, die nicht auf die andere Seite schielt. Ich habe schon immer nur den heimlichen Worten vertraut. Das hat etwas mit meinen Anfängen zu tun, den Sprechverboten, Denkverboten. In dieser Umgebung hatte ich ja, seit ich denken konnte, mein Leben verbracht. Sie hat Anpassung verlangt, Unterordnung – eine gemeine, im doppelten Sinn gemeine Sprache. Deshalb sind die Worte ohne Leser und ohne Zuhörer meine Fremdsprache geworden. Als sie nach dem Krieg veröffentlicht wurden – zuerst die Geschichten und die Hörstücke –, da war es eine Weile lang wirklich so, als würde eine neue Sprache gesprochen. Ich schrieb den ersten Roman, über dieses Kind und seine Mutter, den Mord und das Land, und meinte, durch dieses Buch mit allen anderen reden zu können. Aber das war naiv. Es gibt keine Kunst in der Gesellschaft (bei »in« ging ihre Stimme hoch), *auch in dieser nicht. Vorher war das Schreiben von der Gesellschaft abgeschnitten, nachher ging es nur in der Entfernung von ihr. Der erste Schritt war Rom – der zweite: wieder Rom ...*

Diese Passage hatte sie gesucht. Hier hatte sie wieder die Bruchstelle gestreift, die Rückkehr zu ihrem deutschen Tatort zwischen Rom und Rom. Aber wieder kam nicht mehr als am Anfang des Interviews. Was hatte sie da gesagt? *Wenn ich nach Rom zurückkam, freute ich mich über den Klang meines Namens* – oder so ähnlich. Nein, sie kam nicht zurück, lange nicht, sie war wieder da, wo sie hingehörte. München 1957, da fing es an, mit Tabletten, verdämmerten Tagen, ungewaschenen Haaren und Kotzen, Essen, Kotzen. Als hätte sie das Wesen aushungern können, das nur dazu da war, die öffentliche Rede um Lydia Marin zu füttern; als hätte sie in die Anonymität zurückkriechen können wie in einen Mutterbauch (umso eher, als die Mutter in den ersten römischen Wochen gestorben war). Die Krankheitszeit bei ihrem Bruder war die Wiederkehr der Münchner Kellerzeit. Nur die Alarmsirenen fehlten, die Einschläge und die Gesichter der anderen Untergekrochenen. Da, im Krieg, hatte es ausgereicht, im funzligen Licht zwischen ihnen zu sitzen und sie mit unerwidertem Blick zu betrachten; es war wie Lesen, sie musste nur nacherzählen, was sie sah, und so genau wie möglich den Ausdruck der Wartenden beschreiben, wenn die Momente der Todesangst noch bevorstanden – eine stumpfe, nach rückwärts gerichtete Angst vor dem, was sie alle in den Bunker geführt hatte. Die angststarren Gesichter hatten Johannes' Gesicht verdrängt. Im Souterrain unter der Wohnung des Bruders, vierzehn Jahre später, erschien es wieder. Und in der Tür, täglich, das der Schwägerin mit der stummen Aufforderung, die Zuflucht zu verlassen. Dabei zahlte sie gut für ihr Versteck, solange die Gerüchte um ihre Krankheit die Tantiemen in die Höhe trieben. Als sie sich endlich ein Zimmer suchte, war es wieder in Rom.

PLAY.

Und der letzte Schritt war Ihr vorgeblicher Unfalltod?

STOP. Der Mann hinter dem Kasten war auf ihren Tod aus gewesen, nicht auf ihr Leben. *Vorleben* nannte er es. Er hielt es für bekannt. Für ihn war es nur der Prolog zu einem neuen, unbekannten Drama, *Nachleben* genannt – das Leben nach dem *letzten Schritt*. Von diesem Drama hatte er hören wollen, darauf hatte er so nervös, fast linkisch beharrt. Aber je weiter er in die Gegenwart vorgeprescht war, desto mehr war sie ausgewichen. Es gab ja niemanden, von dem sie hätte erzählen können. Es gab nur diese Bühne und das stumme Spiel einer Figur namens Lidia Marimpietro, die das Stück überlebt hatte: am Tisch, im Bett, in der Küche, trinkend und wartend. Dieses Geschöpf hatte kein eigenes Leben. Gestern hatte sie die Vergangenheit anders in den Blick nehmen wollen, aus der größtmöglichen Entfernung. Vom Standpunkt des Todes. Vom Standpunkt einer Verschwundenen. Doch als die Frage fiel – offenbar hatte sie die Stelle übersprungen –, da hatte sie es nicht über sich gebracht, vom unbekannten Vorleben der Lydia Marin zu sprechen, sondern alles für sich behalten. War das ihr letzter Schritt gewesen?

PLAY.

Es ist wohl immer noch zu früh, um vom letzten Schritt zu reden. Mein Unfalltod war der Abschied aus einer Lage, in der ich keinen unkommentierten Schritt mehr tun konnte. Ich war dankbar für die Ehrungen. Aber ich wollte nicht mehr erleben, wie meine Worte in der Öffentlichkeit vorgeführt wurden – eingekeilt zwischen den Worten, die sie darüber machten, solche wie »radikal« und »verstörend« undsoweiter, und denen, die sie dann von mir verlangten …

STOP. Da war sie wieder, die öffentliche Lydia Marin, die wandelnde Instanz, bescheiden, unbestechlich, und wies die Lorbeeren ab. Als seien ihre Bücher zu kostbar gewesen für diese Abnutzung. Im Gegenteil: sie waren unvollkommen. Mutlos. Aber wie mutlos musste man erst sein, um sie für *radikal* oder *verstörend* zu erklären! Es waren diese Wörter, die dabei abgenutzt wurden. Den Ausdruck *radikal* verwendeten die Kritiker, wenn sie sich unbehaglich fühlten, und *verstörend* – das bedeutete, sie kratzten sich, weil es sie im dicken Fell juckte. Den radikalen Roman hatte sie nie geschrieben.

FAST FORWARD. PLAY.

... viel gesagt worden über Ihre – Auswanderung. Die ja zunächst nicht so entschieden vonstattenging, sondern mit einigen Unterbrechungen. Es drängt sich ja auf, Ihren Entschluss, sich für offiziell tot erklären zu lassen, wie eine zweite Auswanderung zu betrachten. Eine endgültige. Was hat sie mit der ersten zu tun?

...

Sie horchte, nichts – und drückte die Stoptaste. Doch. Sie hörte, sie sah diesen Moment wieder: sich selbst, lauschend, ohne zuzuhören, und weiterlauschend, als er seine Frage zu Ende geführt hatte. Die Stimme war's. Webers Stimme war weich und tief, im Kontrast zu seiner Erscheinung, dieser beunruhigenden Mischung aus Schlaffheit und Verspannung. Sie hätte ihn erzählen hören mögen, nur wegen dieses Tons, so rein und voll, dass er jeden Zögernden locken konnte. Eine Rattenfängerstimme. Eine Orpheusstimme. Vielleicht war sie deshalb von ihrer Richtung abgekommen: als hätte sie ihm vertrauen und folgen wollen, bloß seine Aufmerksamkeit nicht erregen, einfach hinter ihm hergehen ... wozu? Nur, um sich eingesperrt wiederzufinden, diesmal endgültig.

Allein, nackt. Sie lief ins Schlafzimmer und wühlte den Taftunterrock aus dem Kleiderhaufen, er verfing sich im Antennendraht, der Stoffberg rutschte vom Fernsehgerät auf den Boden, neben die Weinpfütze. Die Zigaretten auf dem Kissen. Brandlöcher auf dem Laken. Wie grau es war. Sie riss es herunter, warf es über die Pfütze, wischte, schob es mit dem Fuß unters Bettgestell. Durch die dreckblinde Scheibe schien das dünne Morgenlicht, schon aufgehellt. Wieder und wieder und wieder ... Aber es war nicht irgendein Tag. Zurück im vorderen Zimmer, blieb sie vor der Waldbrücke stehen. Das Bild spiegelte. Es war der Tag danach, der Tag, an dem sie sich eingestehen musste, dass sie nicht mehr nach Deutschland zurückkonnte – es sei denn als kindische alte

Schauspielerin, die das Comeback mit ihrer Jungmädchenrolle erreichen will. Die Botschaften in der Black Box ließen nichts anderes zu. Die heile Lydia Marin war darin konserviert. Sie hatte ihr Bild nicht abgeschlossen, hatte dem Journalisten nicht die ganze Tote gegeben. Als er ihr die Frage gestellt hatte – eine gelangweilte Pflichtfrage in der ersten halben Stunde –, da hatte sie geredet, als sei sie schon immer eine Romanfigur gewesen. Sie setzte sich wieder auf den Sofarand, beugte sich über den Kasten, drückte die Rückspultaste und horchte lange auf das Summen.

PLAY.

... all die schrecklichen Dummheiten ...

REWIND. PLAY.

... Nazizeit erleben ist ein Ding der Unmöglichkeit – es sei denn, man wäre das Subjekt einer objektiven Geschichte ...

REWIND. PLAY.

Warum war es Ihnen so wichtig, sich von Deutschland abzuwenden? Hat es damit zu tun, wie Sie die Nazizeit erlebt haben?

FAST FORWARD. PLAY.

... wie an ein Buch, das ich gelesen habe – ein populäres Buch, das alle kennen, mit einer klaren, simplen Handlung. Immer geht es ums Ganze. Die Figuren darin sind keine eigenen, einzelnen Menschen, sondern Exemplare ihrer Zeit. Sie gehören entweder zu den Jägern oder zu den Gejagten. Mit einer kleinen Entscheidung verantworten sie Leben und Tod. Einen Alltag gibt es nicht, kein Geldverdienen, keine Liebschaften, auch keine verpasste Straßenbahn. Es gibt falsche Verzweiflung und richtige, falsche Freude und richtige. An diesem Buch haben alle geschrieben. Es ist unser Geschichtsbuch geworden. Die wirklichen Geschichten sind darin verlorengegangen. Ich konnte sie nur mit meinen eigenen Büchern wiederfinden. Ich sage Ihnen: Es steht alles drin.

STOP.

Lydia schaute wieder zu Johannes' Waldbrücke hoch, dann zu der großen Buche am Fluss. Draußen fuhren die ersten Autos.

»Es gibt einen Unterschied«, sagte sie laut.

Solange sie schrieb, hatte sie nach einer Sprache für ihre Zeit gesucht, nicht mehr und nicht weniger. Sie war daran gescheitert; deshalb das apostelhafte *Ich sage Ihnen*. Aber es gab einen Unterschied zwischen Lüge und Scheitern. Natürlich stand in den Büchern alles drin – aber keiner konnte es lesen. Das hatte Caianiello geahnt, obwohl er die ungeschriebene Geschichte nicht kannte. Niemand kannte sie, nicht einmal Johannes, nicht einmal sie selbst ...

Nur Rom, hatte sie gedacht, als sie wieder essen und schlafen gelernt hatte, würde ihr auch die Sprache wiedergeben können. Sie hatte den Arzt kennengelernt, sie war wieder hingereist, und er hatte ihr die Einzimmerwohnung im Monti-Viertel vermittelt, die ihr Rückzugsort wurde. An die Wand schrieb sie den Satz von Georg Büchner: *Das Gefühl, dass, was geschaffen sei, Leben habe, sei das einzige Kriterium in Kunstsachen*. Auch der half nicht. Seit dem Kriegsroman war das Papier resistent gegen ihre Schrift. Jahrelang schleppte sie Stapel falsch beschriebener Blätter zwischen München und Rom hin und her. Blätter, bedeckt mit glatten, kunstvollen Sätzen, die sie immer weiter aufrauhte, ohne dass sie zu sprechen anfingen. Endlich hatte Caianiello sie provoziert, es noch einmal neu zu versuchen. Er hatte ihr Unvermögen in ein Wort gefasst – ein Wort, das sie lange nicht verstand. Du bist ...

Tu sei una paraventa! Lydia schaute über die Schulter zu der Gestalt auf dem roten Sofa (das er gekauft hatte), halb verdeckt von dem trügerischen Fenster, durch das Caianiello sie betrachtete – ein *paravento*, eine spanische Wand. Hundertmal hatte sie ihn gefragt, was eine *paraventa* sei. Ein Vorwand? ein Deckmantel? eine, die nicht hier und nicht dort ist? *Una paraventa è una paraventa, basta.* Er hatte sie wieder zum Erzählen gebracht, drei Bücher, dreimal *für Arturo*, zweitausend Seiten. Dieser letzte Versuch war eine großangelegte Ausflucht. Obwohl die Trilogie von ihrem *früheren Dasein* handelte, war die Frühzeit auf keiner Seite wirklich zur Sprache gekommen. Sie hatte gekämpft und verloren, denn der Kampf hatte sich in einem wütenden Fleiß erschöpft. Es war ein Marathon, kein Sprung. Auch Caianiello hatte ihr nicht geglaubt, obwohl er ihr hatte glauben wollen. Als er den dritten Teil mitlas, war er schon krank, er malte nicht einmal mehr. Sie hatten Frieden gemacht, sie waren zusammengezogen. Als er nicht mehr gehen konnte, bestand er darauf zu heiraten, damit sie sein Vermögen erbte. Sein Sterben dauerte lange. Dann war er weg, und in die große Wohnung am Gianicolo zogen einer nach dem anderen die alten Toten ein. Sie hielt sich von ihnen fern, indem sie ihm hinterherschrieb, vom Ende her bis zum Anfang im Jahr 1958 (Johannes' Todesjahr, wie sie später erfuhr), ein Gesang auf den Arzt und die Stadt, sie schrieb langsam und geradliniger als je vorher. Dann fing sie an, weiter zurückzudenken. Und tat ihren ersten richtigen Sprung. Damit gab sie ihren Namen auf. Aber sie blieb die *paraventa*, so wie sie das Wort verstand: eine Verstellungskünstlerin.

Rufe draußen, das Morgengetümmel. Wie lange hatte sie dagesessen, auf den Kasten starrend? Lydia trat zum Schreibtisch, schaute auf das Fenster in der gegenüberliegenden Hauswand. Wie ein Negativ der Erscheinung des frühen Morgens war es jetzt ein dunkles Rechteck in heller Umgebung. Das erste Sonnenlicht lag auf der ockergelben Fassade wie ein frischer Anstrich. Erst als sie sich in der Küche wiederfand, spürte sie den Hunger, der sie umtrieb. Halb acht. Das Brot war hart. Kein Käse mehr, kein Obst, nichts, nur eine kleine Banane lag im Drahtkorb neben dem Glas mit den

Basilikumzweigen. Seit Tagen trieben sie Blüten, aber sie waren sowieso nur dazu da, um nach Basilikum zu riechen. Sie strich mit beiden Händen darüber und steckte die Nase in ihre Handflächen. Mit einer angebrochenen Schachtel *biscotti* ging sie ins Zimmer zurück. Die Kekse krümelten. Lydia legte die Beine auf das Polster, ein welkes Basilikumblatt hing an einer Fußsohle. Noch war Zeit.

PLAY.

Aber wie haben Sie gelebt?

So wie viele. Ich habe studiert, all die schrecklichen Dummheiten, die man uns damals beibrachte. Ich habe geschrieben, nur für mich. Mein Geld habe ich mit Drehbüchern verdient, bekanntlich ...

STOP. REWIND.

Sie griff nach der Kaffeetasse und trank den kalten Rest, dann nahm sie das Mikrophon vom Tisch und stoppte abermals das Band.

»Bekanntlich«, sagte sie in das Mikrophon.

REC, PLAY.

»Herr Weber, bekanntlich sind damals viele verschwunden. Ich war Studentin. Wenn ich versucht habe, mir ihre Gesichter vorzustellen, fielen mir immer nur Susi Ottenheimer und Helga Rosenfeld aus meiner Murnauer Mädchenklasse ein. Aber mir geht es um ein anderes Murnau, ein Ferienmurnau. Es geht um Bilder mit einfarbigen Flächen und einfachen Dingen, so wie Haus, Weg, Baum, Berg, See, Wolke. Sogar die dunklen Farben haben geleuchtet, als wären hinter den Leinwänden Lichter angezündet. Es gab noch andere Bilder. Auf denen waren die Formen aufgelöst, und die Farben haben verrückt gespielt. Auch diese Bilder waren Verschwundene. Sie waren im Keller versteckt.«

STOP. Lydia legte das Mikrophon auf den Tisch und stand auf.

»Herr Ortsgruppenleiter«, sagte sie auf dem Weg ins Schlafzimmer, »es ist das verkommene Haus am Hügel, direkt über der Bahnlinie«, sie nahm die MS-Schachtel vom Kopfkissen, »die Wände im Keller sind keine Wände, sondern Stellwände, aber nennen Sie meinen Namen nicht, darum muss ich dringend bitten«, sie lief ins vordere Zimmer zurück, »die Bilder dahinter werden Sie interessieren«, sie setzte sich auf das Sofa, zündete eine Zigarette an und nahm das Mikrophon wieder auf.

REC, PLAY.

»Niemand durfte sie sehen, nur ich und Johannes. Oben malte Gabriele Blumen, nur noch Blumen. Ich war Johannes kurz vor meinem Umzug nach Wien begegnet. Wintersemester 1937, im Café Simpl. Johannes war ein schlechter Künstler. Und ein guter Kunstkenner. Der Ausstellung entarteter Kunst ist er durchs ganze Reich hinterhergereist. Wegen ihm habe ich in München die Straßenbahn zu meiner Zwischenprüfung verpasst. Mit ihm habe ich in Wien die Begrüßung des Führers auf dem Heldenplatz verschlafen. Das war drei Tage, nachdem der Zug, mit dem Johannes nach Bratislava gefahren war, auf offener Strecke angehalten wurde; vier Männer und eine Frau haben sie herausgeholt. Da hatte ich ihn zum Bahnhof gebracht. Auf dem Rückweg habe ich zum ersten Mal die Verschwundenen gesehen – in einer Lücke zwischen lauter lachenden, brüllenden Zuschauern. Sie putzten den Boden mit unsichtbaren Bürsten unter den Händen. Ich bin nicht stehengeblieben. Das war alles. Alles, was ich für diese Leute getan habe. Es gab dieses Bild und seine Wiederholungen, und es gab Johannes, sonst nichts.

Für Johannes bin ich von Wien wieder nach München zurückgegangen. Er hat mir die Honorararbeit bei der Bavaria vermittelt, ich habe ihm Murnau und meine beiden Mütter gezeigt. Er wusste, welche die bessere war. Von da an war er nicht mehr zwischen den großen Städten unterwegs, sondern zwischen München und Murnau. Und irgendwann nur noch zwischen dem Keller und der Veranda von Gabrieles Villa. Er hat die Bilder gesichtet und archiviert. Bis ich erkannte, was sich wirklich veränderte, hat es lange gedauert. Erst ist aus dem Geliebten ein Vater geworden, dann aus dem Vater der Geliebte von Gabriele. Da war ich vierundzwanzig, Johannes zweiundvierzig und Gabriele dreiundfünfzig Jahre alt – noch älter als meine Mutter in der Ladenwohnung am Bahnhof. Meine Mutter hasste das Malerhaus, seitdem die Russen dort ein- und ausgegangen waren. Johannes ist in die Russenvilla gezogen und geblieben. Genug Gründe, zu gehen und diesen Ort und diesen Mann und diese Frauen nie mehr wiedersehen zu wollen. Aber ich habe es anders versucht.

Ich bin nicht zum Ortsgruppenleiter gegangen. Ich habe es Johannes vorher angekündigt, und er ist hinter mir hergelaufen. Vor der Tür der Dienststelle hat er mir versprochen, Gabriele zu verlassen. Eineinhalb Jahre lang habe ich die Drohung aufrechterhalten, obwohl ich wusste, dass sie sich sahen, wenn ich in München an der Uni war. Dort haben die zwei Geschwister ein Jahr nach meinem Examen die Flugblätter in die Aula gelegt. Ein paar Tage später wurden sie geköpft – zusammen mit Christoph aus Murnau. Er war zwei Jahre jünger als ich. Gewesen. Am Tag danach haben mich Johannes und Gabriele eingeladen und mir erklärt, dass sie ein Paar geblieben waren und bleiben würden. Dann haben sie den Spieß umgedreht. Ich hatte einen Wunsch frei. Ich habe mir Johannes' Bilder gewünscht.«

STOP.

Ihr Mund war trocken. Sie ließ das Band zurückspulen. Es summte, während sie über den Flur zum Bad ging. Sie schaute in den Spiegel. Nichts hatte sich verändert. Ihre Haare zeigten einen schiefen Schlafschwung, am Scheitel aufgetürmt, an der Seite abstehend. Im Waschbecken lag die schwarze Kette. Sie trank Wasser aus dem Hahn. Ein Kassiber. Der Journalist würde ihn mitnehmen und veröffentlichen. Man würde sie zurückholen wollen; sie konnte ja sagen, sie konnte nein sagen. In der Küche nahm sie die Banane aus dem Drahtkorb. Zehn vor neun.

Doch, etwas hatte sich verändert. Sie musste nicht mehr schreiben.

Noch lag die Loggia im Schatten. Es war warm geworden. Der Himmel war wolkenlos, aber diesig und immer noch nicht zur vollen Taghelle ausgebleicht. Der Scirocco war vorbei. Nebenan rückte Signor Piccioli seine Blumentöpfe, stieß an die Plexiglaswand. Sie schälte die Banane bis auf einen Kranz, die Enden lappten über ihre Hand, und beugte sich über die Balkonbrüstung. Vor dem ersten Biss zögerte sie. Unten kam Ellinor aus der Bar, eine Papiertüte in der Hand. Lydia schaute ihr nach, wie sie schräg über den Vorplatz lief, sie schaute noch, als Ellinor längst im Supermarkt verschwunden war und sie die Banane aufgegessen hatte. Warum war Ellinor in Rom? Ellinor war genauso jung wie sie selbst, als sie Johannes kannte. Es musste einen Grund geben. Irgendeine Geschichte, die Ellinor nicht hatte erzählen wollen. Und Lydia fiel ein, dass auch sie einkaufen musste, Wein, Brot, Zigaretten …

Drinnen legte sie die Bananenschale auf den Tisch; sie sah aus wie eine uralte Verwandte des spinnenartigen, zusammengeklappten Mikrophonständers. Sie brauchte nichts mehr anzuhören, weder das zweite Band noch die neuen Worte. Sie wusste, was sie bedeuteten: ein Geständnis. Ein Skandal. Das Kabel lief zur Ecke an der Schlafzimmertür – ein Wunder, dass sie noch nicht darüber gestolpert war. Mit einem Ruck zog sie daran. Ein Scheppern antwortete: Der

Stapel gerahmter Fotos, den sie gestern vom Regalbrett genommen hatte, war umgefallen. Sie lagen wie aufgeblättert, eine Zufallskombination von Postkartenmomenten, die sie einen nach dem anderen aufhob und wieder übereinanderlegte – ein Schwarzweißfoto des Schildkrötenbrunnens, Gabriele Münters *Gelbes Haus mit Apfelbaum*, das letzte Porträt ihres Vaters in Uniform von 1916, Caianiello im Liegestuhl, ein Standfoto aus Antonionis *La notte*, ein Detail von Apoll und Daphne – das hatte oben gelegen und geklirrt, aber das Glas war intakt, mit einer Staubschicht drauf. Lydia pustete darüber. Es hatte sie immer gewundert, wie schön Apollo war, ungeheuer jung und so harmlos, und sie hatte nie eine Antwort auf die Frage gefunden, woher die Panik in Daphnes Gesicht kam: ob es die Angst vor dem Verfolger war oder die vor der Verwandlung in einen Lorbeerbaum, dem Festwurzeln, Erstarren.

Warum hatte sie dieses Interview gegeben? Plötzlich schien ihr, dass die Frage nach dem Grund von Daphnes Angst dieselbe war. Ja, sie, die verschollene Lydia Marin, hatte den Eindringling gefürchtet, die Verfolgung – und das Zurückbleiben danach. Aber vielleicht war die Antwort umgekehrt, und die Angst war ein Wunsch, das Erstarren eine Lösung. Ein Wurzelschlagen im Augenblick. Das hieße, Daphne hatte den rasenden Wettlauf durch den Wald genossen – und am Ende die Gegenwart eingeholt ... Lydia legte den Stapel ins Fach zurück und zog den Stecker aus der Wand. Vielleicht hatte sie den ungelenken Verführer eingelassen, um endlich in ihrem *Nachleben* anzukommen. Staubmäuse schwirrten unterm Regal hervor. »Was ist so schlimm daran, wenn etwas in Bewegung kommt?« hatte Walter sie gefragt, als er das Hufeisen für sie legte, und als sie die Karten aufdeckte – an den äußeren Enden die Liebenden und der Teufel, in der Mitte der Wagen –, da hatte er gelacht: »Wahl. Verlust. Übergang. Was will man mehr?« Es war das erste Mal, dass er die Deutung so schnöde benannte, resigniert wirkte er und dabei so ausgelassen, wie sie ihn noch nie erlebt hatte. »Nimm es als Experiment, meinetwegen als Mutprobe«, hatte er abschließend gesagt, »aber denk dran: Man muss nicht alles riskieren. Ein Sprungbrett kann auch für den Ausblick gut sein.« Es klang, als spräche er von sich selbst.

Ein einziges Mal war sie gesprungen. Als sie sich zum Gehen entschlossen hatte, da hatte sie es noch hochtrabend Exil genannt. Aber die ins Exil gehen, tun es aus Not und fast immer überstürzt; wer nur Tarnung sucht, hat meistens eine bequeme Reise. Sie wusste nicht, zu welchen sie gehörte, zu den Flüchtlingen oder zu den Überläufern. Im selben Jahr war Walter an der Piazza Navona aufgetaucht und hatte die ganze Welt zum entfremdeten Wesen erklärt. Er redete von Verbannung, nach seinem ewigen Dante. Wenn er Lydia in eins seiner geheimen Nobelrestaurants einlud, versäumte er nie, sein Tischgebet zu sprechen: *»Du wirst erfahren, wie das Brot der Fremde / gar salzig schmeckt und welche harten Stufen / auf fremden Treppen auf- und abzusteigen ...«*

Die Sonne hatte die Balkonbrüstung erreicht, die Eisenstreben blitzten, bald würden sie handwarm werden, dann heiß. Umso dämmriger wirkte jetzt das Zimmer. Johannes' Bilder, dieses vergangene dunkle Walddeutschland, führten wie Fenster in eine andere Dämmerung. Diese Durchgänge musste sie nehmen, um ins Leben einzutreten. »Schreib den Exilroman, schreib über deine Katastrophe, schreib deine eigene Komödie«, hatte Walter damals gesagt, »denk dran, wir werden hier sterben.« Jahrzehntelang hatte sie es versucht und keine Worte gefunden. Das Schweigen hatte sich nicht überbrücken lassen. Vielleicht gab es keine Brücke. Und vielleicht war das der Roman, der Roman über das, was fehlt. Ein Roman ohne Worte. Auf dem Sofa steckte sie sich eine Zigarette an und legte den Streichholzbrief auf das Tonbandgerät. Er war fast leer. Streichhölzer, auch Streichhölzer musste sie kaufen.

HEUTE NACHMITTAG! Ansgar hätte sie alle anschreien mögen – die über ihren Cappuccinotassen rauchenden und schwatzenden Frauen, von denen man nicht wusste, ob es Nutten oder Hausfrauen waren, und den Tattergreis am kurzen Tresenende, der Alkohol trank wie er und der ihn ununterbrochen anstarrte, ihn, den blöden Deutschen. Zum vierten Mal innerhalb der letzten drei Minuten schaute er auf die Uhr. Pünktlich war er gewesen, aber sie war ihm zuvorgekommen. Er ballte die Hand um das Papierknäuel in der Hosentasche, *Bitte kommen Sie heute nachmittag wieder. Es ist etwas dazwischengekommen. Lidia Marimpietro,* ordinärer blauer Kugelschreiber, steile Schrift. Wenn wenigstens der Barmann von gestern da gewesen wäre, *it is my last day in Hollywood,* ihn hätte er fragen können. Vielleicht war sie heute schon aufgetaucht und hatte irgendein Wort fallengelassen, irgendein Zeichen gegeben. Die Kleine hinterm Tresen wirkte mit ihren schläfrigen, blasierten Bewegungen wenig auskunftsfreudig.

Acht Minuten nach elf. Sollte er bis heute nachmittag auf diesem Posten ausharren und den Platz im Auge behalten, damit sie ihm nicht entkam? Dumme Idee. Wahrscheinlich saß sie oben in ihrer Wohnung und kam mit der Technik nicht zurecht. Er hätte darauf bestehen sollen, in den vierten Stock hinaufzugehen. Die Portiersfrau hatte ihn mit ihrem Mop fast aus der Tür gefegt. *No lo so, no lo so,* nichts als diese Kindersilben hatte er aus ihr herausgebracht. Ellinor. Ellinor musste ihm helfen, sie musste mit, sofort. Es war noch zu früh für die Mittagsverabredung, aber wenn er hier wartete, würde er noch einen Martini trinken. Sein Magen war leer. Er hatte verschlafen; nachts hatten ihn die Möwen wieder geweckt, die Möwen und ihr Spott über seine Nervosität, die nach dem Besuch bei dem Kartenleger groteske Ausmaße angenommen hatte. Eine beschämende Abfuhr. Und jetzt das. Das Schlimmste war, dass ihm die nachträgliche Bestätigung seiner Angstphantasien eine resignierte Genugtuung bereitete – es war eingetroffen, womit er gerechnet hatte.

Nur, da war die Wut. Als er über den freien Platz auf die Ladenzeile und die Einmündung von Ellinors Gasse zuging, den Kopf zu dem Hausklotz zurückdrehte und die Stockwerke zählte, spürte Ansgar, wie ihn Lydia von ihrem Versteck aus dirigierte – ohne dass er wusste, wo in der gleichförmigen Geschosszeile ihre Zelle lag; er konnte sich nicht mehr vorstellen, in welche Richtung der Korridor im Innern verlief. Er presste das Papierbällchen in der Hosentasche zusammen. Vom Schweiß war es ganz weich geworden. Am liebsten hätte er es auf den Boden geworfen, unter ihren Augen, die da wahrscheinlich von der Loggia zu ihm herunterspähten. Er bog in Ellinors Gasse ein – sie fiel ein wenig ab; ein Motorroller schoss ihm entgegen und umrundete ihn mit einem knappen Schlenker – und blieb im Mauerschatten stehen. Gegenüber führte ein offenes Gittertor unter einem Durchgang auf einen kleinen geteerten Hof, der nochmals abfiel. Ansgar erinnerte sich an den Baum, der aus dem Asphalt wuchs, an die Souterrainfenster dicht am Boden und den Hauseingang am Ende. *Ellinor Just,* das Schildchen war sauber gedruckt. Es dauerte eine Weile, bis die Tür aufsprang – noch erwartete sie ihn nicht.

Aber sie freute sich.

»Hey, wie sieht es aus!?« rief sie ihm vom Treppenabsatz entgegen, in einer seltsamen Haltung – den Kopf schief gelegt, beide Hände an einem Ohr. Diesmal sah sie aus wie diese römischen Vorstadtmädchen, mit Jeans und Spaghettiträgerhemd, und als sie ihn umarmte, klapperte ein langer Ohrring aus türkisgrünen Emailleplättchen in ihrer Hand. Der andere berührte kalt seine Wange.

»Espresso? Cappuccino? Ich hab sogar deutschen Filterkaffee.«

»Schlecht sieht es aus.« Ansgar breitete die Arme aus und wies mit dem Kopf auf seine Hüfte, an der bei ihrem Spaziergang der Recorder gebaumelt hatte. »Sie wollte das Tonband bis heute behalten, und jetzt hat sie mich versetzt.« Der Kontrast zwischen Ellinors Fröhlichkeit und dieser Feststellung war so niederschmetternd, dass er ein Weinen aufsteigen fühlte. Doch sie blieb unbeeindruckt. Sie lachte sogar, und er wusste nicht, ob ihn das beruhigen durfte.

»Komm rein. Du wolltest es jetzt abholen?«

Er setzte sich an den Küchentisch und erzählte. Die hübsche, lichte Ordnung berührte ihn nicht, das offene Fenster, die Wäsche im Hof dahinter. Er strich das zerknüllte Papier glatt und starrte auf die Buchstaben, als sähe er sie zum ersten Mal; dann nahm er einen Schluck aus der Tasse, die Ellinor vor ihn hinstellte, und las vor. Laut gesprochen, schienen ihm die Worte plötzlich harmloser. Er wartete eine Sekunde, dann sagte er: »Die Alte hat mich betrogen.«

»Quatsch. Sie ist aufgeregt, versteh das doch.« Ellinor stellte einen Topf auf die Gasflamme, griff nach einem Schneebesen und hob mit einem fragenden Blick die Milchtüte vom Tisch. Er nahm sie ihr aus der Hand und goss sich ein – keine Lust auf dieses italienische Getue. »Lass ihr doch die Zeit«, sagte sie. »Erstmal frühstücken wir. Frische *cornetti* aus der Bar, *panini,* Schinken, Käse ...«

Er schaute zu ihr hoch. Unter besseren Umständen hätte er diese schwesterliche Fürsorge genossen. »Nachher. Ich muss sofort nochmal hin, mit dir. Du musst mit der komischen Concierge reden. Diese Blockwarte wissen doch über alles Bescheid.«

»Ansgar«, sagte Ellinor ironisch gedehnt, und er ahnte, dass sie Spaß an ihrer Überlegenheit hatte. Das kam ihm entgegen.

»Bitte. Ich bin schließlich auch aufgeregt ...«

»Aber wieso denn?«

»... es würde mich einfach erleichtern.«

Sie ließ sich schnell überreden. Fast zu schnell, denn eigentlich war ihm Ellinors Widerstand willkommen gewesen – als Beweis, dass sie Lydias Hinhalten nicht beängstigend fand. Wie sie die Tasse absetzte, den Schlüssel aus dem Türschloss zog und ihn hinausschob, waren ihre Bewegungen fast hektisch. Sie lief im Treppenhaus vor ihm her. Im Hof grüßte sie einen Nachbarn, der ihr hinterherschaute, und an der Ecke zum Platz winkte ihr ein gedrungener Mann und wandte sich dann stolz seinen Kumpels zu. Sie erregte Aufsehen – eine Studentin aus Deutschland ... Erst auf Höhe der Hollywood-Bar schaute sie sich nach ihm um und fragte:

»Wie ist es denn gelaufen, das Interview?«

Ihre Beiläufigkeit steigerte seine Unruhe. Vielleicht unterschätzte Ellinor die ganze Aktion, unterschätzte den Gefallen, den sie ihm getan hatte – ebenso wie jetzt die Gefahr.

»Gut ist es gelaufen, gut, gut!« Er war laut geworden; erschrocken versuchte er, den eigenen Ton umzudeuten, indem er im Gehen seine Hand kurz auf ihre glatte, magere Schulter fallen ließ und lächelte. Sie lächelte zurück.

»Willst du mit rein?«

Im Hauseingang drückte Ellinor mit einer einzigen routinierten Geste auf einen Außenschalter und gegen die summende Tür. Zum dritten Mal betrat Ansgar die kühle Eingangshalle. Keiner da. Ellinor seufzte. Sie steuerte auf die Portierswohnung zu und klopfte an die geschlossene Tür.

»Signora?«

Sie klingelte; nichts; sie legte das Ohr an die Tür. »Weg«, sagte sie. Im selben Moment ertönte neben Ansgar das elektrische Summen. Hinter der Scheibe erschien, Plastiktüten in beiden Händen, die Concierge und stieß die Tür mit der Schulter auf. Im Vorbeigehen warf sie ihm wortlos einen Blick zu, durchquerte die Halle und setzte die Tüten neben Ellinor ab.

»Mi scusi, Signora«, sagte Ellinor. Von seinem Platz aus verfolgte Ansgar das Frage- und Antwortspiel, Ellinors umständliche Erklärungen und die ungeduldigen Repliken, und registrierte, dass die Frau den Abschiedsgruß nicht erwiderte, als sie sich über das Türschloss beugte und Ellinor sich abwandte.

»Mein Gott, ist die genervt«, sagte sie draußen. »Sie tut, als würde Lydia ihr gehören. Na ja. Lydia hat mal erzählt, ihr ist der Mann weggelaufen, und sie ist allein mit ihrem Sohn, dieser kleinen Bestie. Lydia mag ihn. Sie gibt ihm immer ein paar hundert Lire, dafür trägt er ihr den Müll runter.«

»Und?«

»Also, den Zettel hat Lydia ihr gegeben, kurz bevor du kamst, und ist dann wieder hochgefahren. Ob sie danach weggegangen ist, weiß die Frau auch nicht. Jedenfalls hat sie extra mit der Nachricht auf dich gewartet. Direkt nachdem du da warst, ist sie selber rausgegangen, zum Einkaufen.« Ellinor grinste. »Da hat sie dich in die Bar gehen sehen, meinte sie.«

»Schau an, ich werde kontrolliert.« Er wurde ruhiger; es schien, als könne hier nichts Ungewöhnliches geschehen, jedenfalls nicht unbemerkt. Zugleich sehnte er sich heftig danach, diesem Viertel endlich den Rücken zuzukehren, für immer. Wieder durchquerten sie die palavernden Gruppen am Rand des Platzes. Vor einem Pizzaimbiss hatte sich eine

Schlange gebildet, Mütter drückten ihren Kindern die halb in Papier eingeschlagenen Stücke in die Hand. Gut, er würde bei Ellinor warten. Er hatte Hunger. »Also Frühstück?«

Jetzt strahlte ihn Ellinor an. Schlüsselklappernd rannte sie ihm voraus, in den Hof hinunter.

NEW YORK VIELLEICHT, oder ein Hotel am Strand mitten in der Stadt, Nizza, Havanna. Eine Polizeisirene zog durch seinen Kopf, eine fremdartige Melodie, auf- und abblendend, und wieder Stille. Diese Tiefe, diese Ferne konnte überall sein, und er war mittendrin, ein Punkt, so groß wie die Welt. Er atmete flach, um die Schwere zu behalten, geborgen im heißen Bauch der Stadt. Ein Regen fiel in der Hitze, stark und gleichmäßig. Durst hatte er. Nur nicht bewegen, dachte er und bewegte die Beine. Eine schwere, klebrige Feuchtigkeit umhüllte seine Haut. Er streckte den Arm, zog den Lakenstoff mit und spürte etwas weich Kratzendes am Handrücken. Hamburg. Nein, Rom. Das Gästezimmer? Er öffnete halb die Lider und sah die Farbe der Morgendämmerung auf dem Bett, aber es war ein Halbschatten, der Streifen auf seinem Arm bildete. Sein ganzer Körper war schweißnass. Er hob den Kopf. Neben seiner Hand lag der kleine gelbe Stofftiger von Ellinor, und über den Flur drang das Rauschen der Dusche. Sie hatten zusammen geschlafen, um Himmels willen, und dann war er in dieses Koma gefallen. Die Armbanduhr lag am Matratzenrand, Ellinor selbst hatte sie ihm abgenommen: viertel nach drei. Ansgar ließ den Kopf zurückfallen und drehte sich auf den Rücken. Was bedeutet eigentlich *heute nachmittag*? Damit hatte es angefangen.

Heute nachmittag heißt zwischen vier und fünf, hatte Ellinor gesagt. Der Nachmittag fängt um drei an, hatte er dagegengehalten. Sie: halb fünf. Drei, er wieder. Und sie: Der italienische Nachmittag beginnt nach der Mittagspause, und die endet im Sommer um fünf. Das ist der Abend, hatte er behauptet. Ellinor fing an zu kichern, keine Ahnung hast du. Irgendwann hatte er eingewilligt, bis vier Uhr zu warten. Aber vorher wollte er noch einmal vorbeigehen, auf Verdacht, und oben klopfen. Falls Lydia es sich anders überlegt hatte. Das Ding endlich loswerden wollte. Ellinor hatte ihn ausgelacht: Als ob das einen Unterschied machen würde. Er spürte, dass sie ihn reizen, festhalten wollte, ein nervendes Kind, und tatsächlich, als er in den Flur ging, stellte sie sich mit ausgebreiteten Armen vor die Wohnungstür. Er fasste nach der Klinke, sie packte seine Hand, sie fingen an zu rangeln, irgendwann hatte er sie im Arm, und seine Gereiztheit floss ungebremst in eine Hingabe an den Reiz dieses aggressiv gespannten Körpers über. Jetzt, den Blick auf die Zimmerdecke gerichtet, sah Ansgar sich selbst von oben in diesem schnellen, gierigen Tanz, Ellinors helle Gliedmaßen, die auf- und abtauchten wie an einer Wasseroberfläche, ihre rötlichen Haare und die türkisgrünen Ohrringe auf dem weißen Untergrund. Warum war er so empfänglich gewesen? Weil es nicht erst da angefangen hatte, sondern früher, viel früher. Er hätte es schon ahnen können, als er sich in der Wohnung (vielmehr in dem einzigen Zimmer) umsah und den gelben Tiger entdeckte, der ihm aus dem teilzeitgenutzten Tochterzimmer in Pauls Wohnung in Erinnerung war – spätestens aber, als Ellinor am Küchentisch sagte, wie verknallt sie damals, mit siebzehn, in ihn gewesen sei. Genau genommen lag der Anfang also vor fünf Jahren. Da war sie längst über das Stofftieralter hinaus gewesen. Ich weiß gar nicht, ob du eigentlich alt oder jung bist, hatte sie vorhin zu ihm gesagt. Genau dasselbe hätte er von ihr sagen können. Er wusste nur, dass er zu alt war, um sich mit ihr abzugeben, und zu jung, um sich auf junge Mädchen zu stürzen.

Er schloss die Augen wieder. Aufstehen, einen Schluck

Wasser trinken, die Wohnung verlassen, am besten, ehe Ellinor aus der Dusche kam, und über den Platz zu Lydias *palazzo* laufen – wie schwach diese Aufforderungen waren, wie fern, und wie nah die Verführung, die feuchten Glieder auszustrecken und wieder in der Betäubung zu versinken, in dem fremdschönen Irgendwo mit seiner leicht aufdringlichen Wärme, seinen ortlosen Geräuschen – eine Ahnung von Ferien, mehr noch: Vergessen, oder noch mehr: Dasein, so etwas wie New York eben, wo er ein Ellinorleben geführt hatte. New York war ihm auf die Pelle gerückt. Er hatte die Unsicherheit genossen, aufzuwachen und nicht zu wissen wo, diese Zeit, in der alles, auch er selbst, ein Versuch war. Eine sehr kurze Zeit. Viel zu schnell hatte er dafür gesorgt, dass aus den Experimenten Pläne wurden. Die Zielgerichtetheit war geradezu sein Markenzeichen geworden. Alt war er, vielleicht war er immer alt gewesen ... Das Duschgeprassel setzte aus. Ansgar rollte zur Seite und zupfte die Zigaretten aus seiner Hose am Fußboden. Über ihr eigenes Lebensalter hatte Ellinor etwas Merkwürdiges gesagt. Ihr war aufgefallen, dass sie genauso alt war wie Lydias Inkognitodasein hier im Pigneto. Das hieß, Ellinors Leben hatte die Dauer eines Versuchs. Und obwohl sie eine höhere Tochter war, experimentierte sie selbst, so gut es ging. Deshalb hatte sie die berühmte Alte entdeckt. Für Ellinor war das Interview ein Experiment. Für ihn: ein Plan, eine Notwendigkeit sogar. Deshalb nahm sie so leicht, was ihm todernst war.

»Seit wann rauchst du eigentlich wieder?«

Oder nicht? dachte er plötzlich. Vielleicht war Lydia auch für Ellinor Teil eines Plans, eines, der mit ihm zu tun hatte, ja, sogar diese verdammte Verzögerung. Mit dem Blick folgte er Ellinor, wie sie in einem schwarzweißen, japanisch wirkenden Hemd neben dem Bett auftauchte, auf das jalousienverhängte Fenster zuging und erst auf der Kommode herumsuchte, die davor stand, dann auf dem langen und schmalen, mit Büchern vollgestellten Schreibtisch an der Wand. Das ganze Zimmer war in einer malerischen, kramigen Unordnung.

»Seit gestern.«

Sie setzte sich neben ihn und reichte ihm einen kleinen Glaszylinder, wie man ihn für Teelichte braucht, als Aschenbecher. Das Hemd war ein kurzer Morgenmantel, mit einem Gürtel zugebunden. Er musste los. Aber so abrupt durfte er nicht gehen.

»Weißt du, dass das Priebke-Urteil heute abend eine Menge Aufregung verursacht?« fragte sie. »Heute früh haben sie in der Bar davon geredet.« Und nach einer kleinen Pause: »Gestern hat mich ein Kommilitone – ein netter übrigens – *nazista* genannt. Und gegrinst.«

»Und du?«

»Vaffanculo.« Sie grinste selbst.

Er brauchte gar nicht mehr hinzugehen, zumal wenn er das Tonband hatte. Es reichte, heute abend dieses Treffen der Prozessteilnehmer zu besuchen, mit Tiziana zu reden und den Miniartikel daraus zu basteln. Ellinor musste das nicht wissen. Aber sie dachte mit.

»Und du musst nur das Fax mit dem Artikel an Papa schicken?«

Ansgar nickte. »Sag mal«, er stützte sich auf und drückte die Kippe in dem Teelichtglas aus, »du hast ihm doch wirklich nichts von Lydia erzählt?«

»Bist du verrückt!«

»Entschuldige.«

»Lydia ist unsere«, sagte Ellinor. »Ausgerechnet Paul ... Wahnsinn wäre das. Keiner darf was wissen, bis das Interview raus ist. Ich hab's ihr versprochen.« Sie schwieg, streckte den Fuß aus und schob geistesabwesend seine Hose auf dem

Fliesenboden hin und her. Wieder erklang draußen, weit weg, die Polizeisirene, die ihn an eine amerikanische Krimiserie erinnerte, obwohl sie nicht jaulte, sondern trällerte, tief tönte, wieder trällerte. Ellinor stützte die Arme hinter sich auf die Matratze und lehnte sich zurück. »Wann fliegst du morgen?«

Darum ging es. Abschied. »Nachmittags«, sagte er – es klang wie eine Zweideutigkeit. »Um halb fünf will ich am Termini sein. Der Flug geht um halb sieben.«

»Termini?« Ellinor lachte. »Von Ostiense fahren sie öfter und schneller, und es ist billiger ...«

»Billiger ist egal.«

»Aber warum musst du eigentlich morgen zurück? Morgen ist Freitag. Deinen Job hast du gemacht. Du könntest hierbleiben, abhängen, die Aufnahme transkribieren. Beate könntest du vergessen. Und Papa wäre der letzte, der was dagegen einzuwenden hätte.« Sie verzog den Mund und klimperte mit den Lidern ihrer weit auseinanderstehenden Augen. »Die Ewige Stadt!« äffte sie Paul nach.

Ein freies Wochenende im Pigneto, improvisiert, in einer Studentenwohnung zusammen mit dieser fremd gewordenen kleinen Schwester, die so anschmiegsam war und so nüchtern ... In seinem Kopf rollten die Gedanken rückwärts. Beate fuhr aufs Land, sie musste nichts von Ellinor erfahren, ebenso wenig wie Paul. So leicht war es, in einen Ausnahmezustand überzutreten. Er schaute auf die Uhr und setzte sich auf.

»Viertel vor vier«, sagte er. »Ich gehe jetzt rüber, und dann muss ich zum Gericht. Und deine Idee, weißt du«, er beugte sich hinunter und küsste sie auf den Arm, direkt in die zarte Ellenbogenbeuge, »die kommt ein bisschen plötzlich. Aber ich finde sie gut. Ich rufe dich an, spätestens morgen früh.«

Sie nickte und stand auf. Sie fragte nicht, ob sie ihn noch

einmal zu Lydia begleiten sollte. Während er sich anzog, stand sie vor der Kommode und schaute durch die Lamellen der Jalousie. Schattenstreifen strichen ihren Oberkörper durch, den schwarzweißen Kinderkimono.

»Wie stellst du dir deine Zukunft vor?« Sie schaute über die Schulter und lächelte ihr altklug wissendes Lächeln. »Frauen fragen.«

»Puh. Ich glaube, das muss ich mir noch überlegen.«

Ellinor drehte sich wieder zum Fenster. Er sah, dass sie ganz leicht den Kopf schüttelte.

»Und du?«

»Ich will mir das Überlegen gerade abgewöhnen. Hinschauen, was von selber kommt.«

Diese Mischung aus Naivität und Lebensweisheit – etwas wie Rührung schwappte in ihm hoch. Vielleicht war er noch imstande, sich in sie zu verlieben. Er trat hinter sie, legte das Kinn auf ihre Schulter und kreuzte die Arme über ihrer Brust. »Verrücktes Huhn«, sagte er laut in ihr Ohr. Die Plastikohrringe waren weg.

In der Tür küsste sie ihn auf den Mund.

»Viel Glück.«

»Ich melde mich«, sagte er.

Sie schloss die Tür hinter ihm, und da, allein mit ihrem letzten Wort, empfand er Scham – er hätte sich bei ihr bedanken müssen, für Lydia, für die Hilfe und das Frühstück, für ihren Mut und jetzt für diesen leichten Abschied. Auf dem nächsten Treppenabsatz schlug das weiche Gefühl um. Draußen wartete eine Katastrophe. Sein Herz fing an zu rasen, er rannte die Stufen hinunter.

»È USCITA.«

Die Frau rief es hinter ihm her. Er war Richtung Aufzug an ihr vorbeigestürmt, jetzt hielt er an. Sie stand in der offenen

Seitentür zu ihrer Wohnung. *Uscita,* das Wort, das an allen Ausgängen stand – ausgeflogen also. Er lief ein paar Schritte zurück. »Recorder!« rief er.

Die Concierge starrte ihn an.

»Recorder, tape, box«, mit den Händen beschrieb er den Kasten, den Riemen an der Schulter.

»Niente, niente.«

»Paper?« Er zog den zerknitterten Zettel aus der Tasche, faltete ihn auseinander, hielt ihn ihr vors Gesicht.

»No messaggio.« Sie zuckte mit den Schultern und schaute ihn an. *»Mi dispiace«*, fügte sie hinzu und machte im selben Moment eine drohende Scheuchbewegung zum Eingang, wo ihr kleiner Sohn von draußen die Nase an die Scheibe drückte.

»Okay.« Er drehte sich um und lief zum Aufzug zurück. Als er den Knopf drückte, ging das Ding sofort auf.

»Signore!« Er achtete nicht auf sie. Drinnen drehte er seinem Spiegelbild den Rücken zu und atmete tief. Zwei, drei, vier. Unendlich langsam öffnete sich die Wand. Hitze im Korridor. Er setzte einen Schritt vor den anderen wie jemand, der keine Eile hat. Die Klingel der 31 schrillte ärmlich. Er klopfte, klingelte wieder, wartete, klopfte. Kein Geräusch im Innern. Keine Chance.

Ellinor, dachte er beim Hinunterfahren. Erst Ellinor, dann die Hollywood-Bar. Oder die Polizei. Vielleicht war Lydia krank, tot. Nein, sie war ausgegangen. Diesmal würde er sie abpassen. Als er ausstieg, sah er zuerst, dass die Tür zur Portierswohnung geschlossen war. Dann den Jungen: Er stand zwischen dem Aufzug und dem Treppenaufgang dahinter.

»Signore, Signore«, flüsterte er im Räuber-und-Gendarm-Ton und wedelte in einer kindlich eckigen Bewegung mit der Hand. *»Vieni. Spazzatura.«* Als Ansgar ihn ratlos ansah, griff er nach seinem Hemdärmel und zeigte zum Ausgang. Ansgar

ließ sich mitziehen und durch die Glastür schieben. *»Avanti, avanti«*, sagte der Junge draußen laut, jetzt im Befehlston seiner Mutter, und rannte los.

Ansgar folgte ihm an der schattigen Seitenfront des *palazzo* entlang und fand den Jungen in einer Mauerbucht. Er war auf einen von mehreren großen Müllcontainern geklettert, saß mit den Beinen nach außen am Rand und stemmte mit der linken Hand geschickt den Schiebedeckel auf, während er sich weit in die Tiefe hinabbeugte. Nach einer Weile erschien erst sein Kopf, dann seine Rechte mit einer transparenten grünen Plastiktüte. *»Eccolo«*, sagte er und sprang. Der Deckel rollte scheppernd zu.

Ansgar kniete sich neben ihn. Die Tüte war offen. Obenauf lag eine Pappschachtel, sonniges Ocker und Gelb, mit stilisierten Keksringen und weißer Aufschrift: *Frollini fior di panna.*

»Non sono biscotti«, sagte der Junge und hob ihm die Schachtel entgegen. Ansgar griff danach, er nahm den Schmorgeruch wahr, doch der Junge wollte die Schachtel selbst öffnen.

»Vedi«, sagte er triumphierend.

Er wusste es sofort. Schwarzbraunes, verschmolzenes Geringel. Der Schlag, der Einschlag des Endes – der Bänder, des Interviews, der Zukunft – traf ihn so unfehlbar, dass der Rest nur noch müde Vergewisserung war. Ein Griff, und er erkannte an den unversehrten Segmenten die Breite des Magnetbands wieder, erkannte unter dem Gekröse die beiden schwarzen, aufgeknackten Kassetten, den Schriftzug *DAT Audio 120*. In seiner Hand, unter seinen Augen verfielen im Zeitraffer die aufgezeichneten Stunden. Die Teekringel auf dem Tisch. Der Fleck an Lydias Kragen. Das wandernde Nachmittagslicht, all die Worte. Irgendwann schaute er auf. Der Junge sah ihm erwartungsvoll ins Gesicht.

»Signora«, bekräftigte er, *»Signora Lidia, lì, in casa.«*

»Sì«, sagte Ansgar zu ihm, wie im Schlaf. *»Bene, grazie.«*

Und er stand auf, die Keksschachtel in der Hand. Ihm war schwindlig. Unter seinen Augen tanzte der Wirbel im schwarzen Haarpelz des Jungen, der jetzt den Kopf schief legte und die Hand aufhielt. Kleiner böser Freund.

»Momento.« Ansgar wiederholte die Geste, mit der er die Form des Geräts umschrieben hatte. *»Recorder?«* fragte er und setzte neu an: *»Re ... registratore?«* Das war das Wort. Er sprach italienisch.

»Registratore, no«, antwortete der Junge, zog die Schultern unter die Ohren und hob theatralisch die Arme. Dann zeigte er wieder auf die Schachtel. *»Solo il nastro e le cassette.«*

Ansgar klemmte die Schachtel unter die Achsel, hob die Tüte auf und warf sie in den Container zurück. Wie schwer der Deckel war. Dann zog er das Portemonnaie aus der Hosentasche und gab dem Kind einen Fünftausendlireschein. Der Kleine krallte die Linke um das Geld, ließ sie hinterm Rücken verschwinden und hielt ihm die Rechte hin.

»Io Daniele.«

»Io Ansgar.« Er ergriff die winzige feste Hand.

»Ansch-ga. Piacere.«

»Piacere«, wiederholte Ansgar. Er setzte sich langsam in Bewegung, Fuß vor Fuß, und ging im Takt der Wörter die Länge des Gebäudes entlang, *registratore, piacere, cassette, Daniele,* am Eingang vorbei, und erst an der Ecke schaute er sich um. Der Junge stand noch immer im Schatten der Hausmauer, sehr klein, und winkte. Ansgar winkte nicht zurück. Der Platz war wieder ausgestorben, die Sonne stach.

ER LIEF IMMER GERADEAUS, über den Platz, vorbei an Ellinors Haus und die Gasse hinunter, die nach zwei Quergassen keine Abzweigung mehr zeigte. Es war ihm recht. Er lief. Das war alles. Er sah die kleinen verwitterten Häuser mit wilden Gartenflecken davor und die höheren mit Rohren und Drähten, löchrigem Putz und wellblechgedeckten Anbauten. Er las unzählige Buchstabenreihen an den Fassaden, *Vendesi, Caffè Romanello, Spazio disponibile, Via Braccio da Montone, Lunedì chiuso, Algida, Si prega di lasciare libero il passaggio, W l'anarchismo.* Zugleich sah er nichts und las nichts, nur seine Augen waren unablässig damit beschäftigt, die Umgebung abzutasten, lauter zusammenhanglose Dinge, die sein gedankenleeres Gehirn erfasste, ohne sie zu erkennen, ein kaputter Sessel in einer Einfahrt, ein aus dem Trottoir wachsender Trinkbrunnen. Unter einer verrotteten Pergola stand ein Steintisch mit vielen quietschbunten Plastiktieren darauf, an einem runden Schild mit dem roten Symbol eines Telefonhörers hing ein nasser Overall, der in eine Pfütze tropfte. Kaum ein Mensch war unterwegs. Ab und zu ein Motorroller. Einmal musste er sich an die Seite drücken, um einem Auto auszuweichen. Es war still. Eine Stille wie ein ruhiges Bild, das aus lauter unsichtbaren Pünktchen zusammengesetzt ist, die beim Annähern anfangen zu schillern und zu tanzen. Er fühlte, wie der körnige Untergrund des Bildes allmählich hervortrat, noch bevor er von weitem die Mündung der Gasse einsehen konnte und der Verkehrslärm hereinströmte. Er war vielleicht einen halben Kilometer gelaufen, als er am Rand einer breiten Ausfallstraße ankam.

Eine Weile lang blieb er stehen und setzte fasziniert das neue, viel mächtigere Bild zusammen. Aus der Mitte der beiden mehrspurigen Fahrbahnen hoben sich direkt vor seinen Augen zwei Asphaltbänder, die auf der Flucht ins Stadtinnere auf immer höheren Pfeilern schräg emporwuchsen, bis sie ein weiteres Straßendoppel in der Luft bildeten und das untere in ihren Schatten tauchten. Auf der gegenüberliegenden Seite wurde ein hoher Häuserblock von einem Brachfeld abgelöst, auf dem sich die Vorzeit breitmachte – eine verlorene Provinz zwischen Beton und Blei. Hinter den rostigen Leitplanken, Hochleitungs- und Laternenpfählen erhob sich das runde Steinmassiv einer antiken Festung, gemauert und doch auf halbem Weg zum Naturzustand, der Form eines rohen, erdbraunen Felsens. Eine Flaumschicht aus schütterem braungrünem Gras ließ den bröckelnden Klotz in der heißen Luft schillern. Ansgar folgte der Ausfallstraße nach links. Langsam hob sich die Zwillingsschanze der Hochstraße, Autos donnerten auf Fuß- und Augenhöhe an ihm vorbei. Er passierte ein paar düstere Häuserburgen, vor denen dünne Pinienstämme aus dem Teer wuchsen, bis der Straßenrand abgeschnitten wurde, weil das zweistöckige Asphaltband als Brücke über die Gleisstränge führte, in der Luft schwebend, und er sich eng an dem Betongeländer über der Schlucht entlangfädeln musste.

Er lief eingehüllt in die heißen Abgase und den breiigen Lärm, in dem Luft und Boden vibrierten, als bebten die Säulen unter dem Gewicht der Hochstraße, deren parallele Unterseiten gefährlich schmal wirkten, wie Schiffskiele. Der Verkehr hallte im zugigen Dunkel, und trotzdem unterschied Ansgar darin irgendwann ein mechanisches Rattern; eine alte Oberleitungsbahn überholte ihn. Eine Haltestelle sah er nicht. Also blieb er am Rand, im Licht, bis auch hier Schatten fiel, der Schatten schmutziger, verwahrloster Wohnblocks. Er zählte die Stockwerke, fünf bis zur Höhe des Betonfließbands, fünf darüber. Auf der anderen Straßenseite fiel die Sonne auf niedrige Lagerhallen, zwischen denen er in der Ferne wieder Gleise entdeckte, flache Gleisfelder bis zum Horizont.

Die Gleise von Termini.

Mit einem Mal sah er sich selbst auf dem Stadtplan, den er am Morgen noch bei Beate studiert hatte, sah sich winzig am

Rand großer weißer Flecken vorwärtskrabbeln, auf das Gleisbündel zu, das sich als stumpfer Keil ins Kästchengewirr der Stadt grub und vom roten Balken des Bahnhofsgebäudes abgeschnitten wurde. Seine Füße schmerzten. Trotzdem wäre er gern endlos weitergelaufen. Es lag ja nichts mehr vor ihm. Aber der Plan in seinem Kopf, dieses Bild der Stadt, die ihn wieder einsog, ließ sich nicht mehr abschütteln. Mit jedem Meter gewann sein verschwommenes Inneres deutlichere Züge und Konturen, kehrte die Schärfe des Bewusstseins zurück und mit ihr die grausame Logik seines Zustandes, Baustein um Baustein. Er registrierte die Schachtel mit den Tonbändern, die er an seine Rippen gedrückt hielt; fast hätte er sie fallen gelassen, doch der Stadtplanblick kehrte den Schock ins Komische – ein Mann lief mit einer Keksschachtel an einer brüllenden, verrotteten Straßenschneise entlang. Über einer Kreuzung trennten sich die beiden Straßen in der Höhe, sie verzweigten sich und vereinigten sich mit anderen, von den Seiten herankurvenden Asphaltbahnen. Am Boden ein grauer Säulenwald. Noch vor der Gabelung erkannte er die gelben Haltestellenschilder und überquerte die Auswärtsspur. Ein einziger Mann stand auf der Verkehrsinsel. Ansgar legte den Kopf in den Nacken und spähte zwischen den singenden, übereinandergestaffelten Betonschlaufen auf ein Himmelsdreieck.

»Termini?« fragte er den Mann, als das orangefarbene Blechgehäuse heranrumpelte; der nickte und schob seine Sonnenbrille zurecht, als traue er seinen Augen nicht. Ansgar zog die eigene aus der Hemdtasche und setzte den Grünfilter auf – noch ein Baustein. Allmählich fügte sich die Welt wieder zusammen. In der Straßenbahn legte er die Schachtel auf seinen Schoß, das Gefährt schob sich in die Kurve, es zog unter den Riesenschleifen vorbei, und er erkannte die Ruinenlandschaft mit den antiken Torbogenfragmenten wieder, die

Stelle, wo auf seinem ersten Weg zu Lydia der Tumult entstanden war, als ein Mann aus dem Bus geworfen wurde. Ansgar kniff die Lider zusammen. So unerreichbar weit die Szene zurücklag, so gegenwärtig war plötzlich der leere Blick des Mannes, die ohnmächtige Entblößung – als ereignete sich der Moment erst jetzt, diese Begegnung mit einem, der von allem befreit war. Als die Bahn an der Schmalseite des Bahnhofsgebäudes hielt, fand Ansgar den letzten Baustein. Auf dem Weg über den Vorplatz stieß er auf einen großen, abgedeckten Betonmülleimer. Er drückte die Schachtel in den Schlitz. Dann ging er langsam an den Bussteigen entlang und prüfte die Schilder. Der Himmel war wieder klar geworden. Der Platz schwebte im Licht. Eine tiefere Sonne färbte die Wände des weiten Rechtecks mit einer transparenten Rosenfarbe, unirdisch wie das Blau, das sie überspannte.

DIE ENDSTATION LAG MITTEN IM ZENTRUM, irgendwo zwischen Beate und der Piazza Navona. Der Stadtplan in seinem Innern gab ihm die Richtung, und Ansgar versuchte, sie zu halten, während er kreuz und quer lief – nur scheinbar hier, unterwegs in diesen Gassen. Er bewegte sich wie eingegossen in ein starres Element, durchsichtig, aber undurchlässig wie Plexiglas. Ab und zu erkannte er Ausschnitte wieder, die er zusammen mit Ellinor, mit Gianluca gesehen hatte, damals, hinter der Zeitgrenze, in einer anderen Stadt. Das hier war nur ein Abbild der Umgebung von gestern und vorgestern, eine Märchenansicht mit Alltagsanstrich. Das einzige, was die Kulisse durchdrang, war der wilde Blick des Ausgestoßenen, der ihn so verspätet getroffen hatte. Als sei dieser Moment das einzige Erlebnis der vergangenen Tage, das der Erinnerung wert war, begleitete er ihn durch die Häuserlandschaft mit ihren Signalpunkten, Via del Corso, Marc-Aurel-Säule, die antike Börse, das Pantheon und die graue Fassade des Barocktempels, durch dessen Seiteneingang er vorgestern hinter Ellinor ins Dunkle geschlüpft war – eine Kirche, die Caravaggio-Kirche. Der Aufruhr in der Kapelle.

Mit einem Mal wusste er, was er zu tun hatte: Er wollte den Kahlkopf und den Jungen mit dem schwarzen Schopf wiedersehen, den Zöllner Matthäus. Dieser seltsame Patron würde ihm auf die Sprünge helfen. Plötzlich war das künstliche Glas zersprungen, die Straße hinter Ansgars Rücken stank und brauste wieder, und er stieg die Stufen hoch, drückte die Klinke, lehnte sich gegen die Tür. Der Widerstand traf ihn wie eine Beleidigung. Das Ding war zu. Ein Schild bekräftigte es: CHIESA SAN LUIGI DEI FRANCESI – CHIUSO GIOVEDÌ, JEUDI FERMÉ. War es wirklich Donnerstag? Er schaute auf seine Armbanduhr, doch das Handgelenk war nackt, und er sah sie – sah die Uhr auf Ellinors Bett liegen. Die Stadt verhöhnte ihn. Er war ihr wieder ausgesetzt, mittendrin – und draußen. Wie dieses arme Schwein, das man aus dem Bus geworfen hatte.

Er setzte sich auf die heißen Stufen, sein Zwerchfell hüpfte: ein Schluchzen. Tränen in der Nase, hinter der Sonnenbrille. Er stützte die Ellenbogen auf die Knie, die Wangen in die Hände und atmete heftig, Blick auf die Füße der Passanten, atmete die Abgase und dachte an Matthäus da hinter ihm im Dunkeln, allein in der letzten Ecke der Kirche. Was hatten die drei Bilder gezeigt? *Morte Sicura.* Er griff in die Hosentasche. Die Zigarette half. Hatte er nicht vorgestern lauter Schreckmomente wahrgenommen, dort in der Nische? Der Junge am Tisch: Das war der Ruf. Der Alte an seinem Schreibpult, wie er hochfuhr: die Eingebung. Und dann der Märtyrer kurz vor der Exekution, die Hand nach der Hand des Engels ausgestreckt – oder nein, nach einem Zweig, den ihm der Engel entgegenstreckte. Die Rettung. Er lag am Boden, aber noch war nicht alles entschieden. Ansgar ließ die Kippe zwischen seine Knie fallen, stand auf und zerdrückte sie unter der Sohle. Es gab einen letzten Strohhalm: zwei Ecken weiter.

ER FAND DEN WAHRSAGER in heller Aufregung. Schon beim ersten Schritt in das Arkadengässchen sah er den Mann mit dem schwarzen Hut auf seinem Stuhl zwischen den Zuschauern gestikulieren, im Hintergrund die Piazza, und hörte einen lauten Wortwechsel – französisch, wie ihm schien. Die elegante Frau, die vor dem Kartenleger stand, eine kleine weiße Handtasche mit beiden Händen auf dem Tisch festhaltend, wandte sich, während Ansgar näher kam, auf einmal ab und floh auf hohen Schuhen ins Lichtbad des Platzes.

»Aujourd'hui c'est gratuit pour toutes les putains! C'est mon jour de chance!« rief ihr der Kartenleger nach; seine hohe Stimme rasselte. Glückstag? Er erließ ihr das Geld, er beschimpfte sie als Hure … Ansgar schaute der schmalen Silhouette nach, war das nicht wieder die Französin aus der Kirche? Der Sitzende klatschte hart in die Hände und wechselte ins Italienische.

»Vieni qua! Ragazzo! Sì, con te sto parlando!« Er hielt mit einem Mal einen Geldschein zwischen den Fingern und winkte damit wie mit einem Taschentuch.

»Doppio caffé!«

An der Ecke stand ein dunkelhäutiger Mann, einer der fliegenden Verkäufer, und hob die Hand. Im selben Moment fiel der Blick des Wahrsagers auf Ansgar.

»Portamene due!« schrie er. Und ließ die Hände auf die Schenkel in verwaschenen Nadelstreifen fallen: »Setzen Sie sich.«

Der Campingstuhl war unbequem, zur Lehne hin abschüssig, so dass Ansgar auf der Kante kippeln musste, um nicht nach hinten zu rutschen. Auf seine Knie lappte der Saum der Tischdecke, schmutzig, mit verwaschenem Palmettenmuster. Ein Haufen verdeckter Karten lag auf dem Tisch, eine halbe Zigarre und eine große schwarzgerandete Brille. Aus den brillenlosen Augen betrachtete ihn der Kartenleger. Sie lagen wie graue Murmeln in den Mulden unter den Brauenbögen. Ansgar hielt dem Blick unter der Hutkrempe mühsam stand. Der Mann war auf seinem Regiestuhl in eine lauernde, schlangenhafte Starre verfallen, und als er den Mund wieder auftat, bewegte sich nichts sonst, nicht einmal die Lider.

»Wie darf ich Sie nennen?«

»Ansgar ... Keller.« Ansgar ahmte die Bewegungslosigkeit nach – wie in einem Duell. Oder war er schon gelähmt?

»Ansgar. Aha. Keller. Ich darf es mir wohl aussuchen.« Sein Gegenüber hob das Kinn und lachte, der Adamsapfel hüpfte unter der faltigen Haut; ruckartig beugte er sich vor und fragte mit leiser, trockener Stimme:

»Und der Herr Vater hat sich früh davongemacht?«

Ansgar wich vor dem abgestandenen Geruch zurück, Zigarre und einsame Haut und ein penetrantes Überbleibsel von Rasier- oder Mundwasser; er fühlte, dass er blass geworden war. Trotz der Wärme wäre er am liebsten aufgestanden und aus dem Schatten der Arkaden getreten, so kalt wehte ihn die Aura dieses Menschen an. Ein Zauberer.

»Also sitzt er seitdem im Keller.« Jetzt entblößte der Mann nur die Zähne. Das Lächeln war erschreckend künstlich. Ein echter Falschspieler, dachte Ansgar und schluckte. Neben ihm tauchte der Dunkelhäutige auf. Er stellte zwei Plastikbecher auf den Tisch und streckte die Hand aus.

»Kennen Sie das neueste Spielzeug?« Der Zauberer wedelte mit dem Schein. *»Dagli uno«,* sagte er zu dem Mann. Über Ansgars Kopf stob das bekannte schnarrende Geräusch auf, brach ab, und die dunkle Hand legte ein schlüpfriges Ding neben seinem Espresso ab: zwei aneinanderklebende, glänzend polierte Metallkörper in geschmeidiger ovaler Form, bohnengroß. Die Hand ergriff den Geldschein, der Mann verschwand. Ansgar wog den Zwilling in der Hand. Leise klackten die beiden Ovale – es waren Magneten. Als er sie hochschnellen ließ, drehten sie sich zitternd um ihre Mittelachse, ohne voneinander loszukommen, und ließen dabei das Schnarren hören, das ihn gestern abend umgeben hatte. Er fing sie auf.

»Ein komischer Vogel, nicht? Vielleicht können Sie ihn brauchen.«

»Ihre Hilfe brauche ich.«

»Ich bin etwas teurer.«

»Wie viel?«

»Fünfzig die kurze Beratung mit fünf Karten, hundert die grobe mit zehn und die ausführliche ab zweihundert. Nach oben keine Grenze.«

Ansgar rieb die Metallbohnen aneinander, sie knirschten, und der Widerstand vibrierte in seiner Handfläche. Er steckte die Magneten in die Hosentasche. Etwas mehr als hunderttausend Lire hatte er dabei.

»Und Sie behaupten, Sie könnten herausfinden, was auf mich zukommt?«

»Ich behaupte gar nichts.« Die Schlange zischte. »Sie sind hier, weil Sie sich in die Karten schauen lassen wollen. Und ich lese die Karten. Ihre Karten. Dafür bezahlen Sie mich.«

Mit der flachen Hand schlug der Zauberer auf den Haufen. Lang und knotig, mit einem Siegelring am Zeigefinger, blieb sie auf den schwarzen Rechtecken mit weißem Rand liegen. Wahrscheinlich konnte er durch die Pappe hindurchsehen. Ansgar würde nicht mal auf der Bildseite etwas erkennen können.

»Entscheiden Sie sich. Es ist Ihr letzter Tag.«

Ansgar fühlte einen weichen Schwindel. Ihm war, als liefe er auf eine Ziellinie zu, aber in der falschen Richtung, zum Start. Und doch eine völlig unbekannte Strecke. Jetzt sah er, dass sich eine Traube um sie gebildet hatte, so dicht, dass sich die Vordersten an den Tischrand drückten. Er guckte ihnen in den Schritt, sie wollten ihm in die Karten gucken, und noch lieber hätten sie an seiner Stelle gesessen. Wie hatte er es überhaupt geschafft, auf diesen Stuhl zu kommen? Ganz klar, er war herausgefischt worden. Der Wahrsager wusste nicht nur – er wollte etwas von ihm.

»Gut«, sagte er, »ich nehme zehn.«

Der Zauberer zeigte seine falschen Zähne, beugte sich vor und schob die Karten zusammen. Als sie in drei Stapel geteilt waren, leerte er seinen Plastikbecher, setzte die Brille auf die Nase und steckte den Zigarrenstummel zwischen die Lippen. Dann begann er, den ersten Stapel zu mischen. Die Karten tanzten in seinen Händen.

DIESER MANN WAR HIER AM FALSCHEN PLATZ. Es brauchte kein keltisches Kreuz, um das zu erkennen. Ein Blick in das unfertige Gesicht reichte aus, ein Blick in die verschreckten Kinderaugen, die hinter den verschlossenen Zügen hervorlugten wie aus den Löchern einer Maske – und es war klar, wohin er gehörte. Den gleichen halb hilflosen, halb trotzigen Ausdruck hatten Di Rezze und Quistelli hierhergetragen, als sie um ihre Rolle in dem Herrenreiterprozess pokerten. Denen stand allerdings der Papa im Blick, der Tyrann, der ihn stets an die dunkle Pfütze erinnerte, während ihn dieser hier aus Augen anstarrte, wie sie Walter aus dem Spiegel entgegenschauten: Waisenaugen. Da hatte er ins Schwarze getroffen. In einer halben Stunde begann die Urteilsverkündung. Deshalb, nicht wegen Lidia war der Herr

Keller aus Deutschland gekommen. Die Stadt war voll von ausländischen Journalisten, alle mit demselben Ziel, aber nur den einen hatte es an seinen Tisch getrieben. Der Mann hätte längst auf dem Weg zum Gericht sein müssen. Was hatte er hier zu suchen?

Geld hatte Walter an diesem Nachmittag nur wenig eingenommen; dafür traktierte er die Leute voller Angriffslust. In der Nacht hatten die Karten ihren Glanz wiederbekommen; sie hatten ein flirrendes Vexierspiel mit ihm getrieben. Bis zum Morgen hatte er ihre Bedeutungen durch alle Sphären verfolgt, war den kabbalistischen Baum herauf- und heruntergeklettert, hatte gezählt und gerechnet und war von den Zahlen wieder zu den Bildern zurückgekehrt, die die Kunden so blendeten. Wie zu einer Gala waren die Königskarten eingetroffen, der Mond auf der Eins, der Gehängte auf der Sieben und auf der Zehn der Narr, ein apokalyptisches, himmlisches Zeichen. Er musste nicht lange rätseln. Die Antwort auf seine Frage lautete: Gebt dem Kaiser, was des Kaisers ist! Die Neun davor, die bange Erwartung, besetzte die Kelch-Zwei, betörend und beängstigend: die klingende Begegnung der beiden Gefäße, ineinanderfließend, eine goldene Brücke – und ihr Gegenteil. Im Traum waren die Kelche scheppernd auf den Boden gefallen, das Wasser war verschüttet. Dann war ihm wieder das andere Zeichen erschienen, das keltische Flammenkreuz, das ihn seit Tagen verfolgte, auf Garys zuckendem Rücken. Erst beim Aufwachen hatte sich Walter wieder erinnert, was das Tarot mitzuteilen hatte, ihm und jedem anderen: nichts – wie alles, was man lesen konnte.

Und jetzt dieser Ansgar, der Niemand von gestern, Lidias anonymer Journalist. Der Mann fragte ihn nach dem Ausweg, wollte ihm aber verbergen, dass er in eine Sackgasse geraten war. Jede Karte sprach davon, dass er sich verrannt hatte. Auf der Eins zielte der Schwertkönig, der verzagte Gralssucher, grimmig ins Ungewisse, auf der Zwei spielte das Schicksalsrad Zufall: ein Standort, so sicher wie eine Falltür. Um diese heikle Mitte versammelten sich die Fünfen, eine nach der anderen, eine Phalanx nutzloser Angriffskräfte, Widerstand und Verhärtung auf der ganzen Linie – bis auf den letzten Balken des Kreuzes; da zog der Journalist ein As, die Münz-Eins, und öffnete damit ein Türchen in die nahe Zukunft, ein kleines Risiko, eine kleine Chance. Am Fuß der Leiter öffnete sich die Tür noch weiter, denn auf der ersten Sprosse, dem Selbst, stand der Tod. Der Journalist biss sich auf die Unterlippe. Er verbarg seinen Schreck, Walter seine Erleichterung. Vielleicht wurde es ihm erspart, diesem Nervenbündel den Abgrund zu prophezeien, bevor er ihm das Geld abnahm. Dann aber fiel die letzte Fünf. Sie waren tatsächlich alle im Blatt. Walter wurde neugierig. Hier führte einer Krieg gegen sich selbst und ahnte es nicht. Ein Feigling, der sich nicht aufs Spiel setzen, aber – siehe da – trotzdem durch den Feuerreifen springen wollte, mit dem Stabritter auf der Neun: durchbrechen oder verbrennen.

Bei der Zehn zögerte der Kandidat, wie üblich. Warum immer diese um Erlaubnis heischenden Blicke am Schluss? Weil die letzte Seite des Kriminalromans die Lösung verspricht und alle Positionen neu besetzt – die des Täters und des Opfers, der Verdächtigen, des Ermittlers und des Richters. Weil sie das Rad ins Rotieren bringt, indem sie den Kreis schließt. Und sie tat es. Seine Zehn war Walters Eins. Doch statt den Mond zu betrachten, den Januskopf mit den geschlossenen Augen, blickte der Zeitungsmann Walter triumphierend ins Gesicht, als hätte er das große Los gezogen.

Walter zündete seine Diagnosezigarre an, schloss die Augen und verfolgte, wie sich in seinem Kopf die ersten bösen Sätze formierten. Vor ihm saß ein Muttersöhnchen, das noch nie auf die andere Seite geschaut hatte. Nur mit Glück – einem Glück, das alles ersetzen musste, was ihm fehlte (Zweifel, offene Sinne, Mut und nochmal Mut) – würde er in die Verwirrung geraten, die er brauchte, um aufzuwachen. Natürlich sah er auf der letzten Karte nur ein Disneyland-Mondgesicht, ein Goldstück am Himmel, nicht das kalte Geröll der weiten lichtabgewandten Zonen, nicht den als Nichts getarnten Körper, der aus unzähligen Krateraugen zurückschaut wie ein Sehender auf eine blinde Menge. Fast alle verkannten die Kraft dieses gigantischen Magneten. Sie teilten sie der Nacht zu, scheibchenweise, und meinten manchmal, schlaflos, sie zu spüren. Kaum einer dachte je an den unsichtbaren Tagmond. Er, Walter, hatte Tausende Nächte und Tage im Gedanken an die fremde, saugende Schwerkraft verbracht, bis diese Karte auf die Eins gerückt war – vielleicht die Himmelfahrt, vielleicht der Absturz. Zeit, in der er lernte, den Mond als vertrauten Lenker durch Wüsten, Abgründe, Wachträume und Täuschungen anzuerkennen. Das überraschte Lächeln dieses kleinlichen Glücksspielers demonstrierte, wie viel ihn das eigene Warten gekostet hatte. Also ließ er den Mann schmoren, wenigstens ein Elementarteilchen seiner eigenen Wartezeit sollte er spüren, und rauchte.

Der Journalist machte es ihm nach und zündete sich eine *Marlboro Siciliana* an, obwohl Walter aus den Karten ein entwöhnter Raucher entgegenschaute. Da hockte er in der Falle, ein Hochstapler hinter den Gitterstäben der Fünfen. Der Herr Keller hatte die Gelegenheit ergriffen, die ihm das Rad geboten hatte, und war nach Rom gekommen, um ein anderer zu werden – ermutigt von der schönen Tollkühnheit der dreizehnten Karte, des schwarzen Mannes auf dem Pferd. Den Tod im Nacken, nichts mehr zu verlieren, hätte er seinen Abschied einreichen und springen können, einen Anfang wagen. Doch statt die Augen offen zu halten und sich leiten zu lassen von dem, was die Stadt und der Tod ihm boten, hatte er das eine blind ausgeschlagen, das andere blind verfolgt, hatte hier etwas übergangen, da etwas vermieden. Warum? Weil er nie auf allen vieren aus einer Bar gekrochen war. Weil er nie ohne Berechnungen mit einer Frau geschlafen hatte. Weil er nie mit einem Mann geschlafen hatte. Weil er nie einen Laternenpfahl umarmt, nie in einem Park übernachtet, nie einem Bettler einen Schein oder einem Freund eine Ohrfeige gegeben hatte. Dieser Mann hatte immer darauf geachtet, dass niemand ihn beobachtete, wenn er laut mit sich selbst sprach oder auf dem Gehsteig die Laufrichtung wechselte. Er hatte alles gleichgültig und alles richtig gemacht. Die Welt hatte ihm nichts zu sagen: Ihm fehlte das Organ, ihre Impulse zu spüren, und die Freiheit, sie umzuwandeln. Da waren weder Haut noch Herz, nur die Hand, das Instrument der Fünf, in allen vier Elementen – erstarrt durch die Wiederholung, die alle Fähigkeiten abstumpft. Form geben auf Biegen und Brechen, das konnte er, nachahmen, manipulieren – wie die Fälscher im neunundzwanzigsten Gesang: *Ich war ja der Natur ein guter Affe ...*

Walter hob den Blick zu dem Journalisten, der die Zigarettenkippe in seinem Kaffeebecher ertränkte. Ausgerechnet dieser Mensch mit dem müden Herzen hatte den Ruf bekommen, den Tod auf der Acht. Was konnte er damit anfangen? Immerhin, da war eine Eingebung, die Münz-Eins auf der Sechs, die Ahnung eines Auswegs – zweifellos der Entschluss, ihn, den Schamanen, aufzusuchen. Und das unverhoffte doppelgesichtige Orakel am Ende. Der Mond scheint immer. Jetzt ist er dir aufgegangen, mein Lieber, jetzt kannst du ihn anheulen. Vielleicht fördert er zutage, was deine Träume schon längst wissen. Das Ziel der Reise, du mickriger Held, ist kein Gewinn, schon gar kein verdienter, den man zufrieden einstreichen kann. Ins Blaue hast du gezielt, hoch hinaus. Jetzt meinst du, du hättest dich verkalkuliert, und schaust verstört auf deine Füße. Dass dein Wurf ins Schwarze getroffen haben könnte, ganz in der Nähe, damit rechnest du nicht. Genug. Walter deutete mit der Spitze der Zigarre auf die Mitte des Kreuzes.

»Mal sehen, was Sie angerichtet haben«, holte er aus.

»WAS SOLL ICH DAMIT ANFANGEN?«

Ansgar hörte sich selbst mit fremden Ohren. Er fühlte den Ruck unter den Zuschauern, die still und gedrängt auf ihn, auf die Karten, auf die Hutkrempe des Zauberers gestarrt hatten und aufhorchten, als er laut wurde.

»Für diesen Stuss wollen Sie mein Geld?«

Der Kreis wurde enger.

»Non gli piace! Chiede il conto!« erklärte der Zauberer. Ein paar lachten. Diese Sprache verstand Ansgar. Ja, es gefiel ihm nicht, dieses esoterische Geschwätz, ja, zahlen wollte er und gehen. Er zog die Brieftasche hervor und knallte einen der beiden Fünfzigtausendlirescheine auf das Tarotblatt, diese Kinderlandschaften, in denen mittelalterliche Comicfiguren in Tuniken und Ritterkostümen herumhopsten und mit phallischen Stäben und Drudenfüßen spielten.

»Halt«, hörte er. »Zweihundertfünfzigtausend.«

Vielleicht war das der entscheidende Moment, auf den die ganze abstruse Vorstellung zugesteuert war, jedenfalls löste sich eine angestaute Kraft, und Ansgar fühlte sich abrutschen, kurz vorm Fall. Im Aufspringen stieß er den Campingstuhl mit den Kniekehlen um.

»Keine Lire mehr.«

Die Zuschauer waren zur Seite gewichen, doch die rasselnde Stimme hielt ihn fest.

»Signore! Wo wollen Sie hin? Für Ihren Herrn Priebke ist es zu spät.«

Davon also wusste dieser unheimliche Quacksalber. Die

Leute raunten, als sie den Namen hörten. Sofort schloss sich die Lücke. Ansgar nahm den Schein wieder vom Tisch. Er hatte nichts zu verlieren: Dafür hatte ihm der Hellseher nicht die Augen öffnen müssen. Irgendetwas enthielt er ihm vor – eine Information, die nicht mit Geld zu haben war. Ansgar starrte auf die reflektierende Brille, als könnte er dem Tarotspieler das Geheimnis mit dem Blick abpressen.

»Was wollen Sie noch wissen?« fragte der Zauberer.

»Ich will in Ruhe meinen Job machen und nach Hause gehen.«

»Sie werden keine Ruhe kriegen.«

»Wenn Sie mich in Ruhe gehen lassen, dann ja.«

»Sie werden nicht weit kommen.«

»Ich werde die Carabinieri holen.«

»Die sind meine Kunden. Zweihundertfünfzig.«

»Die Frau vor mir haben Sie gehen lassen, ohne dass sie gezahlt hat. Mir haben Sie sich aufgedrängt ...«

»Sie haben sich die Karten lesen lassen, *e basta*!«

Wie sie davonrannte ... Ansgar hatte die Französin wieder vor Augen, wie sie sich zwischen den Touristen verlor, und hörte dazu den Text des Wahrsagers: *C'est mon jour de chance.* Plötzlich die Ahnung, wie er ihn kriegen konnte. Er beugte sich vor und stützte die Hände auf den Tisch.

»Was wollen Sie von mir?«

Der Zauberer antwortete nicht, aber seine Haltung verlor die Festigkeit; er zögerte. Abrupt lehnte er sich zurück und breitete die Arme aus wie ein Kapitulierender. Die Seiten seines schwarzen Jacketts schlenkerten wie schlappe Krähenflügel. Diesmal war seine Stimme verhalten.

»Wie alt sind Sie?« fragte er zu Ansgar hoch. Es klang nach Kampfansage.

»Fünfunddreißig. *Das* wissen Sie nicht?«

»Ich hätte es mir denken können«, antwortete der andere

ebenso gedämpft, dann krümmte er sich mit einem Mal, seine Schultern zuckten, er prustete und fing an, laut zu deklamieren: *»Nel mezzo del cammin di nostra vita«* – eine Bewegung erfasste die Leute, und ein paar der Umstehenden fielen lachend ein. *»Mi ritrovai per una selva oscura«*, schrie der Zauberer, er dirigierte mit erhobenen Armen, und ein ganzer Sprechchor grölte: *»Ché la diritta via era smarrita!«* Die Arme landeten wieder auf den Lehnen des Regiestuhls, der Zauberer reckte den Hals und rief wie ein Einpeitscher: *»E quindi, ragazzi, dove andiamo?«*

»Nell'inferno!« Jetzt brüllten sie vor Lachen.

Selbst in Ansgars Rücken schrien sie mit, was auch immer diese Zaubersprüche bedeuteten. Er wandte sich um. Über den Köpfen loderte der frühe Abend in die Gasse. Auch hinter ihm stauten sie sich in mehreren Reihen, grinsend, glotzend. Ein Inferno. Der Regisseur demonstrierte seine Macht. Sie würden ihn nicht gehen lassen. Eine Meute. Eine Hetze. *Eine Menge Aufregung in der Stadt,* fuhr ihm durch den Kopf, Ellinors Erwähnung des Angeklagten Priebke. Wäre er nur zu ihm gegangen: Im Gerichtssaal wäre er sicher gewesen. Jetzt musste er sich freikaufen. Allmählich wurde es ruhiger. Die Leute diskutierten, warteten. Der Zauberer strich die Karten zusammen.

»Ich gebe Ihnen hundert«, sagte Ansgar leise, »und hundertfünfzig später. Ich hole das Geld am Automaten und komme wieder.«

Der Zauberer nahm mit der Linken die Brille ab. Seine Lider waren halb geschlossen. Es war, als wolle er Ansgar Gelegenheit geben, das hässliche Relief seines Gesichts zu betrachten. Endlich senkte er den Kopf, der Hutschatten fiel ihm bis über den Mund. Die Hand mit dem Kartenbündel winkte Ansgar heran. Als er sich wieder hinunterbeugte, sagte es unter der Hutkrempe:

»Ich mache Ihnen einen Vorschlag. Wenn Sie Ihre hunderttausend investieren, erlasse ich Ihnen den Rest.«

»Investieren?«

»Sie verbringen mit mir den Abend.«

Ansgar stützte die Arme auf den Tisch. Seine Füße schwankten, als gäbe der Boden unter den Arkaden nach.

»Wie?«

»Wie?« Jetzt schaute der Zauberer auf und bleckte erneut die falschen Zähne. »Ganz einfach. Sie übernehmen die Rechnung im Tre Fontane«, er wies mit dem Kinn auf den Platz. Ansgar richtete sich auf und nickte. »Und heben Sie den Stuhl wieder auf«, setzte der Zauberer hinzu. Dann knallte er das Kartenbündel auf den Tisch.

»Signore e signori! Finita la partita!«

SI ACCETTANO CARTE DI CREDITO, las Ansgar auf einem Aufkleber neben der offenen Eingangstür, als sich das Licht verdunkelte und Walter eintrat, groß, der Hut knapp unterm Türrahmen. Zum ersten Mal sah Ansgar ihn aufrecht. Der Zauberer hatte ihn vorausgeschickt. Das Restaurant Tre Fontane lag gegenüber dem Barocco auf der anderen Seite der Arkadengasse. Walter: Als Ansgar diesen Namen nannte, war er sofort ins Innere geführt worden. In dem fensterlosen Schlauch war er der einzige Gast. Wandlampen in Kerzenform hingen knapp über den Tischen, ein Ventilator drehte sich unter der Decke. Die Menükarte, ledergebunden und in drei Sprachen abgefasst, war protzig, die Preise unverschämt.

Der Kellner stellte einen Flaschenkübel ab, nickte dem Neuankömmling zu und zog einladend den leeren Stuhl vom Tisch. Die beiden flüsterten, während er die Gläser füllte (Sekt? Prosecco?), dann nahm er Ansgar die Karte aus der Hand und verschwand. Der Kartenleger fing Ansgars Blick auf. Er setzte sich.

»Man muss überall darauf achten, was hinter den Karten steckt. Alles, was Sie an der Piazza sehen, ist Kulisse. Das Menü. Die Preise. Die Tische draußen, die schönen Fassaden, die Händler. Dahinter ist alles illegal, alles Absprache. Wir bekommen ein gutes, günstiges Essen, Sie können mir glauben.«

»Ich weiß nicht mal, wer hinter Ihnen steckt.«

»Aber Sie erlauben trotzdem, dass ich den Hut aufbehalte? Walter Haymon aus Nordostniedersachsen, Stadtstreicher. Anerkannter Untergangsexperte von Rom, seit zweiundzwanzig Jahren. Allein wie ein Hund. Aber kein Schnüffler. Ach, Verzeihung – Sie sind Journalist.« Er trank das Glas auf einen Zug aus und schnalzte zufrieden.

Es war Champagner.

»Ich bin ...«

»... Reporter, nehme ich an.«

Ansgar schwieg: Offenbar sollte das keine Unterhaltung werden. Er zog die zerknautschte Zigarettenschachtel heraus. Walter griff nach der Flasche. Die Eiswürfel klimperten, Tropfen rieselten auf die Tischdecke.

»Was sagen Sie zu dem Pouillon? Auf den habe ich hier ein Privatabonnement. Trinken Sie! Es ist die beste Tageszeit dafür. Blaue Stunde. Das Schlimmste ist vorbei, die Träume rotten sich zusammen. Ein bisschen Rausch kann da nicht schaden, der hält die Zeit an. Falls Sie sich mal gefragt haben, warum die Vögel morgens und abends singen, wenn es dämmert ... sie sind besoffen. So sehr genießen sie diese Schwelle. Die Ahnung. Etwas geht zu Ende, etwas steht bevor. Jeder Spatzenschwarm: lauter kleine Engel der Verkündigung. Bitte. Da haben Sie meinen Beruf. Nur bin ich weder ein Spatz noch eine Amsel, sondern – bleiben wir bei den Vögeln – na, was meinen Sie? Ein Unglücksrabe?«

Diesmal schien er tatsächlich eine Antwort zu erwarten.

Vorhin hatte die Gegenwart des Hellsehers Ansgar frieren lassen, jetzt brachte sie ihn zum Schwitzen. Doch er war entschlossen standzuhalten.

»So was Ähnliches. Eine Krähe?«

Walter brüllte auf vor Lachen, und in diesem Moment erschien der Kellner.

»Beppe!« rief Walter. *»Senti cosa sono: una cornacchia!«*

»Auguri.« Mit unbewegtem Gesicht stellte der Kellner eine Platte mit Antipasti in die Mitte.

»Stört es Sie …?«

»Rauchen Sie, wie Sie wollen … Was die Vögel betrifft, ich habe noch einen anderen Vorschlag. Kennen Sie den verrückten deutschen Philosophen, Hegel? Ich bin zwar nicht studiert, aber ich weiß, er war der ehrgeizigste Wahrsager, den es je gab. Er hielt die Wirklichkeit für die ultimative Wahrheit. Und warum? Eben weil sie vom Professor selbst unter die Lupe genommen wurde. Und er sah, dass es gut war. Eine glückliche Wahnidee. Die Lieblingsfarbe dieses genügsamen Herrn war Grau, grau wie das Alter.« Während er redete, schaufelte Walter die Vorspeisen auf seinen Teller, kaltes Gemüse, Champignons, Tintenfischringe und Tintenfischarme mit kleinen Saugnäpfen. »Er war komplett farbenblind. Aber in einem hatte er recht: Zukunft, das ist bloß Hirnzirkus. Hier spielt die Musik. Oder wie er es nennt: *Hic Rhodus, hic saltus.* Verstehen Sie? Spring, denn hier geht's rüber! Sie haben Abitur, das sehe ich Ihnen an. Latein ist meine Lieblingssprache … Mit dem Wahrsager ist es wie mit der Feuerwehr: Wenn sie kommt, ist es zu spät. Herr Hegel hat das begriffen. Also raten Sie: Was ist sein Wappentier?« Er zielte mit der Gabel auf Ansgars Gesicht und deklamierte: *»Die Eule der Minerva beginnt erst mit der anbrechenden Dämmerung ihren Flug* … Na, was halten Sie davon?«

Ein Tropfen Öl lief ihm das Kinn hinunter. Ansgar senkte

den Kopf und spießte kalte Karottenscheiben auf. Was er davon hielt? Hätte er doch nur vorhin am Stand bezahlt! Es war der Monolog eines Verrückten, der Latein konnte. Und zugab, dass er nicht hellsehen konnte.

»Dämmerung! Latein ist tot, Hegel ist tot, die Eulen sterben aus, aber die Dämmerung, die gibt's noch. Jeden Tag, wenn der Nachmittag vorbei ist. Jeden Tag um diese Zeit sitze ich hier um die Ecke an meinem Platz. Ich predige den Untergang, und keiner merkt es. Täte ich den Leuten den Gefallen und spräche die Sprache der Propheten, Götterdämmerung und Jüngster Tag, dann würden sie in Scharen kommen – und mich in kürzester Zeit einsperren, natürlich. Sie wollen eine Katastrophe zum Anfassen. Ausbruch des Ätna, Ausbruch des Vesuv, Feuerregen, Erdbeben oder wenigstens eine Grippeepidemie. Lager und Massengräber auf der anderen Seite der Adria? Das ist ihnen nicht nah genug. Es geht ihnen gut. Sie wählen einen milliardenschweren Gauner zum Chef. Der Kerl zeigt dauernd die Zähne – sie kaufen ihm das Grinsen ab, dabei frisst er sie auf. Sie sperren Priebke ein und glauben, damit säße das Böse hinter Gittern. Oder noch dümmer: das Gute liefe frei herum … Können Sie sich vorstellen, wie sehr ich mir manchmal den Zusammenbruch wünsche, den keiner leugnen kann? Ich träume von einem Ausnahmezustand mit allem Drum und Dran. Razzien. Ausgangssperre. Leichen auf der Straße. Lynchmorde. Und wissen Sie warum? Damit endlich jeder kapiert, dass das kaputte Gesicht im Spiegel sein eigenes ist, *vaffanculo*!«

Schweres Schweigen. Die Zwischenfragen waren das Schlimmste. Ansgar war, als würde er ununterbrochen gerüttelt. Eine Strafe. Durchhalten und Champagner trinken, etwas anderes blieb ihm nicht. Und aufpassen, ob nicht doch etwas für ihn abfiel, irgendein Hinweis, ein Geistesblitz in diesem obskuren Wortdschungel.

»Wie war die Vorspeise? Ist Ihnen der Tag auf den Magen geschlagen? Herrgott, lehnen Sie sich doch zurück. Tun können Sie eh nichts. Und Nacht wird es früh genug.«

»Wissen Sie es denn?« Ein halber Hilferuf – Ansgar stockte. »Wissen Sie, was ich zu tun habe und was nicht? Ich habe meine Arbeit zu machen. Und Sie Ihre. Für die ich Sie bezahle.«

»Arbeit? Wovon sprechen Sie, *signore*? Es geht nicht um Arbeit. Was tun wir denn? Essen, trinken, reden, Zeit totschlagen. Meinetwegen nennen Sie es Arbeit – ich nenne es Leben. So oder so, ich habe es satt. Ich bin nicht beteiligt. Es ist nicht mehr meine Zeit. Nicht, dass Sie glauben, die Zeit sei mir davongelaufen. Im Gegenteil. Ich bin davongelaufen, während alles hinter mir stehengeblieben ist. Alle sind erstarrt, nur ich gehe weiter, ein Toter auf Reisen. Ich bin alt, also weitsichtig – wie alle Verdammten, die nur noch in die Ferne sehen können. In der Nähe versagt der Geist ... *tutto è vano nostro intelletto*. Meine Arbeit – die ist nichts wert, wenn keiner sieht, was ich sehe, nicht einmal Leute wie Sie, die Einäugigen unter den Blinden. Und Ihre Arbeit? Sie sind privilegiert. Sie werden bezahlt, um zu beobachten, um zu den Tatsachen durchzudringen, nicht um zu betrügen. Oder doch?«

Er lehnte sich über den Tisch. »Wie war Ihr Nachmittag?« Ansgar mied Walters Blick, er sah die ineinander verhakten Stoppeln in den Falten seiner Wangen, seiner Oberlippe, schmutzige Bahnen. »Ich wette, er war ungemütlich. Sie hatten das Gefühl, dass gerade etwas Schlimmes passiert sein könnte. Und gestern – war es nicht dasselbe? Ein übertriebenes, gemeines Licht. Ein Vakuum. Das ist nicht Ihr kleines Unglück. Das ist mehr. Wieso denken eigentlich alle, es läge hinter ihnen, oder es stünde ihnen erst bevor?«

»Was sollte uns bevorstehen?«

»Ja, was? Jeder ahnt es. Alle.«

Walter lehnte sich zurück, und wie gerufen kam der Kellner mit neuem Besteck, prüfte die Flasche, räumte ab. Ansgar zündete sich die zweite Zigarette an. Er musste die Hoffnung aufgeben, dass sich sein Scheitern abwenden ließ, solange er mit diesem Menschen zu tun hatte. Aber einen armseligen Rest, das spürte er, hielt er noch fest. Den irren Gedanken, dass ihn dieses Delirium irgendwo hinführte.

»Ich schaue mir an, was meine Kunden mit sich schleppen, aber sie schauen nur Richtung Ziel. Dieses Ziel ist der Tod, was sonst? Der große Umwandler. Sie glauben, er sei ihnen auf den Fersen, während sie ihm in die Arme rennen. Aber«, er hob halb drohend, halb segnend die Hand mit der Handfläche zu Ansgar, »wer sagt, dass Träume nicht wahr werden? Nehmen wir also an, der Tod läge schon hinter uns. *Questi non hanno speranza di morte* – sie haben keine Hoffnung, je zu sterben. Also stellen Sie sich vor: ein ewiger Tag. Nur einer!« Walter lachte auf, sein rasselndes, stimmloses Lachen. »Ein Tag wie dieser. Große Volksbefragung: Wo leben wir, im Paradies oder in der Hölle? Verehrtes Publikum, Sie haben die Wahl. Bevor wir das Ergebnis bekanntgeben, wird unsere Jury mit Ihrer Hilfe die Siegerinnen im Fitnesswettbewerb der Provinzen Italiens ermitteln. Bis zur nächsten Werbepause können Sie sich ein Urteil bilden, welche unserer hundertsechs hübschen Kandidatinnen die beste Figur macht. Die Abstimmung läuft!«

»Bravissimo.«

Der Kellner hatte den Höhepunkt des deutschen Sermons abgewartet, jetzt setzte er zwei Nudelteller ab. Ansgar betrachtete sie entsetzt: Die Spaghetti waren schwarz, versetzt mit weißen, glasigen Streifen.

»Spaghetti seppia«, der Kellner nickte ihm zu, *»buon appetito«*, und schenkte den Rest Champagner ein. Walter stieß

die Gabel in das nachtfarbene Gekröse und redete weiter, aber seine Stimme war mit einem Mal leise.

»Im Inferno stirbt man nicht, genauso wenig wie im Paradies. Die Wahl ist also gerecht – und sie wird ausgehen wie in jeder Diktatur: neunundneunzig Prozent für das Paradies. Die Insassen schreien vor Glück. Von diesem Inferno hat sich nicht einmal Dante träumen lassen. Wenn alle Gefolterten in der Hölle lachen, dann haben wir die totale Verzweiflung.«

Nell'inferno ... die lachenden Zuschauer unter den Arkaden, das paranoide Gefühl, das ihn ergriffen hatte, als wäre eine Lynchstimmung ausgebrochen: Zum ersten Mal schien Ansgar, dass tatsächlich von ihm die Rede war. Doch er wusste nicht warum; er stocherte in den dampfenden dunklen Fäden, wickelte ein paar um die Gabel und fixierte Walter, der den Kopf über den Teller senkte und allmählich wieder lauter wurde.

»*Lasciate ogni speranza!* Man muss sie sich nur einmal anschauen, die Klone auf allen Kanälen, und hinter jedem einzelnen von ihnen Tausende, die gern an ihrer Stelle wären: Sie lachen vor, während und nach ihrer Tortur – ach was, es gibt kein Davor und Danach! Die Ewigkeit ist Wiederholung ...«

Er unterbrach sich und hob das Gesicht. »Grinsen Sie nicht, Herr Ansgar. Es gibt für jeden etwas. Wer meint, er sei was Besseres, der darf ein bisschen aufwärtskrabbeln – im Fegefeuer. Der Läuterungsberg, die protestantische Hölle. Das Fegefeuer ist etwas für Aufsteiger, für Realisten. Immer rundrum um den Kegel, der aus dem Höllentrichter gedrückt wurde, bis oben auf die Plattform – und da? Da sind wir auch schon längst gewesen. Goldenes Zeitalter, Garten Eden, das verlassene Grundstück von Adam & Söhne. Ein Kindheitstraum mit einem verkrüppelten Obstbaum in der Mitte. Denken Sie sich einen Zaun dazu, Swimmingpool, Gipsstatuen,

Sonnenterrasse und Doppelgarage – dann haben Sie den Lohn, den unser Gott seinen Sklaven verspricht. Aber was passiert mit denen, die das Ziel erreichen?«

Schnaufend sog Walter die herabhängenden Nudelenden zwischen die sepiablauen Lippen und hob das Glas – es war leer.

»Beppe! Da bere!!«

Reflexhaft griff Ansgar nach seinem eigenen Glas. »Sie sind enttäuscht«, sagte er ebenso reflexhaft.

»*Ecco.* Wie ein Kind von einem langersehnten, lange versprochenen Weihnachtsgeschenk. Sie haben gewonnen und ihren letzten Traum verloren.«

Der Kellner erschien mit einer neuen Champagnerflasche; ohne aufzuschauen, streckte Walter ihm sein Glas entgegen.

»Ich sehe diese Gesichter täglich. Die Gesichter der Satten. Leer, gierig. Und entsetzlich selbstzufrieden. Sie haben keine Ahnung, was ihnen fehlt. Sie sitzen – wie sagt man so schön? – warm und trocken. Aber im dritten Kreis, da liegen sie im Regen, sie kriechen auf der nassen, stinkenden Erde. *Lor vanità che par persona!* Ein Nichts, das einem Menschen gleicht … Genau dahin wünsche ich sie, ich wünsche sie zur Hölle. Dann sehe ich ihre Karten, und mich packt das Mitleid, das verdammte. Es sind tatsächlich Menschen, die Reichen – wie die Armen. Ihre Träume sind wahr geworden. Jetzt sitzen sie auf dem Klappstuhl und wollen ihre Träume wiederhaben.«

»Ach … Sie verkaufen Träume? Ich dachte, die Karten sollen die Wirklichkeit zeigen.«

»Meinetwegen. Das ist dasselbe, mein Lieber, dasselbe!« Walter wedelte mit der Serviette voll schwarzer Flecke, die an Motoröl erinnerten. »Wieso sind Sie zu mir gekommen? Wovon träumen Sie? Von welchem Ferienparadies, von welchem Kriegsschauplatz? Wirklichkeit, damit kann ich meinen

Kunden aushelfen. Ich lasse sie zahlen, oder ich schicke sie weg. Das sind die einzigen Tatsachen, die sie anerkennen. Wie Sie, Herr Ansgar.«

Wieder eine Pause. Genug. Dieses zahnlose Wrack wollte ihn provozieren. Ansgar rückte den Stuhl vom Tisch ab. Obwohl er ahnte, dass genau das von ihm erwartet wurde, sagte er: »Dann lassen Sie doch die Rechnung kommen. Ich glaube, mehr Wirklichkeit brauche ich nicht.«

»Und Lidia?«

Ansgar senkte den Blick, so stechend waren die Eisaugen in dem unbewegten Gesicht des anderen. Die Tintenspaghetti waren kalt und matt geworden. Er stieß heftig die Luft aus.

»Nichts«, sagte er und schluckte. »Müll.« Wenn er noch etwas zu verlieren hatte, dann jetzt. »Frau Marin hat mir zu verstehen gegeben, dass sie von meiner journalistischen Arbeit ... nicht profitieren will. Also profitiere ich auch nicht von ihr.«

»Und? Aufgegeben?« Walter zeigte sein künstliches Lächeln.

»Was wissen Sie von ihr?«

Walter warf die Serviette auf den Tisch und stand auf. »Als *secondo* gibt es Saltimbocca alla romana. Mögen Sie die wenigstens?«

Ansgar hob die Schultern. »Es kommt auf den Versuch an.«

Walter nickte und öffnete die Hand, eine müde, nachdenkliche Geste. Leicht schwankend drückte er sich am Tisch vorbei. Ansgar sah ihm nach. Seine Jackettaschen waren ausgebeult. *Stadtstreicher.* Er wandte sich wieder nach vorn, hörte Walter am dunklen Ende des Schlauchs an der Tür zu dem Stehklo rütteln, über dem er selbst vorhin gestanden hatte, und dann einen kleinen Knall; er sah den Zauberer förmlich um Gleichgewicht ringen, als das klemmende

Schloss nachgab. Der Kellner kam von draußen und nahm wortlos die kalten Spaghetti weg. Durch die Eingangstür fiel ein rötlicher Schein. Die Tische in Ansgars Sichtachse waren besetzt, Menschen draußen im warmen Gegenlicht, ihre Stimmen klangen wie ein friedliches Murmelspiel. Lange Schatten fielen bis unter die Markise und malten graue Streifen auf das Pflaster, das Stein für Stein mit Glanzpunkten übersät war, wie kleine Wellen auf einem See im Abendrot. *Ein Ferienparadies.* Ansgar trank und dachte an Tiziana, an Ellinor – die eine erwartete ihn gerade bei Priebke, die andere erwartete ihn am Wochenende, hundert Schritte von Lydia entfernt ... *Wovon träumen Sie?*

Mit einem Mal gingen die Wandlampen an. Wo blieb Walter? Dieser düstere Komödiant war seine letzte Chance. Draußen schlug die Kirchenuhr, er zählte acht Schläge. Vor zwei Stunden hatte der Gerichtstermin begonnen. Ein Urteil ließ sich schnell verkünden; diesen Moment hatte er verstreichen lassen. Er hatte auf Lydia gesetzt, vielmehr: auf Walter. Und er lag richtig – mit Hilfe irgendeines magischen römischen Zufalls. Der Zauberer kannte Lydia, er wusste von seinem Besuch bei ihr. Worum ging es ihm? Wollte er mehr Geld? Brauchte er nur einen Zuhörer für seine apokalyptischen Predigten? War er nicht schwul? Gianluca, natürlich – Walter war eine von Gianlucas römischen Errungenschaften. *Absolut seriös* hatte Gianluca gestern, ein paar Schritte von hier, den deutschen Freund und Ansgars Helfer genannt. Wie unseriös das mit einem Mal klang. Aber da war noch etwas gewesen, etwas wie eine Warnung, bevor Gianluca aus seinem Blickfeld verschwunden war. Diese allzu innige Berührung, Wange an Wange, und dann: *Take care – please!* Pass auf dich auf!

Möglich, dass Walter durch die Hintertür verschwunden war. Möglich, dass er Ansgar in eine Falle locken wollte. Und unmöglich zu entscheiden, was schlimmer gewesen wäre. Zum ersten Mal seit der Farce am Tisch des Kartenlegers spuckte Ansgars Gedächtnis halbe und ganze Sätze aus, die er sich hatte anhören müssen, Sätze wie Ankündigungen, *entweder Sie sind ein Hochstapler oder ein Feigling – verschwendete Kräfte – Tod, der Türöffner – die Lösung ist in der Nähe – Scheideweg – es wird Zeit – Sie stehen auf einer Falltür* ... Sätze wie aus einem schlechten Traum. Er konnte weiter hineingehen. Oder sich wegstehlen, raus auf die Piazza und mit dem Taxi zu der Bar beim Militärtribunal. Oder in sein Gästezimmer in der Via delle Carozze. Morgen nachmittag ging der Flug. Rom war kein Ferienparadies, Rom war ... was hatte Walter gesagt? Plötzlich erinnerte sich Ansgar an eine seltsame Phantasie dieser Tage, eine böse Phantasie über das Leben, das er führte, da, wo er herkam, und da, wo er weitermachen würde: die Idee, dass er aus Überdruss und Langeweile in den Krieg ziehen würde, wenn es nur einen für ihn gäbe.

»È fuggita la maga?« Auf Augenhöhe erschienen zwei dampfende Teller, darüber das wissende Lächeln des Kellners. Ansgar lächelte zurück und nickte, wieder diese Lähmung, die ihn seit Stunden gefangen hielt; er hatte nur *la maga* herausgehört, was wie die weibliche Form von Magier klang. Der Kellner zog die Flasche aus dem klimpernden Eiswasser und drehte sich um – hinter ihm stand Walter.

»Portaci una caraffa d'acqua.«

»Certo.«

Walter setzte sich und rieb sich die Hände. *»Saltimbocca!* Spring in den Mund!« Er war wie ausgewechselt, Körperhaltung und Gesichtszüge frisch gespannt, die Stimme laut. Als hätte er gekokst. Ansgar spürte, wie die Stimmung auf ihn übersprang. Und tatsächlich hatte er Appetit, ja Hunger auf das duftende helle Fleisch.

»Gibt es nicht auch eine Tarotkarte mit dem Magier?« fragte er.

»Es ist die erste Trumpfkarte.«

»Und? Was hat sie zu bedeuten?«

Walter zog die Brauen zusammen. »Alles und nichts, natürlich. In einer Konstellation Ungeduld, Aktionismus und Verwirrung. In einer anderen Lebensklugheit, Überblick ... Ersparen Sie mir das. Ich glaube nicht an diese Formeln.«

»Also glauben Sie nicht an die Karten. Heißt das nicht, Sie betreiben – freie Erfindung? Irreführung?« Etwas wie Galgenhumor hielt Ansgar davon ab, auf das Ziel loszusteuern. Der Kellner brachte Wasser. Walter nahm sich Zeit mit der Antwort; er kaute langsam, wie um sein Gebiss zu schonen. Dann ein Blick, ein grauer Blitz.

»Es hat keinen Sinn, den Karten Namen zu geben. Sie haben ihre eigene Sprache. Aber eine veraltete, wie Latein – Kräfte, Elemente, Zahlen, Sphären. Die Leute verstehen sie nicht mehr. Sie haben vergessen, was das ist, das in ihnen wünscht und sich fürchtet. Kennen Sie die Parabel von Achill und der Schildkröte? Die beiden rennen um die Wette. Die Schildkröte bekommt einen Vorsprung, weil man sie für unterlegen hält. Weit gefehlt. Während Achill den Abstand einholt, gewinnt sie ein neues Stückchen Vorsprung. Hat er das zurückgelegt, ist sie schon weitergelaufen. Undsoweiter, ins Unendliche – er kommt ihr immer näher und erreicht sie nie. Das Ganze ist ein mathematisches Paradox. Aber in dem Paradox steckt ein anderes. Klar, Achill muss laufen, er ist ein Krieger. Aber was ist mit der Schildkröte? Wieso misst sich dieses lahme Tier mit dem schnellsten Läufer? Ich habe es täglich mit fanatischen Schildkröten zu tun. Sie rennen um ihr Leben, ohne sich umzuschauen, und verteidigen ihren unmöglichen Vorsprung. Dabei sehnen sie sich nach dem Unbekannten, der sie verfolgt. Das ist Achill: eine Welt voll Heldensagen und Archetypen. Das ganze Märchenvolk, Priester, Magier, Narr, Eremit, Ritter. Dazu Herz und Rad und Sonne, Mond und Stern – eben das, was immer schon war. Das Vollendete. Und deshalb haben Sie recht. Wirklichkeit, das ist es, was die Leute bei mir kaufen wollen. Eine, die sich hinter ihrem Rücken versteckt.«

Er sprach flüssig, fast heiter. Ansgar hatte keine Lust auf weitere Vorträge, doch die Frage nach Lydia brachte er nicht heraus. Hinter Walters Hut lag die Piazza nun ganz im Schatten. Plötzlich erhob sich draußen ein Wortwechsel, wurde laut und aggressiv, brach ab. Walter murmelte schmatzend:

»Nur manchmal. Manchmal zeigt sie sich.« Und hob den Kopf, wie aus einem Traum gerissen: »Was ist mit Priebke, Ihrem Job? Können Sie von dem nicht profitieren?«

Beide Sätze endeten in einer ironischen Spitze. Es war dieser kleinliche, gehässige Ton, der Ansgar mit einem Mal darauf stieß, dass der Kartenleger nur Vermutungen anstellte und sie in Form von Behauptungen äußerte: ein professioneller Trick, ganz einfach.

»Das Urteil heute abend?« gab er zurück. »Dafür braucht es keinen Journalisten und keinen Wahrsager. Es ist doch klar, wer dieser Mann ist.«

»Ein Täter, meinen Sie. Aber darauf kommt es nicht an. Priebke ist ein Zeuge. Ein Zeuge der ... Verteidigung, der Verteidigung der Wirklichkeit, so wie sie ist. Ein Alibi.«

»Wieso Alibi?« Jetzt packte Ansgar die Ungeduld.

»Er soll beweisen, dass die Katastrophe hinter uns liegt. Deshalb drapieren sie ihn als Horrorfigur. Papa Priebke, großer Mann, böser Mann! Priebke gibt es gar nicht. Er ist eine Täuschung!«

Ansgar zögerte verwirrt. »Umso besser, ihn links liegenzulassen«, sagte er unbeholfen und nahm Anlauf. Sein Herz pochte gegen die Rippen. Er fixierte Walter, der grimassierte und mit dem Fingernagel zwischen den Lippen herumstocherte, und fuhr fort: »Und dafür hatte ich einen guten Grund: Lydia Marin. Für mich hängt alles von ihr ab, alles. Sie war einverstanden. Aber sie hat meinen Plan zerstört, grundlos. Ich verstehe es nicht. Ich muss etwas tun. Und deshalb – wenn Sie nur …«

»Wissen Sie was? Für neue Zähne würde ich morden.«

Ansgar schwieg überrumpelt.

»Und Sie? Ich wette, Sie würden nur verraten und betrügen.«

»Unsinn. Ich würde viel dafür geben, wenn ich Lydia Marin noch einmal sprechen könnte. Das ist alles.«

»Lidia gibt es genauso wenig.«

»Ach, hören Sie doch auf.«

Walters Zeigefinger schoss auf Ansgar zu, der Zauberer hatte die Augen aufgerissen und raunte theatralisch: »Und? Was hat sie zu bedeuten?«

Seine eigene Frage, die Magierkarte.

»Lydia Marin? Mein Gott, sie ist eine bedeutende … eine Berühmtheit, eine große deutsche Schriftstellerin, man hält sie für tot, sie ist – einfach eine Riesenentdeckung.«

»Und für Sie?«

»Ich habe auf der ganzen Linie verloren, wenn ich nicht …«

»Sie wollen sagen, Ihre Zukunft hängt davon ab.«

»So ungefähr.«

Walter senkte den Kopf und schob den Teller beiseite. Sein Gesicht fiel ein. Die Mundwinkel sanken wieder herab, er seufzte und wirkte auf einmal todmüde. Ansgar beobachtete ihn angespannt. Ihm war, als schaute er in einen Spiegel – seine eigene Erschöpfung und Ratlosigkeit zeichneten sich darin ab, während sein Puls tickte und er das Urteil erwartete. Der Kellner brachte Espresso und dunkelgelben Schnaps.

Auf dem Tablett, das er auf dem Nebentisch abgestellt hatte, standen Windlichter von derselben Farbe, Kerzen flackerten darin.

»Prego, maestro.«

Walter hob den Kopf. Er diskutierte mit dem Kellner, ein unruhiges Gespräch, bei dem der Kellner immer wieder Richtung Tür deutete. Als er mit dem Tablett nach draußen ging, zog Walter eine Zigarre aus seiner Jackettasche, einen Zigarrenabschneider, eine Streichholzschachtel. Umständlich kappte er das Ende.

»Das Tarot hat Ihr Vertrauen offensichtlich nicht. Ich mache Ihnen ein anderes Angebot. Vielleicht ist es die Lösung Ihres Problems, vielleicht nicht. Sie wollten zu Lidia. Ich kenne sie. Sie ist einer von den guten Menschen, die meinen, das Unglück liege in der Vergangenheit. Wie auch immer, ich bin sicher, es wäre in ihrem Sinn, wenn ich für Sie den« – er räusperte sich – »Führer mache.«

»Wohin?«

»Ein kleiner Ausflug Richtung Stadtrand.«

»Wozu das?«

Walter entzündete das Streichholz und redete, unterbrochen von Ziehen und Paffen.

»Sie sind Journalist ... Sie sind hier, um Tatsachen einzufangen. Was Sie erreichen wollen ... entzieht sich. Sie sollten Priebke nachrennen, Sie rennen Priebke nicht nach, Sie rennen Lidia hinterher ... und Sie merken, Sie stehen auf verlorenem Posten. Immerhin, ein erster Schritt. Da Sie so nicht vorankommen, empfiehlt es sich, die Richtung zu ändern. Ein Umweg, aber der Umweg ... ist manchmal der direktere Weg. Ich biete Ihnen eine Möglichkeit, in die Wirklichkeit einzutreten ... Vielleicht finden Sie nichts Neues. Aber das ist Ihre Sache ... Moment.«

Der Kellner beugte sich über Ansgars Schulter und legte

die Rechnung neben seinen Teller. Die unterste Zahl auf dem handgeschriebenen Zettel lautete 100000.

»Trinkgeld ist nicht nötig. Zahlen Sie, und wir sind uns nichts mehr schuldig. Sie kein Geld, ich keine Auskunft. Also?«

»Gut.«

Walter hob das Glas. Sein Trinkspruch war italienisch: *»Intrai per lo cammino alto e silvestro.«* Der Kellner grinste. Ansgar reichte ihm seine letzten großen Scheine und trank – ein holzgetönter, weicher Grappa.

»Das heißt für Sie«, sagte Walter und blies den Rauch aus: »Ich hab den hohen, wilden Gang begonnen.« Und hinter der Rauchwolke: »Allerdings, auf den Motorradhelm müssen Sie verzichten.«

ES WAR DUNKEL, als sie hinaustraten. Zu dunkel, fand Ansgar, ohne sich diesen Eindruck erklären zu können. Einen Augenblick lang blieb er unter der Markise stehen. Auf den Tischen flackerten die gelben Windlampen. Drüben, unter den Schirmen des Barocco, waren es farblose; er konnte sich nicht erinnern, gestern dort eins dieser Lichter gesehen zu haben. Der Abendhimmel war auf ein tiefes Violett heruntergedimmt. Die Laternen rings um den Platz tauchten die Zirkusarena, die in der letzten Nacht hell geglänzt hatte, in ein schummriges Halblicht. Die Maler an ihren Ständen, die fliegenden Händler und die Touristen, alle waren wieder da, doch irgendetwas ließ sie aufgestört wirken wie Vögel bei einer Sonnenfinsternis. Ansgar meinte es zu hören; das Stimmengewirr klang wie ein kollektives aufgeregtes Flüstern. Horchend kam er auf die Ursache: Der große Brunnen mit dem Obelisken vor seinen Augen, gestern ein funkelndes Becken, spuckte und rauschte nun im Dunkeln, ebenso wie die beiden anderen am oberen und unteren Ende, und die Türme der Kirche gegenüber, die sich gestern weiß vom Nachthimmel abgehoben hatten, waren heute nur mehr Schatten über dem Platz.

Minuten später sauste ihm Fahrtwind um die Ohren. Er saß hinten auf einem Motorroller, einer kleinen alten Maschine der Marke Piaggio. Seine Hände lagen auf den Schenkeln, und die Schenkel berührten den Hintern des Kartenlegers. Walter steuerte kreuz und quer durch die Gassen. Am Lenker baumelte zwischen seinen Händen der Hut. Bevor er ihn mit dem Motorradhelm vertauscht hatte, einem alten Ding ohne Kinnschutz und Visier, hatte Ansgar zum ersten Mal seinen bloßen Kopf gesehen, die graublonden, quer über den lichten Scheitel gezogenen und durch die Hutkante kreisförmig eingekerbten Haare. Immer wieder stoppte Walter, schaute sich um, machte eine Kehrtwendung, und es schien Ansgar, als wolle ihm der Wahrsager ein letztes Sightseeing bieten. Wieder sah er das Pantheon – bloß noch ein fahles Schemen mit einem erloschenen Brunnen davor. Wieder erkannte er aus dem Augenwinkel die Tempelsäulen der Börse, grau in grau, fast unsichtbar. Das schimmernde nächtliche Labyrinth hatte seine Glanzpunkte verloren. Dann, vom Ende eines engen Durchstichs, hörte Ansgar ein Hupkonzert, sie schossen hinaus, und der Zauberer bog auf die Via del Corso. Der Helm vor Ansgars Gesicht wackelte hin und her, er hörte den Zauberer rufen:

»Santa Madonna!«

In der warmen, von Abgasdunst erfüllten Häuserschlucht bewegten sich die Autos merkwürdig langsam, Fahrer hupten, Leute hingen aus den Seitenfenstern. Walter scherte rechts aus und preschte in einem Pulk von Motorrollern die schnurgerade Straße hinunter bis zu ihrer schwarzen Mündung – die Piazza Venezia, wusste Ansgar. Sie umrundeten die große Verkehrsinsel zwischen den Palästen, finsteren Quadern. Vor ihnen schimmerte kalt und schattenblau der weiße Kalksteinberg, der den Kapitolshügel verdeckte – das Nationalmonument, an dem er heute im Taxi vorbeigedämmert war. Paul hatte darüber gelästert: morbider Größenwahn, tote Pracht. Wie ein Gespenst schwebte das Reiterstandbild des Königs über der Freitreppe; darunter züngelten im Dunkel die ewigen Lichter für den Unbekannten Soldaten, und am Fuß des säulenstarrenden Monstrums wimmelten schwarze Gestalten, Feuerzeugflämmchen über den Köpfen. Walter fuhr im Schrittempo auf das Gebäude zu, als hätte er die Zuckerbäckerei noch nie gesehen, und erst da begriff Ansgar, dass auch diese Sehenswürdigkeit hätte strahlen müssen, eine immense Lichtquelle am Ende des langen Tunnels der Via del Corso. Die nächtliche Demonstration vor dem Absperrgitter schwappte von dem breiten Gehsteig auf die Straße. Der Motorroller umrundete den Koloss. Hoch türmte sich die Flanke, darunter ein Rasenstück, ein Brunnenbecken, ein Parkplatz. Auch hier standen Gruppen zusammen, Leute, die diskutierten, hin- und hertigerten. Ansgar entdeckte keine Zeichen, die erklären konnten, was sie zusammenführte. Irgendwo spielte ein Akkordeon.

Walter hielt an. Geradeaus führte ein schmaler Aufgang auf die Rückseite des Hügels. Ansgar stieg ab und starrte auf das diffuse Brachland, das sich darunter ausbreitete und diesseits der Straße, die breit und leer daran entlangführte, in der Nacht verlor. Im Winter war er mit Paul zwischen den Ruinen herumgelaufen bis hinüber zum Kolosseum, das da hinten am Ende der Forumsstraße liegen musste. Die Musik war näher gekommen, eine Männerstimme sang ein getragenes englisches Lied. Darunter rauhes Kichern. Ansgar drehte sich um und sah Walter, mit seinem schwarzen Jackett und dem Motorradhelm, neben einem kleinen Mann auf dem Brunnenrand sitzen, zwischen den Lippen die kalte Zigarre – wo war sie vorher geblieben?

All the world's asleep
in this forest deep,
der Akkordeonspieler, ein altersloser Albino mit schwammigen Gesichtszügen, beugte sich zu der Gruppe. Die linke Hand setzte aus, als ihm der Mann neben Walter ein Geldstück hineindrückte: Gianluca.

Sleepy eyes are closing tight
As we sing goodnight ...

Gianluca lächelte Ansgar entgegen; seine Zähne blitzten. Enges T-Shirt, schwarze Lederhose, diesmal war er früher auf dem Weg zu seiner eigenen Gesellschaft. Er gab ihm die Hand.

»Rome has its nightmare«, sagte er, *»it needs a nice lullaby.«*

»What has happened?« fragte Ansgar.

»A real nightfall«, antwortete Gianluca.

Walter warf Gianluca einen Blick zu. *»Not everyone has eyes to see the dark«*, sagte er grinsend. Dann wies er mit der Zigarre den Aufgang hoch. *»Ci vediamo dopo – probabilmente.«* Er steckte sie in seine Jackentasche und griff nach dem Lenker.

»Have a nice trip!« Gianluca hob die Hand.

ENDLICH TEMPO, ENDLICH KÜHLE. Die Luft rauschte in Ansgars Ohren, blähte sein Hemd. Dicht neben ihm raste die antike Geisterstadt vorbei. Keine einzige Ruine war erleuchtet. Der schwarze Schattenriss verschob sich unter dem dunkelblauen Himmel, abgebrochene Säulen, Bögen, Kuppeln, ab und zu eine Palme. Sein Führer saß kerzengerade; die Spitzen seiner weißen Schuhe ragten vom Trittbrett, unter dem die Straße rückwärtsfloss. Ansgar stellte überrascht fest, dass er ewig so hätte fahren mögen. Er spürte einen Anstieg, eine Biegung, die Walter übermütig ausfuhr, wandte den Kopf von dem Trümmerfeld ab und blickte geradewegs in die hohlen Waben des Kolosseums. Senkrecht wuchs es vor ihnen aus der Finsternis. Ansgar legte den Kopf in den Nacken. Der Riese verdeckte den Himmel. In einer weiten Rechtskurve umrundeten sie das Rund; Ansgar musste sich an den Rücken des Zauberers lehnen, während die Ruinenmauern vorbeiglitten. Sie erinnerten ihn an einen durchlöcherten Kochtopf – das Werk eines irren Architekten. Walter schrie über die Schulter, Lachen in der Stimme:

»Licht aus im Schlachthaus!« und legte sich in die Kurve. »Halten Sie sich endlich richtig fest!« Die Arena verschwand aus dem Blickfeld, sie schwenkten hart nach links, Ansgar lehnte sich gegen den warmen, mageren Rumpf des Vordermanns. Schwaden von Waldgeruch strömten ihm entgegen, Pinien auf beiden Seiten, trockener Boden, die Straße fast leer. Trambahnschienen glänzten im Licht des spärlichen Verkehrs. Zwischen den Bäumen meinte Ansgar wieder die Trümmer des Forums zu erkennen. Auch die langgezogene freie Fläche kannte er – der Circus Maximus, das Stadion der toten Stadt.

Glatter Asphalt, Parkdunkel, die Luft schwer von Piniendu ft und Bleigeruch. Die Straße flog ihm entgegen. Woher? Die Arme um den knochigen Schwulen gelegt, das Kinn fast auf seiner Schulter, fühlte Ansgar, wie ihn die würzige Nachtluft betäubte oder die ziellose Fahrt selbst, eine Entführung, die seinen Verstand einlullte. Die ausgeknipste Stadt ... die halben Andeutungen, das halbe Verschweigen ... Gianlucas Erscheinen ... seine Verbindung zu Walter, Walters Verbindung zu Lydia ... lauter aufdringliche Zufälle, die nach Konstellationen und Bedeutungen riefen wie Walters Karten. Aber statt nach einer Verschwörung zu forschen, schliefen seine Gedanken, seine Nerven, sie betteten sich in das Dunkel und die Riesenhaftigkeit, die ihn umfingen, als würde sich zwischen ihm und den vergangenen römischen Tagen ein Vergessen entrollen, Kilometer um Kilometer. Er hob die Augen von der fliehenden Straße, doch was er sah, trieb ihn noch tiefer in den Traumzustand. Im unbewohnten Niemandsland hinter den Pinienstämmen glitt eine vorsintflutliche Landschaft vorbei, zeitlos, still, noch gewaltiger als die Bauten im Stadtinnern. Überdimensionale freistehende Wände und Rundbögen lösten einander ab, sie standen da im Leeren wie versteinerte Saurier, die mit unendlicher Geduld auf ihre Entdeckung warteten.

»Was ist das?« schrie er gegen den Fahrtwind.

Der Helm vor seinen Augen ruckte wieder, aber Walter reagierte nicht. Ansgar empfand einen Druck auf der Brust und das Klopfen darunter, als würde sein Herz aufwachen. Auf einmal irritierte ihn die klebrige Wärme seiner Hose an der Sitzfläche und, noch schlimmer, am Sitzfleisch des Magiers; er konnte nicht weg; er rückte von ihm ab. Der Roller schlingerte, dann wurde er langsamer, holperte auf den Rand und stoppte. Kaum erstarb der Motor, umfing sie wie ein sirrender Regen das Geräusch der Zikaden. Walter stieg ab und stapfte unter den Pinien hindurch auf das Brachland. Ansgar folgte ihm quer über einen breiten Schotterweg und wieder auf dürres Gras, Blick auf die stummen Giganten. In der Hosentasche fühlte er die warme Glätte der beiden Magnetbohnen. Er hatte sich ausgeliefert. Kein Haus weit und breit. Es war dunkel bis auf ein paar Straßenlampen, die Straße selbst kaum befahren, kein Taxi, das ihn zurückfahren würde, wenn Walter ihn alleinließe. Zum wiederholten Mal versuchte er vergeblich, auf die Uhr zu schauen. Er hob den Kopf zu der schwindelnden Höhe, sah ein paar Sterne über den zerfallenen Mauerrändern, schaute sich um, und tatsächlich: Walter war weg. Ansgar ging auf die Ruine zu. Woher nahm er die Sicherheit, dass in den ausgebeulten Jackentaschen dieses unberechenbaren Menschen kein Messer steckte? Dass er nicht morgen in der Tageshitze unter dieser meterdicken Mauer gefunden werden würde, Hals aufgeschlitzt, Fliegen auf trocknendem Blut, Ameisen im Mund?

Da stand er dicht vor ihm und pinkelte gegen den antiken Stein. Ansgar trat einen Schritt zurück.

»Die Thermen von Caracalla«, sagte Walter zu der Mauer. »Ein Erlebnisbad für zweitausend Leute. Das Heizungssystem ist hier«, er drehte sich um, die Hände am Hosenschlitz, und stampfte mit dem Fuß auf die Erde. Seine hohe Stimme klang barsch. »Da unten haben die Sklaven an den Öfen gearbeitet. Kommen Sie.«

»Was ist los? Warum ist alles dunkel?«

»Genau das werden wir sehen.«

»Sagen Sie mir, wohin wir fahren.«

»Bis zur Endstation.«

»Und die wäre?«

»Kein Kommentar.«

Noch ein Wort, und Walter würde die Aktion abbrechen. Ansgar hatte keine Wahl mehr. Er stapfte hinter dem Zauberer her.

DIE SCHLÄFRIGE ERGEBENHEIT war dahin; sein Gehirn arbeitete gegen die Angst und arbeitete ihr zu. Jenseits der Thermen tauchten sie in ein tieferes Dunkel – die neue Straße war zwar eine Rennstrecke, aber schmal wie ein Tunnel, umschlossen von Parkgittern und Mauern, über die schwarze Baumkronen ragten. Nicht einmal Gehsteige rechts und links. In der Enge staute sich der Abgasgestank. Ansgar atmete flach. Alle Versuche, sich seine Zwangslage zu erklären und sich das Ziel vorzustellen, das sie ansteuerten, drängten ihn nur weiter in diesen Tunnel, diesen Gedankentunnel. Mühsam suchte er nach einem Muster für seine Situation. Er erinnerte sich, wie er als Kind von einem falschen

Linienbus im Hafengebiet ausgesetzt worden war, er sah sich als Abiturient in Bombay mit einer Fähre von Elephant Island an einem fremden Anleger landen, dessen Ankunftshalle von Armut wimmelte, und als New Yorker Praktikant in der Bronx umherirren, wo er sich am Botanischen Garten verabredet hatte und zu früh aus der Subway ausgestiegen war. Als kleiner *Morgenpost*-Reporter hatte er in Provinzhotels übernachtet, er hatte in den Hamburger Randbezirken auf Polizeistationen und an tristen Tatorten gewartet, in Bürobaracken gesessen und sich durch die Containersiedlungen für Asylbewerber gefragt ... Aber diese kleinen Zusammenstöße mit dem Unbekannten waren bloß Anekdoten aus seinem Leben, seinem Beruf. Beides, Leben und Beruf, blieb hinter ihm zurück. Diese Fahrt an den Stadtrand war kein Abenteuer. Sie war ein Trichter, der ihn einsog. Je enger er wurde, desto uneinsehbarer sein Ende – das Ende eines vertanen Tages, einer vertanen Reise, zu der doch auch der morgige Tag gehörte, mit seinen lästigen Aufgaben: der versprochene Anruf bei Ellinor; der zurückgelassene Recorder; die Entscheidung, ob er über das Wochenende bleiben oder zurückfliegen sollte; die Rückkehr überhaupt. Vor der Rückkehr lag eine fremde, rasch anwachsende Drohung. Er raste in die entgegengesetzte Richtung, als raste er auf eine Mauer zu.

Ein bisschen Panik, beruhigte er sich, war durchaus angebracht. Die schmale Strecke war stärker befahren als die breiten Straßen zuvor; immer wieder kamen ihnen blendende Lichterpaare entgegen, überholende Autos drängten sie an den Rand, zischend schwoll und verklang der Motorlärm im Straßenbett. Schließlich bildete sich vor ihnen ein kleiner Stau; die Autos fädelten sich durch einen römischen Bogen, über dem sich märchenhaft die Zinnen zweier riesenhafter Türme am Himmel abzeichneten; kurz darauf passierten sie ein Stadttor über der Straße, die endlich ins Offene mündete.

Walter stoppte an der Querung. Wie eine schwarze Gewitterwand hing ihnen der Wall der Stadtmauer im Rücken. Sie setzten langsam über die Kreuzung, weiter geradeaus – immer dieselbe Richtung, dachte Ansgar, und in diesem Moment glitt über seinem Kopf ein Straßenschild vorbei: *Via Appia Antica*.

Ansgar begriff sofort. Die Gerade der Appia Antica, die Schlangenlinie der Ardeatina … Genau diese Strecke hatte er mit dem Zeigefinger auf dem Lageplan des Reiseführers südwärts zurückgelegt, als er die Fosse Ardeatine suchte. Dahin hatte der Weg vor gut fünfzig Jahren geführt, raus aus der Stadt – zur Hinrichtung. Und dahin brachte ihn der Zauberer jetzt. Er verschleppte ihn zum Tatort. Eine Pilgerfahrt also, eine Gedenkfahrt. Ansgar empfand eine trübe Enttäuschung. Das Ziel der Exkursion war viel zu naheliegend, um seinem eigenen Ziel zu dienen. Walter führte ihn noch weiter von Lydia weg. *Es wäre in ihrem Sinn, wenn ich für Sie den Führer mache:* Nichts sprach dafür, dass Ansgar die Schriftstellerin an den Fosse Ardeatine treffen würde. Ihm blieb nur noch diese Fahrt selbst. Kleine Gehöfte unterbrachen das Nachtgrün, ab und zu ein Blick auf freies Feld; die Appia hatte das Gesicht einer normalen Vorstadtstraße, die unter einem Zubringer hindurchtauchte und dann wieder friedlich-wohnlich durch den schlampigen römischen Speckgürtel lief, erleuchtete Fenster, parkende Autos – und mit einem Mal wieder ländliches Dunkel. Eine Gabelung. Zu beiden Seiten wuchsen neue Randmauern aus der Erde, zwei labyrinthische Gänge; in der Mitte der Schere erhaschte Ansgar einen Durchblick auf leeres Land, eine Zypressenallee, dann schoss der Roller in den rechten Gang.

Vollkommene Finsternis. Der Lichtfühler schweifte vorweg, das Fahrzeug folgte, die Mauern begleiteten es, wichen zurück, öffneten und schlossen sich wieder. Ansgar lehnte sich vor, die Hände auf den Schenkeln. Er spürte die Flanken des Fahrers, der sich geübt, fast genussvoll in die gedehnten Kurven lehnte; er atmete Schwaden von verbranntem Benzin und verbranntem Gras, ab und zu wehte ein Schleier Blütenduft vorbei. Allmählich wurde ihm leichter ums Herz, fast übermütig. Das Knattern des Motors in der sommerlichen Nachteinsamkeit hatte einen jugendlichen Klang von Ferienerlebnis, von Heimlichkeit. In Echtzeit fuhr er auf einer Piaggio durch die Schwarzweißlandschaft des alten Reiseführers von 1961. Improvisation, daran war er heute nachmittag erinnert worden, war das Geheimnis seines Berufs – entdecken, nicht Pläne erfüllen. Er hatte einen Abweg gewählt, gut, jetzt wählte der Abweg ihn. Mit einem verrückten deutschen Römer klapperte er die Vorzeit ab, an der Königin der Straßen, zwischen Thermen und Katakomben. Die Wirklichkeit. Da lebte noch was. Nur was? Er hätte mehr recherchieren sollen. Den Reiseführer studieren. Diese Stadt, so viel wusste er mittlerweile, hatte einen doppelten Boden. Er lachte resigniert in sich hinein. Im besten Fall konnte er eine Überraschung mitnehmen. Schönes Rom. Rom bei Nacht.

UND DANN LICHT. Wie an einem bewachten Grenzübergang schnitt es ein gleißendes Segment aus der Umgebung, die umso tiefer im Schwarz versank. Momentlang schloss Ansgar die Augen; unter seinen Lidern zitterte das Nachbild einer weißen Statue hoch über einer breiten Nische in der Straßenmauer. Die Ardeatina hatte plötzlich in einem scharfen Bogen bergab geführt. Ein wirres Metallgitter, wie aus Knochen geformt, glänzte in der Nische, kaltes Licht strömte durch die Lücken, das Grün am Hügel darüber reflektierte schillernd. Ansgar stieg ab. Im Schatten der Straßenbucht, in der Walter angehalten hatte, flimmerten weiße Buchstaben, *Hamburgers Bibite Hot Dogs Gelati* – die Markise eines Imbissstands. Gegenüber gossen Flutlichtlampen ihr Licht vom Himmel, die stärkste Lichtquelle aber strahlte dicht überm Boden. Ein paar Gestalten bewegten sich darin wie Statisten in einem nächtlichen Freilufttheater, ein paar im Dunkeln dahinter, mit Stativen, Kabeln, unförmigen Geräten auf den Schultern. Kameras. Wahrhaftig, ein Tatort. Von irgendwoher kam ein monotoner Sprechgesang, unterbrochen von Zwischenrufen und kurzen Befehlen, und um die diffusen Chorstimmen wand sich ein langgezogenes weibliches Wimmern, untergründig an- und abschwellend. Ansgar sah diese Stimme: Sie kauerte am Boden neben der Türöffnung in dem wuchernden Metallgerippe, ein schwarzes Bündel.

»Wollen Sie sich das nicht anschauen? Gehen Sie, gehen Sie!« Walter lehnte an der Piaggio am Straßenrand, rechts und links Autos, ein Lieferwagen; ein Mann machte sich an der Verkleidung des Imbissstands zu schaffen, als wäre jetzt die ideale Öffnungszeit. Wie zur Bekräftigung, dass er bleiben wolle, hob Walter die Zigarre hoch.

Ansgar schlenderte schräg über die Straße. Der Reportergang wollte ihm nicht gelingen; seine Knie zitterten von der Fahrt. Vorn auf dem schmalen Gehsteig saßen ein paar zusammengekrümmte Gestalten, eine schaukelte vor und zurück, das Gesicht in den Händen verborgen, als Umhang lappte ihr eine italienische Fahne über die Schultern. Die Menschen im Lichtkreis der Fernsehscheinwerfer taumelten, Hände fuchtelten. An der Wand stand ein Mann in strammer Soldatenhaltung und psalmodierte; er trug eine Uniform wie aus einem Historienfilm, mit Ordensbändern dekoriert. Neben seinem Kopf hing ein gelbes Schild an den groben Mauersteinen: SISTEMA DI VIDEOCONTROLLO IN FUNZIONE. Ein paar Leute fingen an zu singen, *morte*, verstand Ansgar, *pronti alla morte, siam' pronti alla morte,* wir sind zum Tod bereit. Als er sich näherte, hob die am Fuß des

Gitters zusammengesunkene Frau die Arme und steigerte ihr Wimmern zu einem lauten Heulen, ein unförmiges, schwarz gekleidetes Klageweib, und einen Moment lang blitzte der Gedanke an Lydia auf. Er fühlte, dass sie ihm entgegenschaute, und bog ab zu den Schemen hinter den Scheinwerfern, den Leuten an den Kameras. Er zog die Zigarettenpackung aus der Hosentasche. Da war die Frau mit einem Mal auf den Beinen, sie wankte auf ihn zu und packte mit beiden Händen seine Hand.

»Aiuto! Venga, signore, per la grazia di Dio, venga!«

Einen Augenblick war er versucht, ihr die Zigaretten zu überlassen, dann begriff er, dass sie ihn zum Eingang zerren wollte. Die Scheinwerfer rückten auf ihn zu, die Kameras folgten, drängten. Er gab nach. Dem gebückten Wesen hinterherstolpernd, erreichte er die durchlöcherte Gitterwand.

»Venga, prego, mi aiuti!«

Sie schob ihn durch die Tür auf einen blendend hellen Kiesplatz. Der Anblick war noch hässlicher als der draußen. Die weiße Statue schaute von der Mauer herab: drei rücklings aneinandergefesselte Männer. Unter der Hügelflanke lag auf einer flachen, mit Rasen bedeckten Erhebung ein langgestreckter Betonquader, auch er grellweiß, ein riesiger Sarkophag. Die Alte humpelte darauf zu. Sie hielt Ansgar am Handgelenk gepackt. Mit halbem Willen versuchte er, sich zu befreien. Im selben Moment rasselte jenseits der Umfriedung ein Anlasser. Es war das vertraute Geräusch der Piaggio; sein Führer verließ ihn.

4.

Nacht auf Freitag, 2. August 1996
Die Katakomben

NOCH VOR DER AURELIANISCHEN MAUER fuhr Walter von der Appia auf die Umgehungsstraße. Inzwischen war der Mond aufgegangen. Erst lag er auf den Gleisfeldern von Ostiense, dann lungerte er hinter den Bäumen unterhalb des kleinen Aventin, der sich – die kalte Schulter des großen – vornehm von der Straße abwandte, und schlüpfte für eine Weile hinter die alten Bürogebäude gegenüber dem Bahnhof. Seine ganze Gestalt, eine abgegriffene Kupfermünze, zeigte sich Walter erst am Piazzale Ostiense. Noch so ein toter Punkt: Die Pyramide, deren Weiß sich gewöhnlich nur nachts, im Licht der Strahler, wie ein Wüstentraum vom dunklen Himmel abhob, war verschwunden. Walter musste den Platz umrunden, um den dunklen Zacken am Rand auszumachen. In einer sentimentalen Laune bog er an der Längsseite des Protestantenfriedhofs ab, um einen Blick auf den Testaccio zu werfen. Das Grün, unter dem die Ausländer und die Einwanderer lagen, schickte einen kühlen Lufthauch über die Straße.

Von der Via Zabaglia aus wirkte das Nachtleben rings um den kahlen Hügel dürftig. Walter erspähte nur vereinzelte Schemen. Am Ende, wo die Häuschen und Buden bis an die Straße reichten, plauderten die Eintreiber vor den Eingängen mit ein paar gelangweilten Flaneuren. Walter schaute sich nach dem gepflasterten Treppenweg um, der an der spitzen Ecke der Umgehung auf den Buckel hinaufführte:

die Heinrich-Dressel-Rampe. Der Name war ein *running gag* geworden, als Walter mit seinem blonden polnischen Freund am Testaccio auftauchte. Männer wie Frauen machten Andrzej Avancen, doch weil er sich schüchtern hinter Walter versteckte, hielten sie sich stattdessen an den Deutschen. Bei den Verabredungen am Aufgang zur Kuppe (so viel friedlicher als der Rücken des Kapitols) sprachen sie den nazihaften Namen des armen Scherbensammlers grinsend und mit putziger Reibeisenstimme aus: Ein-rrick Drress-sel. Andrzej schämte sich, Walter aber grimassierte und salutierte, und so hieß er in der Testaccio-Zeit eine Zeitlang Heinrich, *Einrick il tedesco*. Wo hatte das Ende angefangen? Walter drehte am Gashebel, vollendete seinen Schwenk und knatterte zum Aventin zurück.

Am Fuß des steilen Hügels bog er auf den Lungotevere. Der Mond hatte sich in der kurzen Zeit verjüngt und war über den Fluss geklettert. Über der Tiberinsel hing er und zeigte, versilbert und poliert, seine Kontur – die Rundung im ɑ, die andere Seite um ein Drittel geschrumpft. Gebt dem Kaiser, was des Kaisers ist: Viel war es nicht mehr. Es war spät geworden, Jahre zu spät. Die Karten hatten das Orakel der Stunde gesprochen: Der Mond stieg auf, der Mond nahm ab. Würde er doch immer zunehmen, nie untergehen! Fast hatte Walter die Englische Brücke mit dem kaputten Trumm des Ponte Rotto erreicht; der Roller schlingerte, Walter schnaubte grimmig – ein Verliebter lebt gefährlich – und wechselte auf die rechte Spur, wo wie ein Vogelbauer der Vestatempel aus dem Boden wuchs. Sekundenlang schwebte ihm ein verkehrtes Bild vor Augen: Er schaute von oben in den Nachthimmel hinab und sah sein Gestirn am Grund liegen; er stürzte ihm entgegen. Scharf bog er ab und raste an dem wuchtigen Bau des Einwohnermeldeamts vorbei, wo er so viele Stunden verbracht hatte. Nach oben, nach oben. Er würde die Westseite des Monte Caprino abgrasen und dort nach Gary schauen, bevor er nach Hause fuhr (nach Hause!), wo das andere Orakel wartete, oder dasselbe, ein Zeichen von Marc Aurel, ja vielleicht Marc Aurel selbst.

Mitten in der Aufwärtskurve stoppte er. Im Ghetto war der Teufel los. Von der Mündung bis in die Tiefe wimmelte der Zugang neben dem Marcellustheater von Menschen, Fackeln, Fahnen, geballten Fäusten. Hier war also der Magnet, der das Leben aus der verdunkelten Stadt zog. Er zog auch ihn an. An die Stelle der Mondscheibe trat das schwarze Loch, die Pfütze am Kindergrund seiner Seele. Kaum hatte Walter gewendet und das *motorino* in die Abzweigung geschoben, da hatte das Loch ihn schon geschluckt. *»Assassino!«* brüllte jemand neben ihm, Mörder! Er zuckte zusammen, blieb stehen, löste den Hut vom Lenker. Davidsterne tanzten über seinem Kopf. Er sah keinen Zug und hörte keine Sprechchöre; junge, schwarz gekleidete Leute standen zusammen, als würden sie warten, und riefen durcheinander. *»Giustizia!« – »Forza ebrea!«* Eine helle Stimme, ein blasses, nasses Gesicht. Rote Fahnen, Trikoloren. Er setzte den Hut auf, hängte den Helm an den Lenker. *»Cacciamolo noi!«* Fangen wir ihn! *»Lotta continua!«* Langsam schob er sich voran. Die Straße wurde enger, das Gewühl wurde enger, die Nebengassen waren schwarz von Menschen. *»Vendetta per i nostri antenati!«* Rache für unsere Vorfahren. Endlich der Platz. Der Schildkrötenbrunnen war verdeckt von Leibern, Flammen. Von oben heiseres Gekreisch. Auf der leeren Schale, die den Aufbau krönte, stand breitbeinig eine Frau, die Arme hochgereckt, und schrie ununterbrochen:

»Mai più! mai più! mai più! mai più! mai più ...«

Nie mehr.

Es gelang ihm, sich mit dem *motorino* an den Rand zu schieben. Irgendjemand rief: *»Vedi la maga?«* Er achtete nicht darauf. Dort, wo die Via dei Funari vom Platz wegführte, die Seilerstraße, verwandelten sich die Akteure in Zuschauer; davor entstand in der Menge ein neuer Drift in die Seitengassen zum Fluss hinunter, rein ins Innere des Ghettos. Er stemmte sich dagegen; wenn er erst bis zur Synagoge gedrängt würde, käme er nie mehr raus. Nur noch fünfzig Meter an der Häuserwand entlang, gegen den Strom. *»Attacca! Giù i nazisti!«* Allmählich franste die Masse aus. Am Rolladen eines Geschäfts lehnten zwei alte Männer mit Bart und Schläfenlocken, sie hatten sich in Schale geworfen, schwarze Anzüge, schwarze Hüte, und diskutierten. Blick auf seinen Hut, zogen sie die Füße ein, nickten ihm zu. *»Se vann' a rifa' le mura«*, murmelte der eine in abgerissenem Römisch, sie werden die Mauern wieder hochziehen. Endlich die Öffnung zur Via Arenula. Zwei Carabinieri standen als Wachen an der Abzweigung. Ein Mannschaftswagen parkte am Grünflecken schräg gegenüber, zehn, zwölf Uniformierte spazierten auf dem Gehsteig auf und ab. Aber der Spuk war nicht vorbei. Eine leere, erleuchtete Straßenbahn stand auf der Strecke. Oben am Largo Argentina, dunkel auch er, staute sich der Verkehr, die warme, bleierne Luft vibrierte nervös, Reste von Sprechchören wehten herüber, dumpfe Rufe. Walter setzte den Helm auf und schob den Roller über die Straße.

»È chiusa la strada?« fragte er einen der Carabinieri und wies mit dem Kopf stadtauswärts.

»Di qua? No«, antwortete der Mann. *»Non ancora.«* Noch war der Weg nach Trastevere frei. Wie bewegte sich Gary durch die Stadt, mit der Straßenbahn, mit dem *motorino*? Walter fuhr die breite Straße hinunter. Es ging geradeaus, immer geradeaus bis nach Hause, dahin sauste er wie ein elastisches Seil, das zurückschnellt. Nein, es war nicht zu spät. Jeder Rücken auf den Zweirädern vor ihm zeigte von fern das keltische Kreuz. Schweiß trocknete unter seinen Kleidern, der

Hut flatterte am Lenker. Über dem Fluss kühlte der Fahrtwind ab. Links streckte die Tiberinsel den anderen Ausläufer unter die Brücke, rechts war der Mond weiter aufs Zentrum zugerollt, sein Licht war fern und kalt geworden.

Trastevere. Touristen in den Seitenstraßen. Die tote Fassade des Erziehungsministeriums. Endlich das Dunkel unter den Bäumen. Hier begann die Nacht. Walters Tagwerk war der Dienst an Lidia gewesen, an Lidia und ihrer Katastrophe. Er hatte diesen Ansgar Keller zum Teufel geschickt – dem einzigen, der ihm helfen konnte. Jetzt stand er dort am Rand des Abgrunds. Wahrscheinlich verschloss er die Augen, mehr war nicht zu erwarten. Er, Walter, war drauf und dran, in seinen eigenen Abgrund zu schauen. *See you.*

Als er den Roller unterm Haus abschloss, war er ruhig. Nach Hause, dieses Gefühl war mit ihm angekommen. Niemand zwang ihn, die Wohnung wieder zu verlassen – er wollte bleiben und warten, bis der Mond auf nichts geschrumpft war. Und doch war er nicht überrascht, als er im Treppenhaus den Haschgeruch wahrnahm. Was man voraussieht, ist längst eingetreten. Er stieg hinauf ohne Herzschlag, mit stillgestellten Gedanken, achtundfünfzig Stufen bis zu dem Jungen, der seinen, Walters Hass in den Augen davongetragen hatte. Garys Warten hatte ein Ende; er hörte jeden Schritt. Als Walter in sein Blickfeld trat, rührte er sich nicht. Die Kippe lag zwischen seinen Füßen, sie glomm noch, er selbst saß im Schneidersitz vor der Wohnungstür. Der blonde Vorhang fiel vor sein Gesicht.

»Hi, wizard.«

»Get up«, sagte Walter.

Erst jetzt schaute der Junge vom Boden auf. Die blauen Augen waren stumpf, das Weiße gerötet. *»You want me to come in?«*

»Of course.« Das Treppenlicht ging aus. Gary erhob sich

langsam, sperrig. Walter spürte seine Körperwärme, roch die junge Haut – fremd und längst unverzichtbar.

»For sure?«

Walter antwortete nicht. Er zog den Schlüssel aus der Jackettasche.

HIER WAR ENDLICH ALLES LEER. Er hatte sie abgeschüttelt. Wie ein Hase war er ins Dunkel gerannt, erst den Weg bergauf, dann querfeldein. Kein Laut mehr, nur noch ein schwacher Lichtschein reichte herüber und gab dem schattengrauen Bodengewächs eine Ahnung von Farbe, ein künstliches Grün. Doch als er sich umwandte, schaute er auf ein leeres, strahlendes Betonfeld – das Flachdach des riesigen Sarkophags; daneben erhob sich der Steilhang des Hügels, auf dessen Rückseite er stand. Da unten mussten die Höhleneingänge liegen … aber etwas anderes zog seinen Blick an. Eine Erscheinung. Dicht über der flachen Kuppe stand der Mond, ein großer abnehmender Frühmond, das schummrige Orange durchkreuzt von einem mechanischen Liniengeflecht, das da oben mit dem Gestrüpp aus dem Boden wuchs – der Davidstern, unverkennbar, mitten im wild verkrauteten Gelände. Er hörte sich selbst zischen vor Wut – diese peinliche Zusammenwürfelei, die Hässlichkeit des ganzen Ortes passten zu dem Überfall, der hinter ihm lag.

Irgendwann hatte ihn die schwarze Alte losgelassen und sich aufs Murmeln und Händeringen verlegt, während sie vorausging, den witwenmäßig verschleierten Kopf zurückdrehend, als sei er ihr verkehrt herum angewachsen, und ihn mit ihrem Singsang zu dem Massengrab gelockt, *signore, Dio, venga, prego* – bis rein in die Betonschachtel. Eine Halle, so endlos ausgedehnt und niedrig zugleich, dass er fürchtete, drinnen zwischen dem Steinboden und der Steindecke zerquetscht zu werden, die bedrohlich in der Schwebe hing;

blasses Licht sickerte durch den Spalt. Zwischen den Platten, dicht an dicht in Doppelreihen aufgestellt, Gänge dazwischen: Steinsärge ohne Ende. Sicher zwei Dutzend in der Breite, die Längsflucht unübersehbar. Wie teilt man 335 Tote auf? Die Aufgabe quälte ihn, während er an Namen, Nummern, Eichenlaub, Fotomedaillons und Blumen, Blumen, Blumen vorbeilief. Auch das, was die Granitblöcke enthielten, jeder für sich, war nur schwer aufteilbar gewesen. Ob diese Rechnung wohl aufgegangen war? Der italienische Artikel in der Dokumentation hatte ausdrücklich die Arbeit eines Doktors gewürdigt, der die Körperreste zugeordnet hatte … Vielleicht war es das Kopfrechnen, die Unzahl der Särge, Reihe um Reihe, die Monotonie, vielleicht das gebethafte italienische Lamento, das ihn gefangen hielt: Den Tross, der ihnen durch die Totenhalle folgte, bemerkte er nicht. Angekommen im letzten Gang, stand er auf einmal im grellen Studiolicht. Da war es zu spät.

Die alte Frau heulte laut. Sie warf sich auf einen Sarg in der vorletzten Reihe und breitete die Arme aus, als wolle sie den Granit umarmen; sie war klein, zog sich aber mit unheimlicher Kraft so weit nach vorn, dass ihre Beine in der Luft ruderten, die Omaschuhe über die Kanten kratzten, die schwarzen Strümpfe unterm Rock hervorschauten. Sogar hier gelang es ihr noch, den Kopf halb zu ihm hochzudrehen, und in dieser grotesken Haltung spuckte sie eine Tirade aus, die nicht mehr nur seine und Gottes Hilfe anrief, sondern eine ganze Geschichte erzählte, von der er nur ein Wort verstand, ohne Zweifel das entscheidende: *fidanzato,* Verlobter. Die Laute prasselten auf sein Trommelfell. Ihm blieb nichts übrig, als die Arme auszubreiten und immer wieder den Kopf zu schütteln; weg konnte er nicht; wenn er sich umdrehte, schaute er in die Objektive, ins blendende Licht. Er stand auf einer Bühne. Oder in einem Labor, eine hilflose Versuchsperson. Die Filmleute wegdrängen, die Linsen zuhalten – unmöglich. Der strampelnden, schreienden Frau das Wort abschneiden – unmöglich. Der einzige Ausweg führte an ihr vorbei, ans Ende der Sargreihe. Er hatte kaum zum ersten Schritt angesetzt, da rutschte sie auf den Boden zurück, und wieder der Klammergriff ihrer eisigen Patschhände. Sie zog ihn vor den Stein und presste seine Hände auf die Metallbuchstaben des Namenszugs: IGNOTO. Unbekannt. Darunter die Nummer 284.

»Era mio fidanzato, mi creda, per il nome di Dio, me l'hanno ammazzato, il povero diciasettenne, nessun compenso, nessuna consolazione, aspetto da tanti anni, intanto son' diventata 'sta vecchietta che vede, credami Lei, signore ...«

Mit einem Blick hatte er erkannt, dass auch der Tote links daneben IGNOTO hieß. Die Fotorahmen im Steinlaubkranz waren leer. Er riss seine Hände los, jetzt aber kauerte sich die Frau vor seinen Füßen zusammen und umfasste seine Beine. Er versuchte, sie an den Schultern wegzudrängen – eine schauderhafte Berührung.

»Please let me go. I cannot do anything for you.«

»Non mi capisce! Ma chi è questo?! Inglese? Tedesco? È un tedesco, è uno di quegli assassini, addirittura, Madonna, un tedesco!«

Sie war wieder auf die Beine gekommen, jetzt ging sie auf ihn los, eine Furie, mit erhobenen Fäusten. Sie schrie weiter, drohend diesmal, er wich zurück, die Kameras mit ihm; jemand federte seinen Körper mit den Händen ab, und diese Berührung löste es aus. Er vergaß sich. Er sprach deutsch.

»Was soll das! Haut ab! Verpisst euch!«

Er stieß die Alte gegen den Steinsarg, drängte sich an ihr vorbei und lief aus dem Gang hinaus. Die ganze Längsseite der Halle war er hochgerannt, an dreihundert Gräbern vorbei, die Treppe hoch und raus aus dem Totenhaus ins Freie, auf den Rasen. Auf dem Kiesplatz vor dem Ausgang standen andere Kameraleute. Offenbar hatte sich das ganze italienische Fernsehen hier verabredet. An der Seite ragte im Flutlicht eine Steilwand auf, mit gemauerten Eingängen, Schrifttafeln, Kränzen unten, oben mit feinen Maschengittern gesichert – ein Anblick, der ihm bekannt vorkam. Da ging es hinein, nicht hinaus. Also war er in die andere Richtung gelaufen, um das Gebäude herum. Der Kiesweg führte auf den Hügel, ins dunkle Niemandsland hinter, nein, über den Höhlen.

Das Gelände wurde flacher, das Licht spärlicher. Die Mondlampe war zu schwach, um Orientierung zu geben. Unter den Bäumen zeichnete sich ein niedriger Wall ab oder eine Hecke, über die er vielleicht klettern konnte. Vom Weg kamen Stimmen, sie näherten sich, und er rannte über den welligen Boden durchs Gras, rannte und fiel. Sein Schritt war ins Leere gegangen. Der Knöchel schmerzte, und er rutschte abwärts; die rauhe Erdwand holperte unter seinen Füßen, die Hände schrammten auf und fanden endlich Halt. Draht war es, derselbe dünne Draht, der den Hang über den Höhlentoren sicherte. Ansgar krallte sich in den scharfen Maschen fest, versuchte sich hochzuziehen – vergeblich, die Sandalen glitten ab – und hielt inne: Die Stimmen waren da.

Eine weibliche: *»Signore, come va? Si è fatto male?«*

Eine männliche: »Sie sind unten? Sie haben weh getan? Sie warten, wir helfen.«

Er hing am Rand eines Kraterlochs. Tief war er nicht gefallen; es gelang dem Mann, ihm die Hand zu reichen und ihn an den Rand zu ziehen. Als Ansgar sich aufrappelte, deutete der Italiener auf einen Pfeiler, an dem er sich beim Herabbeugen festgehalten hatte, mit einem Schild – weiß und so groß, dass man die Buchstaben entziffern konnte: VORAGINE … ESPLOSIONE DI UNA MINA … SS TEDESCHE … ACCESSO …

»Da ist geschrieben«, sagte der Mann. Er war groß und jungenhaft, mit einem Prinz-Eisenherz-Pony über den halblangen Locken, und trug eine weite Anzugjacke überm T-Shirt. »Das Loch von der Explosion, gemacht von SS, damit sind die Höhlen geschlossen nach dem Massaker. Ich bin Settimo Basaldella von *Immagini della città*. Hier ist meine Kollegin Vittoria. Sie sind verletzt?«

»Ein bisschen – vielleicht«, sagte Ansgar. »Der Fuß.« Er beugte sich hinunter und hob das Hosenbein. Sofort hockte die Frau vor ihm im Gras. Ihre nackten Knie ragten spitz neben seinem Kopf hoch, ihr blonder Scheitel streifte sein Kinn, Ansgar roch ein leichtes Parfüm – und fühlte ihre Hand am Fußgelenk.

»Là?« fragte sie und streichelte sanft darüber.

»*Sì*. Aber schon gut ... *va bene*.«

Ein glöckchenhelles Lachen. Sie hob ihr herbes, verschmitztes Gesicht und streckte ihm die Hand entgegen. *»Ma parla italiano! Piacere, io sono Vittoria.«*

»Ansgar Weber«, sagte Ansgar und zog sie hoch.

»WAS MÖGEN SIE? *Una Coca-Cola? Una bella birra?*«

Der Imbissstand hatte tatsächlich aufgemacht. Ansgar lehnte, den schmerzenden Fuß angewinkelt, an der Tresenleiste; mühsam hatte er es auf dem Weg zum Tor und über die Straße vermieden zu humpeln. Inzwischen war der Platz vor den Fosse belebt wie bei einer nächtlichen Belagerung. Die Übertragungswagen standen offen wie bewohnte Campingmobile, auf den Stufen saßen Leute und aßen aus Pappschachteln, junge Helfer schleppten Getränkedosen in Sixpacks über die Straße. Auf der Außenmauer kletterten ein paar Gestalten hoch. Die schon oben waren, tanzten vor der mächtigen weißen Statue wie kleine Affen, die Köpfe auf Kniehöhe der drei Gefesselten – und mit einem Mal entrollte sich, wie ein Fenster vor der schwarzen Wand, ein selbstgemaltes Transparent: NON DIMENTICHEREMO MAI.

»Niemals wir werden vergessen«, übersetzte Settimo in seinem gebrochenen, aber fast akzentfreien Deutsch. Er protestierte, als Ansgar bezahlen wollte.

»Aber Sie haben mir geholfen.«

»Das ist nichts. Wir müssen entschuldigen. Man hat Ihnen etwas Böse getan. Nicht unsere Leute, aber Kollegen trotzdem – Kollegen, die machen kaputt unseren Beruf. *Evento quotidiano*, dieser Sender macht immer so. Immer Betrug.«

Wieder das Glöckchenlachen. *»Brutti stronzi«*, sagte Vittoria. Sie stand auf Ansgars anderer Seite und lächelte kopfschüttelnd, wie um ihm zu signalisieren, dass sie ein Schimpfwort gebraucht hatte

»Betrug?«

Settimo hielt ihm eine Schachtel Player's hin und beugte sich vor, um ihm Feuer zu geben. Seine Locken fielen nach vorn, er hob das Feuerzeug wie einen Zeigefinger. *Evento quotidiano*, erklärte er, und sein ungelenkes Deutsch bekam einen eifrigen Ton, war der Infokanal eines großen Privatsenders gewesen und hatte sich kürzlich, ohne den Kanal aufgeben zu müssen, mit dubiosem Geld abgespalten. Mit sehr dubiosem Geld. Er war bekannt für seine Fälschungen, verhinderte aber erfolgreich alle Gegenmaßnahmen – angeblich war das Archiv voll von Enthüllungen über jeden Politiker, der dagegen vorgehen wollte. Die Attacke auf einen zufällig anwesenden Besucher in den Fosse Ardeatine war ein mieser Trick. Jeder, der diesen Ort kannte, wusste, was ein Fremder nicht wissen konnte: Die Alte war das Faktotum der Gedenkstätte, sie lebte quasi hier. Normalerweise bettelte sie friedlich, aber wenn sie sich sicher fühlte, zog sie bei ahnungslosen Touristen die Show von ihrem jungen Verlobten ab, angeblich einer der nicht identifizierten Märtyrer, und von einer Entschädigung, um die sie betrogen worden sei. Selbst Italiener fielen auf dieses Märchen herein und gäben gutes Geld. Heute aber sei sie offenbar besonders gut, ja im voraus bezahlt worden – von *Evento quotidiano*, für ein paar rührende Bilder zum Anlass des Tages. Dass man dabei einen Deutschen als Opfer gefunden hatte, war ein unerwarteter Gewinn, inklusive der Attacke, die er, Settimo, und Vittoria von fern mit angesehen hatten; wahrscheinlich hatte die Frau hier sogar spontan improvisiert. Alles in allem eine dreiste Farce, für die man sich als Journalist schämen müsse. Und er, Signor Ansgar? Was führte ihn an diesem traurigen Tag hierher?

Ansgar zögerte verblüfft. Die Frage überrumpelte ihn – sie wischte die umständliche Offenbarung, so unheimlich glaubhaft sie war, beiseite wie eine unbedeutende Anekdote. Wahrscheinlich war es Höflichkeit. Konversation.

»Ich bin auch Journalist«, antwortete er. Ein Fehler vielleicht.

»No! Davvero? Un giornalista?« rief Vittoria. Plötzlich lag ihre Hand auf seinem Arm.

»Sie sind in Rom wegen der Prozess Priebke?«

»Nein. Wegen – eigener Recherchen.«

Settimo lächelte verstehend. »Fernsehen? Presse?«

»Presse.«

»*Ottimo.* Aber der Fall Priebke ist Ihnen bekannt?«

»Natürlich.« Ansgar stellte die Bierdose ab, trat einen Schritt zurück und zuckte zusammen: ein Stich war in seinen Fuß gefahren.

»Ich bin Ihnen sehr dankbar. Nur ...« Er hielt inne; etwas wie ein Schluchzen stieg in seiner Kehle auf. Es war mehr als das blöde Missgeschick, mehr als die Blamage, die man ihm zugefügt hatte. Er war müde, und er hatte Angst vor der Verzweiflung, die sich in der Müdigkeit versteckte und mit Gewalt danach drängte auszuschlüpfen – Verzweiflung über die undurchdringliche Fremdheit, die ihn umgab, etwas wie Heimweh, das seinen Kopf beschwerte; er hätte ihn an Settimos Schulter legen mögen.

»Nur, ich fliege morgen zurück nach Deutschland. Ich muss sofort in die Stadt. Können Sie mir irgendwie ein Taxi rufen?«

Settimo nickte und legte die Hand auf seine Schulter.

»Kein Problem. Aber besser, wir nehmen Sie mit. Bis ein Taxi kommt, es dauert eine Stunde. Und in Rom, oft kommt gar kein Taxi. Wir machen noch eine kleine Sendung da innen. Geht schnell, weniger wie eine Stunde. Dann wir nehmen Sie mit, und um halb eins, eins Sie sind in der Stadt. Kommen Sie mit, gucken Sie! Und wir beschützen, *eh, lo proteggiamo noi, Vittoria, che ne dici?*«

»Lo proteggo io«, antwortete Vittoria mit kokettem Nachdruck auf dem *io*. *»Andiamo subito«*, sie lächelte Ansgar an, »sofort«, sagte sie auf Deutsch, nahm ihn am Arm und zeigte auf seinen Fuß, *»il piede che fa? Va meglio?«*

WAS HÄTTE TIZIANA GESAGT, die strenge Dolmetscherin mit dem Kreuz am Hals, wenn sie gesehen hätte, wie er auf seine Weise das Ende des Prozesses feierte – am Ausgangspunkt, am Tatort selbst? Am Eingang, vor dem Kleintransporter mit der Aufschrift IMMAGINI DELLA CITTÀ, wurde er umringt und vorgestellt, er schüttelte Hände, er wurde begrüßt und befragt wie ein alter Freund aus *Germania* und schließlich, mit der nächsten Dose Heineken in der Hand, aufs Gelände zurückeskortiert. Sein Kopf summte. Er humpelte, lächelte, stotterte auf Deutsch und Englisch, er bekräftigte, es gehe ihm gut. Es war ganz so, als habe sich sein unfreiwilliger Fernsehauftritt mit der Alten herumgesprochen. Aus Vittorias Mund sprudelte pausenlos ein italienisches Rezitativ, und er las in ihren Gesten, dass sie einen dramatischen Bericht inklusive des Schlusskapitels am Krater nachlieferte, ja sie zeigte triumphierend auf seinen Fuß, als sei er ein deutscher Fußballstar, schwer verletzt durch ein italienisches Foul. Eine der Zuhörerinnen erstickte, die Hand vor den Mund schlagend, einen entsetzten Aufschrei und suchte seinen Blick – ein bisschen zu stark geschminkt, aber hübsch wie ein Model in ihrem kleinen Schwarzen; und plötzlich schien sie sich zu vervielfältigen, eine zweite solche Schönheit und noch eine, drei schwarze Kleidchen umflatterten ihn, bewunderten und bemitleideten ihn, und er spürte, wie er rot wurde, gegen seinen Willen tröstlich gerührt.

Mit einem Mal staute sich der kleine Pulk. Da war sie, die harmlose Öffnung in der Mauer aus stilisierten Natursteinen, der Eingang zu den Höhlen, den Ansgar in dem alten Stadtführer betrachtet hatte. Settimo, der vor ihnen hergelaufen war, redete auf einen graumelierten Herrn ein, der ihn stumm im Auge behielt und dabei in ein Mobiltelefon sprach. Die Aufmerksamkeit um Ansgar flaute ab. Wieder fand er sich schutzlos. Lichtkegel und Filmleute überall. Einer lichtete die Gedenktafeln ab. Eine Reporterin stand neben einem Gedenkkranz vor der Kamera und redete in ein Mikrophon. Schließlich steckte der Graumelierte sein Telefon ein und warf einen abschätzenden Blick auf die Gruppe, auf Ansgar.

»Allora entrate«, blaffte er.

Settimo winkte und verschwand.

»Prego!« Vittoria nickte Ansgar zu, und er trat unter den gemauerten Türsturz. Auch das Innere war gemauert, die Wände, die hohe Decke; im gelblichen Licht stand Settimos schlaksige Gestalt, er dirigierte die anderen vorbei und schloss neben Ansgar auf. Seine Stimme hallte.

»Es sind viele, die wollen heute diesen Ort, um zu drehen.

Wir waren Erste. Deshalb gibt ein bisschen Ärger. Sie werden sehen, ist ideal. Sehr eindrucksam.«

Nach wenigen Schritten löste roher Stein die Mauern ab. Sofort wurde die Luft kühl und feucht, und obwohl der Gang geräumig blieb, wurde Ansgar unbehaglich zumute, während er neben Settimo weiter in die Tiefe humpelte; die klamme Tunnelluft roch nach Heimlichkeit, nach Zutrittsverbot. Rechts öffnete sich eine als Kapelle ausstaffierte Nische, dann schloss sich der Schlauch. Am Boden führte ein dickes Kabelbündel ins Innere, und an der Decke erhellten elektrische Kellerlampen die Röhre; in den Lichthöfen erkannte man die poröse Oberfläche, weichen Tuffstein. Ansgar lauschte dem Kratzen der Schritte auf dem feuchten Geröll. Settimo ging schweigend. Nur die Frauen, schon unsichtbar, alberten leise miteinander, ihr fernes Kichern und Wispern klang verstohlen. Mit einem Mal mischte sich ein fremdes, rollendes Geräusch ein, andere Stimmen, dumpf verzerrte Lautsprecherstimmen schienen aus den Tuffsteinporen zu dringen und brachen ebenso plötzlich wieder ab. Aus dem Halbdunkel schlich eine poppig süße, langsam anschwellende Klaviermelodie heran, und als sei sie eine heiße Zündschnur, folgte ihr mit untergründigem Wummern die Explosion. Die Höhle erschien, sie flammte in bengalischen Farbenblitzen. Der feuchte Boden schimmerte rosa, lila, blau, die Frauen vorn flackerten rosa, lila, blau, die unheimlich organischen Wände schienen sich im Takt zusammenzuziehen und wieder aufzublähen, dem Takt einer elektronischen Rhythmusmaschine. Schließlich die Stimme eines Sängers – *patria,* verstand Ansgar, und *pace*, *patria* und *pace*, und da, kaum eine Minute hatte der Gang gedauert, standen sie am Set.

Es sah aus, als hätten sich in einer Reuse lauter zappelnde Fische verfangen. Zwischen den gewittrigen Lichtschüben öffnete sich eine Grotte, vollgestopft mit Dekoration und Technik und Menschen. Große schwarze Lettern schwebten an der zerfurchten Rückwand, und da sie als einzige am Platz blieben, fixierte Ansgar den Schriftzug, um nicht schwindlig zu werden. SACRIFICIO ORRENDO, entzifferte er, und noch einmal SACRIFICIO; darunter blühte in einer schwarzen Laterne eine starre schwarze Flamme. Andere, lebendige schwarze Flammen zuckten im Vordergrund. In den durch das Lichtgeflacker abgehackten Bewegungen erkannte Ansgar die drei Schönheiten von draußen. Sie tanzten synchron, sie sangen sogar, *pace, patria* im Chor, und die Vorgabe kam von einem grauhaarigen Sänger an der Seite, dessen Kopf tief über den Tasten eines Keyboards schaukelte. Träge wie Wasserpflanzen schwangen die hippiehaft langen Haare hinterher. Mühsam versuchte Ansgar das Bild zusammenzufügen. Kirche? Disco? Er wandte sich um und suchte einen Ort zum Anlehnen, da schob ihn jemand beiseite: Vittoria. Ihr Gesicht flammte rosalilablau, sie rief gegen die Akkorde an:

»Ecco, vi presento il signor Ansgar!«

Vier duftende Küsschen streiften über seine Wangen, und er wurde auf einen Stuhl gedrückt. Wie auf Befehl setzte die Musik aus, nüchternes Studiolicht füllte das Rund. Vittoria war weg.

»Leila, piacere, how are you?«

»I am Luigi, nice to meet you!«

Er saß an einem Tischchen. Ein engelhaftes Geschöpf beugte sich zu ihm herab. Über einem dunkelbraunen Muskeltorso öffneten sich weiße Hemdflügel, Lichtreflexe tanzten auf der glatt schimmernden Kopfhaut: ein zierlicher, mädchenhaft haarloser Schwarzer. Dahinter erschien ein ebenso perfekter weiblicher Puppenmensch, olivbraun und bis zur Hüfte übergossen von einer hell gebleichten Lockenmähne. Sie trug Top und Hot Pants, ganz Beine und Busen.

»So good to have you at this exciting event!« rief sie. *»Isn't it wonderful?«*

»Do you participate?« fragte Ansgar, um etwas zu sagen, und sie lächelte ihn an – ein faszinierendes synthetisches Strahlen. Von den Wimpernfächern bis zu den stirnhoch gezogenen Brauenlinien glitzerte ihre Haut wie mit Sternstaub übersät, der riesige Mund flammte tiefrot.

»Look where you are sitting«, sie beschrieb mit der Hand einen Kreis, der den Schwarzen und das Tischchen umfasste. Ansgar folgte der Geste. Sie zeigte auf ihn: Sein eigenes, gelblich blasses Gesicht erschien vor dem schrundigen Grottengestein, und daneben ragte der glänzende Schädel des Schwarzen in sein Blickfeld. Es war das kreisrunde Loch eines Spiegels, der an der Rückwand festgeklemmt war, einem Geflecht wie das am Eingang draußen, dasselbe Gusseisen, dasselbe bizarre Knochenmuster. Lämpchen steckten in den Lücken und Haarbürsten, Frisierumhänge lappten herunter – kein Zweifel, er war in der Maske gelandet. Der Tisch war übersät mit Schminksachen. Etwas störte Ansgar an seinem Spiegelgesicht, eine Dreckspur (oder eine Schürfwunde?) am Kinn. Er reckte sich vor. Im schwachen Lichteinfall hinter dem Gitter dämmerte nackter Stein, der in breiten, sehnigen Strängen emporwuchs. Da, jenseits der Absperrung, verzweigten sich andere Höhlengänge.

»No, no, lasciami togliere.« Die blonde Leila beugte sich zu ihm herüber, umfasste seinen Unterkiefer und wischte ihm mit einem alkoholkühlen Wattebausch übers Kinn. Luigi fragte:

»I was told that you hurt your foot – which one is it?« Kaum hatte Ansgar darauf gedeutet, lag sein rechter Fuß im Schoß des Schwarzen. Der schob das Hosenbein über den geschwollenen Knöchel und nahm eine Cremedose vom Tisch.

»A little massage«, sagte er.

Ansgar lehnte sich zurück, unendlich matt und abgeschlagen. Luigi summte die *pace-patria*-Melodie und ließ die Daumen im Rhythmus des Songs auf seinem Fußgelenk kreisen. Tagesreste stoben auf, Ellinors Berührungen, die Höhlenmusik in der Metrostation, der weiße Mann mit dem Akkordeon, sie schwirrten, versanken. Ansgar fühlte seine Muskeln schlaff werden, während die Geräusche verschwammen und sich die Filmvorbereitungen vor seinen Augen in eine Filmszene verwandelten. In schnellen Pantomimen kreuzten die Höhlenmenschen durch den Raum, hektisch und trotzdem harmonisch, wie von einem Choreographen gelenkt. Lautsprecher und Scheinwerfer hingen von der zerklüfteten Höhlendecke. Er musste sich nur gehenlassen, um einen Sinn in diesem Chaos zu finden. Und tatsächlich, allmählich wuchs alles von selbst zusammen, die rohe Apsis mit dem Altarspruch, Plastikpalmen an den Seiten, roter Teppichboden, ein großer Leuchtglobus, der die hintere Ecke der Grotte planetenblau widerscheinen ließ: Es war der Bunker einer Geheimloge, steinzeitlich und zugleich weit in der Zukunft ... ein Raumschiff ... er selbst mittendrin ... Er fuhr zusammen, riss die Augen auf: Luigi hatte den Schmerzpunkt berührt, jetzt strich er begütigend mit der flachen Hand über seinen Spann; dann verlagerte sich der gleitende Druck auf Ansgars Fußsohle.

Er fand nicht zurück in die wohlige Trägheit. Ein taubes Gefühl dehnte sich in seinem Kopf aus, er fröstelte. Sollte nicht endlich *eine kleine Sendung* anfangen? In der blauen Ecke entdeckte er Settimo neben einem komischen Stativ mit einer Box auf Kopfhöhe, einer Schallkabine, die das Gesicht einer dahinterstehenden Frau verdeckte. Ein Schmetterling huschte durchs Bild, vielmehr eine Larve, denn die Gestalt war in ein enges, tief ausgeschnittenes Wickelkleid gehüllt, königsblau mit goldenen Sternen. Vittoria wurde von einer seltsamen Gruppe umringt: eine biedere, füllige Dame, ein paar Anzugmänner, ein Typ in kurzen Hosen mit einer Gitarre vorm Bauch, lauter Leute, die aussahen, als hätten sie sich verlaufen und würden nach dem Ausgang fragen. In der Mitte der Bühne bastelte jemand an einem Standmikrophon. Hinter Luigi tauchte die Frau im Wickelkleid auf.

»Posso?«

»Aspetta.« Leila warf die Mähne zurück. Die Frau ging vor ihr in die Hocke, und Ansgar stellte fest, dass es eine andere war: Ihr Kleid war nicht blau, sondern grün, weiß und rot gestreift. Leila tupfte ihr mit einem Puderkissen auf Nase, Wangen, Stirn und Kinn, fest, mit fast aggressiver Sorgfalt, wie man einem Kind mit der Serviette übers Gesicht wischt oder ein Pflaster aufklebt – versunkene Sekunden, in denen sich zwei unwirklich schöne, theatralische Profile fixierten. Die Wickelfrau wandte Ansgar ihre lächelnde Maske zu.

»Bella?« fragte sie.

»Bellissima«, ganz von selbst kam das Wort. Sie erhob sich und belohnte Ansgar mit einem Luftküsschen, und während er ihr hinterherlächelte, wiederholte sich die Szene. Jetzt ging das königsblaue Sternenwesen vor Leila in die Knie, und eine dritte Frau wartete schon, bayrisch hellblau und weiß mit einem blauen Stern. Ein Davidstern. Was für eine Komödie: Fahnen waren es, die italienische, die europäische und die israelische. Das Mikrophon brüllte:

»Attenzione! Iniziamo fra due minuti.«

Leila scheuchte die Israelflagge weg und erhob sich. Im nächsten Augenblick saß Settimo auf ihrem Stuhl. Nur sein Mund bewegte sich, während sie ihm Make-up ins Gesicht rieb:

»Wir senden live. Musik, Interviews, ein bisschen Improvisierung. Sie hören zu, Sie entspannen. Unsere zwei sind nett zu Ihnen hier. In Dreiviertelstunde wir haben fertig.«

Er sprang auf, strich sich das Lockenpony in die Stirn zurück. Die Bühne war leer. Settimo schritt auf den roten Teppichboden, es wurde dunkel, ein Spot fiel auf ihn, eine Erkennungsmelodie ertönte.

»Signore e signori, benvenuti a Immagini della città, stanotte dalle Fosse Ardeatine!«

ANSGAR SCHLOSS WIEDER DIE AUGEN. Sein Kopf rauschte, er fror, und von seinem Knöchel zog der Schmerz in alle Glieder. Der patriotische Popsong ertönte. Die Sendung lief. Wann würde er sich endlich ausstrecken und ein Laken über den Kopf ziehen können? Geistesabwesend fischte er das Magnetspielzeug aus der Hosentasche und drehte die warmen Ovale gegeneinander. Sie rutschten in der feuchten Handfläche, und das brachte ihn auf den Namen für seinen Zustand: Er war krank. Er hatte Fieber. In seinem müden Hirn liefen die Bilder weiter, der Globus drehte sich, die Chordamen reckten die nackten Arme zu den schwarzen Buchstaben hoch, SACRIFICIO ORRENDO, und die flackernden Höhlenwände hoben und senkten sich unter dem Gestänge wie der Brustkorb eines schwer an den Geräten atmenden Patienten. Wieder wurde er aufgestört. Jemand tippte ihm aufs Knie, ein Mann in kurzen Hosen. Irgendwann hatte er ihn schon einmal gesehen. Gigi Gelassi, Liedermacher, überschüttete ihn mit einem englischen Wortschwall im italienischen Sound. Ansgar musste die Gitarre halten, solange er zurechtgemacht wurde. Luigi frisierte ihm die Haare mit Gel hoch und umrahmte die Augen mit Kajalstift. Zum Abschluss zog der Musiker ein Schmuckdöschen aus der Hemdtasche und schüttelte ein paar Pillen in die Handfläche. Ansgar gab sich einen Ruck.

»Aspirin?« fragte er.

»Kind of«, antwortete der. *»I take it before every stage entry.*

Immediately effective, makes you feel fresh and relaxed. Try. You look tired.«

Leila reichte ihnen eine Flasche Wasser. Der kleine ältere Herr im Anzug, den sie geschminkt hatte, wurde von Vittoria in Empfang genommen.

»*A senator*«, sagte Leila stolz.

Sie standen Schlange bei Leila und Luigi. Es war die seltsame Gruppe, die Vittoria umringt hatte. Einer nach dem anderen wurde aus der Maske auf die Bühne geführt und plauderte mit Settimo am Mikrophon. Zwischendurch klimperte der Hippie, die farbigen Scheinwerfer schweiften. Wie in einem Wachtraum sah Ansgar die Leute an sich vorbeiziehen. Zuerst hatte der Vorsitzende der jüdischen Gemeinde gesprochen, dann eine Seriendarstellerin; am Start stand ein Nachwuchsspieler der Fußballnationalmannschaft, ein Zwanzigjähriger mit einem Piratentuch im glatten Schwarzhaar; und die korpulente, tantenhaft ondulierte Frau, die sich nun auf Leilas Stuhl setzte und mit beiden Händen ihre Handtasche im Schoß festhielt, wurde ihm als Direktorin des Goethe-Instituts vorgestellt.

»*This is signor Ansgar, he is from Germany, too*«, erklärte ihr Leila. Die Direktorin nickte vage in seine Richtung, wandte sich wieder Leila zu und gab ihr irgendwelche italienischen Erklärungen. Dann ließ sie ihre Brille an der goldenen Kette auf die Balkonbrust sinken und schloss die Lider. Entschlossen rückte Leila an das teigige Gesicht heran; sie operierte mit weit abgespreizten Ellenbogen, um nicht anzustoßen. Nur die weißgoldenen Wellen ihres Haars flossen über die waagerecht vorspringende Stufe. Ansgar hielt die Luft an, als müsste statt Leila er den nahen, fremden Atem ertragen. Dunkel erlöste ihn, dann setzte erneut das Geflacker ein. Der Gitarrist saß auf der Bühne und sang einen stampfenden Refrain, und jetzt schwebten die Flaggenmädchen auf den

Teppich und wurden zu Schlangenmädchen. Sie fassten einander an den Händen und ließen die Hüften kreisen, sie streiften die Wickelkleider tief über die Schultern, glitten zu Boden, reckten die Oberkörper und verharrten in sphinxhafter Haltung Brust an Brust, Mund an Mund. Ein schweifender Spot streichelte über das Trio. Ansgar betrachtete das Gerekel so angewidert wie gebannt, er folgte den fließenden Bewegungen, bis wieder der Refrain einsetzte; selbst der Marschrhythmus ging ihm unter die Haut. Sein Körper gab nach. Ruhe löste seine Glieder, ihm wurde allmählich wieder warm.

Das Gefühl dauerte an, als Gigi und die Tänzerinnen abtraten. Es war derselbe Zustand wie heute nachmittag bei Ellinor, die feuchte Wärme und das zweifache Versinken, erst in die Umarmung, dann in den Tiefschlaf. Er sah ihren fremden Körper und die Schattenstreifen auf dem Laken, die unaufgeräumte Nachmittagsidylle. Dahin wollte er zurück. Er war eingeladen. Er konnte wiederkommen, wenn diese verrückte Gruftshow zu Ende war. Vielleicht noch heute nacht ...

»You're sweating, honey.« Luigis makelloses Androidengesicht erschien nah vor seinem. Mit einem feuchten Tuch fuhr er Ansgar über Stirn, Schläfen, Wangen und Nasenwinkel, dann hob er einen Zerstäuber hoch: *»Close your eyes!«* und sprühte einen kühlen, frisch duftenden Film auf sein Gesicht. *»Keep calm. Enjoy.«*

Vielleicht war er hier gelandet, um sich pflegen zu lassen, nachdem ihn die Stadt zermürbt hatte. Seit dem Schock an dem Mülleimer hinter Lydias Haus war er wie im Starrkrampf gewesen. Jetzt atmete er wieder, er ließ sich fallen. Nicht einmal lächeln musste er, nicht einmal blinzeln. Luigi strich ihm mit gleichmäßig sanftem Druck über die ganze Gesichtshaut, sogar über die Augendeckel, und wieder von vorne, als wollte er sie polieren und versiegeln. Nichts anderes zählte, nur dieser schöne Zeitvertreib. Luigi führte ihn aus den Höhlen hinaus aufs freie Feld, Gras- und Blütenduft, lange Reihen von Zypressen, und weiter, fort von hier in eine heimatlich graue, nordisch flache Gegend, langsam gab der Boden nach, wurde sumpfig, und er folgte willig. Eine neue Mikrophonstimme untermalte sein Versinken, und mit einem Mal merkte Ansgar, dass er jedes Wort verstand.

»Trüber Tag. Feld. Faust: Jammer! Jammer! Von keiner Menschenseele zu fassen, dass mehr als ein Geschöpf in die Tiefe dieses Elendes versank, dass nicht das erste genugtat für die Schuld aller übrigen in seiner windenden Todesnot vor den Augen des ewig Verzeihenden! Mir wühlt es Mark und Leben durch, das Elend dieser einzigen – und du grinsest gelassen über das Schicksal von Tausenden hin!«

Und Settimo, nervös: *»Signora, grazie ...«* Es war die Direktorin des Goethe-Instituts, und sie fuhr mit erhobener Stimme fort:

»Mephisto: Drangen wir uns dir auf oder du dich uns? Faust: Rette sie! Mephisto ...«

»Mi scusi, signora, ma ...«

Ansgar fühlte einen weichen Pinsel über sein Gesicht wedeln. Er hielt still, nicht aufhören, dachte er, obwohl er fühlte, wie es ihn in die schlammweiche Tiefe zog, und unten – er wagte nicht hinzuschauen. Weiße Schlieren schwammen unter seinen Lidern. Die Direktorin ließ sich nicht aufhalten. Sie deklamierte:

»Wer war's, der sie ins Verderben stürzte, ich oder du? Wisse, noch liegt auf der Stadt Blutschuld von deiner Hand. Über der Erschlagenen Stätte schweben rächende Geister und lauern auf den wiederkehrenden Mörder.«

Jetzt schwieg sie. Das letzte Wort echote in Ansgars Ohren wie Theaterdonner über den vertrauten Landschaften.

»Abbiamo sentito un brano del Faust *di Goethe nella versione originale. Grazie, signora! Fra poco saluteremo il nostro ultimo ospite, un'altra voce della Germania.«*

Das Keyboard fing an zu spielen. Jemand klopfte Ansgar auf die Wange. Er öffnete die Augen. Vor ihm stand Settimo im rosalilablauen Geflacker.

»Signor Ansgar, Sie kommen bitte. Ist wichtig.« Er zog ihn am Arm.

Am liebsten hätte er sich tot gestellt. »Was ist passiert?«

»Sie müssen. Sehr wichtig. Wir brauchen Ihre Hilfe.«

Neben Settimo stand Vittoria und nickte Ansgar zu, als er unsicher aufstand. Leila und Luigi lächelten zu ihm hoch. Dahinter drängte sich die Direktorin zum Ausgang. Die Brille hing auf ihrer Brust, und sie verstaute ein Buch in ihrer Handtasche. Dann war sie weg.

»Schnell.« Jemand stülpte ihm einen Kopfhörer über die Ohren. Settimo führte ihn auf den roten Teppich. Eine Frauenstimme sprach aus den Muscheln, eine Stimme, die ihm bekannt vorkam:

»Können Sie mich hören? Ich werde für Sie übersetzen.«

Weißes, heißes Licht flammte auf, und er hörte Settimo, gedämpft durch den Kopfhörer:

»E adesso ci rallegriamo dell'occasione ...«

»UND JETZT FREUEN WIR UNS ÜBER DIE GELEGENHEIT, zum Schluss unserer Sendung eine aktuelle deutsche Stellungnahme zu den Ereignissen dieses Abends zu hören, und begrüßen Ansgar Weber von der bekannten Wochenzeitschrift *Der Spiegel*«, sagte die unsichtbare Frau über den Kopfhörer. Die weiche, leicht schleifende Aussprache, die gespannte Tonlage: Es war Tiziana. In einem sinnlosen Reflex schaute er sich nach ihr um – da war nur eine undurchdringliche Lichtwand – und erinnerte sich im selben Moment an die Schallbox hinter dem Globus. Währenddessen redete Settimo, übersetzte Tiziana.

»Herr Weber, Sie haben im Auftrag Ihrer Zeitschrift den Priebke-Prozess beobachtet.«

Settimo schaute Ansgar erwartungsvoll an und setzte, als er nicht antwortete, eine Frage hinzu.

»Wie beurteilen Sie den Ausgang des Prozesses?« fragte Tiziana.

Ansgar sah in Settimos glattes Moderatorengesicht, das ihm zuerst am Rand des Kraters erschienen war. Genau wie jetzt: Er fiel in ein Loch. Oben standen Settimo und Vittoria. Und Tiziana. Und Paul ... Ellinor, Beate ... eine Verschwörung. Sie brauchten ein Opfer. Einen Täter. Sie wollten ihn zwingen, etwas zuzugeben. Ich kann nicht gemeint sein, dachte er, und: Ich habe nichts getan. Die Doppelbedeutung fiel ihm auf, ja, nichts getan hatte er. Er sagte:

»Ich war nicht im Gerichtssaal ... anwesend.«

Es klickte im Kopfhörer. Wie eine zuschnappende Falle.

Settimo lächelte, während er weitersprach. Tizianas Stimme insistierte:

»Im Gerichtssaal waren nur wenige, aber ganz Rom ist erschüttert. Und Rom braucht ein Wort aus Erich Priebkes Herkunftsland. Ein Wort von Ihnen, Herr Weber.«

»Ich kann nicht für mein Land sprechen.«

Wieder das Klicken. Eine gute Antwort, eine falsche Antwort. Er hätte zurückfragen müssen. Was wollen Sie von mir? Aber er wusste es ja. Settimos Lächeln wurde breiter, kälter. Er holte aus. Ansgar hörte wieder seine ferne Stimme, dann die nahe von Tiziana:

»Gut, sprechen Sie für sich. Was sagen Sie zu Priebkes Freispruch?«

Es sauste in der Luft, schlug ein.

»Freispruch?« Er erwiderte Settimos Blick, als könnte er

ihn zwingen, ihm alles zu erklären, ihm allein, unter vier Augen.

»*Immagini della città* informiert die deutsche Presse: Der Mörder der Fosse Ardeatine ist frei.«

Jetzt hatten sie ihn. Sekundenlang öffnete sich eine Schneise vor seinen Augen, er sah sich durchstarten und ausbrechen, raus aus dem Alptraum – doch seine eigene Stimme kam ihm zuvor:

»Das wusste ich nicht.«

Pause.

»Seit sechs Stunden sorgt das Volk von Rom dafür, dass er nicht wieder entkommt.«

Rom, das Volk von Rom – ihm war, als sähe er den Aufruhr von einem Hügel hoch oben, unendliches Gewimmel. Er schaute auf die Stadt hinunter wie durch ein Schlüsselloch. Am liebsten hätte er sie brennen sehen, ein schönes Feuer, Schutt und Asche. Solche Sätze hätte er haben müssen, Brandsätze, Feuersalven, die sie in ihre Höhlen zurückscheuchten und ausräucherten. Die Worte, die ihm jetzt noch blieben, waren Ausreden.

»Ich betone ... ich weiß nicht ...«

Schweiß sickerte ihm kitzelnd in die Augenbrauen. Jetzt sah er sich selbst. Er saß in der hintersten Ecke eines düsteren Kellerzimmers. Ein Lichtstrahl fiel herein und blendete seine Augen, und er ließ den Kopf hängen wie ein ertappter Schuljunge. In der Tür stand Jesus, und Prinz Eisenherz, da stand die Alte, *un tedesco!*, stand das ganze Volk von Rom, und alle riefen ihn, zeigten auf ihn, Hände über Hände.

»Ich schließe nicht aus, dass ich ...«

Settimo schaute ins Licht, in die Kameras, schwieg. Was, um Himmels willen, sollte er gestehen?

»... dass ich es hätte erfahren können. Aber ich hatte nun einmal heute ... nichts damit zu tun.«

Klicken, Stille im Kopfhörer: Unhörbar übersetzte Tiziana sein Gestammel ins Italienische. Wo war der Satz, der alles zurechtrückte, der Schlussstrich unter diesen irren Wachtraum? Settimo wandte ihm den Kopf zu und nickte. Tiziana blieb stumm. Keine weiteren Fragen. Gelähmt lauschte Ansgar durch die Ohrklappen seiner Verabschiedung.

»Abbiamo sentito il signor Ansgar Weber ...«

Auf einen Schlag wurde es dunkel, die bunten Lichtfinger fuhren wieder über die Steinwände. Jemand führte ihn beiseite und nahm ihm den Kopfhörer ab. Er stand vor der Nische. Er war allein. Die Stühle waren leer. Die Gäste weg. Keine Vittoria, kein Settimo. Nur hinten, im bläulichen Schein des Leuchtglobus, war ein kleiner Auflauf entstanden, in dem er einen Moment lang die Prinz-Eisenherz-Frisur nah an Tizianas Pagenkopf zu erkennen meinte. Ansgar wandte sich ab; sein Blick glitt über den an der Gitterwand hängenden Spiegel. Noch im Geflacker der wechselnden Farben wirkte sein Gesicht maskenhaft glatt – es war von einer Schicht Make-up bedeckt.

Der Lichtschein jenseits der Nische schien stärker geworden. Zweifellos wurde die Höhlung von innen ausgeleuchtet, und jetzt entdeckte Ansgar den klaffenden Spalt zwischen Gitter und Stein. Der einzige Fluchtweg. Auf dem Tisch lagen die Magnetzwillinge. Er griff nach ihnen und fegte mit derselben Bewegung die Schminksachen zu Boden. Doch der scheppernde Lärm ging unter, denn im selben Moment kam aus den Lautsprechern die Erkennungsmelodie von *Immagini della città*.

A HERO NEVER STEPS BACK – auf einmal klang dieser Satz in seinem Kopf, sanft und amüsiert und weit weg. Es war die Stimme der Chefin des New Yorker Stadtmagazins, bei dem er gearbeitet hatte; ihren Namen hatte er vergessen, aber nicht den Ort, ein in kleine Boxen aufgeteiltes Büro im achten Stock, 23. Straße West. Auch dort war er fremd gewesen, *the German.* So sahen sie ihn. *A hero never steps back,* das wurde sein Ruf. Bald wurde er ihm aus allen benachbarten Boxen zugerufen, ein ironischer Satz, ein Motto nicht für Helden, sondern für Angsthasen, ins Positive verkehrt. Aufträge nahm er als Befehle, und er führte sie zu Ende wie Hausaufgaben, verbissen und kleinmütig, aber effektiv. Die amerikanischen Kollegen bewunderten ihn dafür, so wie er sie für die Laxheit, mit der sie der eigenen Nase folgten, mal hierhin, mal dahin. Er machte alles richtig, er konnte nicht zurück. Unmöglich, der Chefin unter die Augen zu treten, neue Vorgaben mit ihr auszuhandeln und eine Kehrtwendung zu machen. Lieber schlug er sich bis zum Ergebnis durch und verwischte die Spuren hinter sich. Jedesmal wurde die Zielgerade zum Fluchtweg. Am Ende schaffte er es immer, nur wie, das durfte keiner wissen (meistens am Schreibtisch, selten *in the field*). So wurde er Journalist. Ansgar lernte, recht zu behalten; er lernte, stets eine Lösung zu finden, egal welche Richtung er eingeschlagen hatte. Nein, er war kein Abenteurer, er spielte nur Verstecken.

Der Spalt war ein Angebot, ungesehen aus der Sache rauszukommen – durch die Wand, buchstäblich. Er sah sich nicht um, er zwängte sich zwischen Tuffstein und Metallgestänge auf die andere Seite. Einen, mindestens einen Hinterausgang mussten die Höhlen haben. Der Gang führte um die Ecke. Dahinter wurde das Licht heller. Nach wenigen Metern war er an dessen Quelle angelangt. Er trat zwei Schritte zurück und drückte sich an die Höhlenwand. Vor ihm weitete sich der Gang, bevor er im Hintergrund fortlief, zu einer neuen Grotte. Zwei Scheinwerferstrahlen kreuzten sich auf dem Steinboden, und da, unterhalb der Wandkrümmung, bewegte sich ein schlangenartiges braunes Wesen – ein mehrgliedriger nackter Körper, der im Licht ölig glänzte: Leila und Luigi.

Leila kniete, die Arme rückwärts auf die Fersen gestemmt, mit gebogenem Oberkörper, Kopf im Nacken, während Luigi breitbeinig über ihr stand; ihre weißblonde Lockenmähne fiel hintenüber auf ihre gekreuzten Füße, die durch dicke Eisenketten mit den Händen verbunden waren. Vor ihnen hockte ein Kameramann auf dem Boden, zielte zwischen ihre geöffneten Beine und schwenkte langsam nach oben, wo sich Luigis Schwanz in ihrem Mund bewegte. Ein zweiter filmte die Szene mit einem Stativ von der Seite. Ansgar schluckte. Sein Mund war trocken. Es herrschte vollkommene Stille, bis irgendwo hinter dem rückwärtigen Scheinwerfer ein leises Kommando ertönte.

»Bravi! Basta così. Prossima posizione.«

Luigi trat zurück, Leila richtete sich auf, und die Ketten fielen auseinander. In der kurzen Umbaupause bewegten sie sich flink und pragmatisch. Leila beugte sich mit gestreckten, auseinandergestellten Beinen vor und umschlang ihre Waden mit den Armen. Luigi schnappte sich die Ketten und legte sie ihr um die Gelenke; dann holte er ein Döschen aus dem Schatten am Rand, rieb seinen erschlafften Penis ein, stellte sich hinter Leila und schob ihn in sie hinein. Der Kameramann half ihm, Leilas Haarpracht zu bündeln und zu teilen; dann schulterte er die Kamera und rückte nah an Leilas Hintern, während Luigi sich die beiden Haarstränge wie Zügel um die Handgelenke wand.

»Perfetto. Via, ragazzi!«

Der Kerl mit der Kommandostimme – der fünfte Mensch am Set, Ansgar ausgenommen – kam hinter dem Scheinwerfer hervor, eine Comicfigur in Lederhose. Die Füße steckten in Cowboystiefeln mit hohen Absätzen, die Augen verdeckte eine verspiegelte Brille. Er blieb neben dem zweiten Kameramann stehen, der die beiden aus seiner entfernteren Position aufnahm, und schaute durch den Sucher. Ansgar stand starr, alle Muskeln angespannt. Nüchtern, als wäre er ein Teil des Stabs, betrachtete er die Performance der beiden Maskenbildner: eine SM-Show mit sparsamsten Mitteln, nackter Stein, zwei nackte Körper, eine Handvoll Ketten. Nur der Schauplatz zählte. Vermutlich war die Mordhöhle, dank dem Freispruch für einen der Mörder, zum ersten Mal seit dem Bau der Gedenkstätte fürs Fernsehen geöffnet. Nichts war einfacher, als die beiden Hobby-Pornodarsteller aus dem Kosmetikgewerbe für ein heimliches Zusatzengagement zu verpflichten – vielleicht hatte *Immagini della città* sie sogar gegen eine Provision weitervermietet – und das Team dazu einzuschmuggeln. Alle hatten den Wert des Urteils erkannt, nur er nicht. Aber er war dabei. Die Höhlen lebten. Und weil sie lebten, war es ein Problem, wieder herauszukommen.

Noch immer spielte Luigi die Jockeynummer, bewegte die Hüften vor und zurück und zog dabei Leilas Kopf hoch in den Nacken. Entsetzt registrierte Ansgar, wie sich der Anblick, so fleißig auch seine Gedanken arbeiteten, in seinen Körper fortpflanzte. Inzwischen war der Regisseur neben der ersten Kamera in die Hocke gegangen und starrte auf die Stelle, an der die beiden zusammensteckten. Ansgar versuchte, seinen schweren Atem zu kontrollieren; der Schweiß auf Brust und Rücken war kalt, er zitterte so sehr, dass er fürchtete, man könnte ihn hören. Immer noch stand er wie angewurzelt. Mit der Erregung wuchs seine Panik. Sobald der Abbau auf der anderen Seite des Gitters vollendet war, würden sich auch die hier davonmachen, um nicht entdeckt zu werden. Er dagegen musste, wollte er nicht von diesen in die Arme der anderen zurückgetrieben werden, freiwillig an einem der beiden Teams vorbei, dem offiziellen oder dem inoffiziellen. Dort die Verachtung, hier die Gefahr. Der Regisseur klatschte zweimal in die Hände. Die Ketten klirrten, und in derselben Sekunde erkannte Ansgar, dass ihm die Entscheidung schon abgenommen war: Luigi schaute direkt in seine Richtung.

»C'è qualcuno!« rief er.

Der Regisseur fuhr herum und schoss auf ihn zu. Ansgar hatte keine Zeit zurückzuweichen; schon war er gezwungen, auf sein verzerrtes Spiegelbild in den Brillengläsern zu schauen, während ihm der Atem des Ganoven ins Gesicht schlug.

»Dimmi chi sei, cretino.«

Er versuchte, sich loszureißen, doch der andere zog ihn mit einem Ruck am Hemdkragen noch näher an sich heran.

»Subito.«

Der Mann löste die Faust und trat einen Schritt zurück – zwischen die beiden Kameramänner, die hinter ihm aufgetaucht waren.

»Let me explain ...«

»È il giornalista, quel tedesco!« Das war Leila.

»Un giornalista?!«

Es krachte in Ansgars Schädel, seine Schläfe schien zu platzen, er sackte in die Knie und hörte Luigis Stimme aus dem Hintergrund:

»Un giornalista molto male.«

Der Regisseur beugte sich herunter, packte ihn wieder am Kragen und zog ihn hoch.

»I am ...«, sagte Ansgar zu der Spiegelbrille, doch jetzt schlug der andere Kameramann zu. Er schwankte.

»... a journalist, that's just enough to know«, unterbrach ihn der Regisseur. Er gab ihm einen Stoß vor die Brust und ließ ihn los. Der Boden war erstaunlich kalt. Die ersten Tritte trafen ihn in den Rücken. Bald wusste er nicht mehr, wie er dem Schmerz folgen sollte – Steiß, Hüfte, Rippen, dann Schenkel und Schulter. Er zog die Beine an, hielt die Fäuste vors Ge-

sicht. So ist das also, dachte er verwundert. Jetzt erst schrie er auf, der verstauchte Knöchel, es schrillte in seinen Ohren, und wieder, das war das Handgelenk, seine eigenen Fingerknöchel stießen unter den Brauenbogen, und in dem Moment, als seine Hand zurückzuckte, trat der Fuß nach und traf die Stirn. Ein anderer zwischen die Schulterblätter. Er spürte, wie sein Körper auf dem Stein rutschte, wie er tanzte und plötzlich, endlich, ruhig liegenblieb. Dann die kräftig zugreifenden Hände unter den Achseln.

Sie zerrten ihn fort. Sein zerschundener Rücken schlitterte über den feinen Schotter. Licht drang rötlich unter seine Lider, zog vorbei, wandelte sich in Schwarz. Was für ein Ende, dachte er, dann schlug sein Kopf auf den Stein.

ABER ES WAR NICHT DAS ENDE. Als er die kalte Höhlenwand an seiner Seite fühlte, fast tröstlich, fast ein Halt, da kam es ihm wie ein Anfang vor. Er schmiegte sich an den Stein, als könnte der ihn aufnehmen. Und wirklich, die Wand gab nach. Er musste sich nur dagegenstemmen. Mit einer Drehbewegung, die ihn schwindeln ließ, schwang sie auf und nahm ihn mit ins Innere. An den rauhen Widerstand gelehnt, rollte er hinein. Hinter ihm schwang die Wand zurück wie eine geräuschlos ins Schloss fallende Tür. Nur ein dumpfer Druck in den Gehörgängen zeigte ihm, dass er sich in einem geschlossenen Raum befand. Auch schien ihm die Schwerkraft geringer, der Ort mehr außer- als unterirdisch, denn er kam vorwärts, ohne sein Gewicht zu spüren, weich, fast schwimmend – bis ihn ein Zucken durchfuhr, ein kleiner elektrischer Schlag, der ihn aufweckte.

Benommen versuchte Ansgar, sich aufzurichten. Aber es stach ihm scharf zwischen die Rippen, ein irrer Schmerz raste in seinem Kopf, und mit dem verstauchten Fuß konnte er kaum auftreten. In der Gesäßtasche spürte er das Portemonnaie: Personalausweis, Presseausweis, Akkreditierung. Und dann fiel ihm ein, dass in den vorderen Hosentaschen Dinge von draußen steckten, von früher: Schlüssel, Magneten, Zigaretten … und das Feuerzeug. Licht also.

Die von der zitternden Flamme bewegten Höhlenwände zielten schnurgerade ins Dunkel. Auf allen vieren robbte er los. Ein stockiger, ungelüfteter Stillstand herrschte hier drinnen, die Zeitlosigkeit eines Bunkers. Er hatte von Geheimwohnungen gehört, die für einen Urlaub auf Lebenszeit eingerichtet waren. Oder war es sein überreiztes Gehirn? Es fing an, ihm menschenleere Kammern auszumalen, Küchenzeile, Essecke, Schlafzimmer, Duschkabine: Miniaturimitate bürgerlicher Wohnräume, verbunden durch Korridore. Zu niedrig, um aufrecht zu stehen, aber ausreichend zum Überleben. Er musste sich nur darin zurechtfinden. Diese unterirdischen Zellen waren von fanatischen Heimwerkern ausgebuddelt worden, die in ihrer Puppenstube mit echten Menschen spielten: ein ganzes Leben ohne Fenster, abgeschlossen wie die dämmrige Vorstadtwohnung seiner Mutter. Hier wurde das Experiment Vatermutterkind zu Ende geführt; hier herrschte das totale Zuhause, das Innere einer sich selbst versorgenden und entsorgenden Welt. Ewige Geborgenheit. Höhlen, zum Wohnen und nur zum Wohnen gemacht. Aber die Bewohner existierten nur in der Phantasie des Großen Handwerkers, verurteilt, immerzu auf seine Ankunft zu warten. Auch er war eingesperrt, und er würde nie freikommen, denn er befand sich im Traum eines anderen, dem Traum des Erfinders, der sich diesen Ort ausgedacht hatte …

Ansgar ließ sich auf die Fersen nieder und lehnte sich an die Wand: Sie war rund und roh, beileibe nicht von einem Handwerker gemauert und verputzt. Er war verletzt, eine Gehirnerschütterung vielleicht, er hatte Fieber, und er konnte diese Wachträume nur mit Licht vertreiben. Aber die kleine

Flamme war kostbar, und sie zeigte ihm nur immer das gleiche Bild: Die Tuffsteinröhre verlief geradeaus, sie war schmal und eben wie ein zielbewusst gegrabener Durchgang. Er hatte keine Wahl. Auf Händen und Knien rutschte er weiter, das Feuerzeug immer dann anzündend, wenn sich das innere Bild des aus dem Dunkel herausgeschnittenen Anblicks verflüchtigt hatte. Aber es half nichts. Sobald die Flamme erlosch, verselbständigte sich das Nachbild des sich ins Nichts verjüngenden Schlauchs. Wenige Sekunden nur, und die Wände dehnten sich wieder aus. Die schwarze Fluchtlinie des Korridors mutierte zu einer niedrigen Halle. Eine Tropfsteinhöhle, dachte er. Dann bemerkte er, dass die Stalaktiten hin- und herschaukelten – Menschen waren es, die von der Decke hingen. Lautlos schlugen Uniformierte mit Stöcken auf sie ein, harte Arbeit; die traktierten Gliedmaßen wirkten unförmig und tiefdunkel marmoriert. Eine Höhlenausgeburt, gespeist aus irgendwelchen Nachrichten von geheimen Folterkellern in irgendwelchen Militärbasen. Trotzdem drang er begierig in dieses Bild hinein. Da war etwas in der Tiefe, was er überprüfen musste. Es blendete wie eine weißgoldene Flamme: Leila, Leilas Haar. Der blonde Schopf schleifte am Boden, denn auch sie hing kopfüber, unter den Schlägen hin- und herschwingend, Ketten an den Füßen. Ihre Augen schauten ihm aus den glitzernden Höfen entgegen. Langsam kroch er auf sie zu. Je näher er heranzoomte, desto weniger war es Leila. Ihr schaukelnder Körper war mager und mädchenhaft, Ellinor, eindeutig. Als er vor ihr hockte, dicht über dem Boden, war das blonde Haar schütter, das Gesicht klein und alt geschrumpft, der Mund weit geöffnet; er formte einen Hilfe- oder Schreckensruf, *tedesco, tedesco* ... als würde er in einem Nazistreifen mitspielen. Erschrocken hielt er inne. Unfassbar, welches Gerümpel sein Unbewusstes mitschleppte.

Aber war er nicht tatsächlich Teil eines Films? Er war hergekommen, um eine verschollene Diva aufzunehmen, und hatte sich selbst vor einem Mikrophon wiedergefunden, als Hauptfigur und Angeklagter in einer Live-Talkshow. Möglich, dass sie ihm immer noch folgten. Ihn als Versuchskaninchen benutzten. Versteckte Kamera. Am Ende hatten sie hier unten eine ganze Geisterbahn für ihn aufgebaut, um sein Entsetzen aufzuzeichnen und zu senden, zur allgemeinen Belustigung. Irgendwo in der Schwärze warteten sie, vor ihm, hinter ihm ... Er horchte, aber da waren nur das Scharren seiner Hände und Knie und das Klopfen seines Blutes im schmerzenden Kopf.

Wie ein angeschossenes Tier, dachte er. Er hatte sich in diesen Irrsinn hineintreiben lassen. Viel zu gutgläubig war er gewesen. Manchmal war Verfolgungswahn ein guter Ratgeber. Wer war hinter ihm her? Mit der alten Hexe hatte es angefangen. Lydia hatte ihm in seinen Träumen gedroht, der Blondschopf von den Buchklappen, das Titelbild des *Spiegels* aus den Sechzigern. Sie hatte ihn unschädlich gemacht, indem sie ihm die Kameras auf den Hals hetzte. Die TV-Nazijäger. Jetzt glaubte ihm keiner mehr. Aber wieso hatte er ihr geglaubt? Vielleicht war es gar nicht dieselbe Frau gewesen wie die auf den alten Fotos. Sie hatte von einer Doppelgängerin geredet. *Eines Tages entdeckte ich sie in meiner Wohnung.* Vielleicht war Lydia Marin wirklich so tot, wie alle annahmen, und irgendeine Schauspielerin hatte sich ihre Altersmaske aufgesetzt und sein Tonband besprochen ...

Nur, wozu die ganze Inszenierung? Verdammte Dunkelheit. Bloß nicht den Kopf verlieren, das Gefühl für sich selbst. Für einen Moment schaute ihm sein eigenes, babyhaft glatt geschminktes Spiegelgesicht entgegen. Er blieb auf den Knien hocken und strich sich über die Wange. Stoppeln. Wieder fühlte er die Liebkosung des schwarzen Maskenbildners, das

Gleiten, Entführtwerden. Wie schön es gewesen war, sich gehenzulassen. Und wie leicht; er musste sich nur wieder erinnern. Da war der Gitarrist, die Tabletten ... die flackernde Musik und die deutsche Stimme, die etwas von versinkenden Geschöpfen und schwebenden Geistern erzählte ... Flämmchen tanzten im Dunkeln, Irrlichter über einer flachen Landschaft. Sumpf. Da war er gewesen. Und da ging es hin. Winzige Gestalten tauchten auf und ab wie in einem schwarzen Moorbecken, dass es Lust machte, selbst hineinzusteigen. Aber lieber hielt er sich fern, weil ein trüber, schwefliger Geruch daraus hochstieg. Von hier sah es aus wie ein nächtliches Happening, ein ausgelassenes Jüngstes Gericht: lauter kleine Menschen, die sich aus der Erde hervorgruben. Schemenhaft ragte darüber im Düstern eine leuchtturmgroße Statue, eine weiße Frau, deren Busen wie eine Brüstung vorsprang. Das Gewimmel unter einem monumentalen Götzenbild, wo hatte er das schon einmal gesehen?

Die Stadt besetzte seine blind tastenden Sinne, sie durchquerte ihn, so wie er durch sie hindurchgetrieben war. Tagelang diese wabernde, überhitzte Fremde, jetzt das dumpfe Dunkel, das den winzigen Lichtkreis umlagerte: kein Wunder, dass er Gespenster sah. Er hob das Feuerzeug. Nichts, nur der leere, rauhe Stein der Innenwände. Aber er durfte sich nicht täuschen lassen. Die feuchte Finsternis war lebendig. Als er sich weiterbewegte, rückte es an ihn heran, dichtgedrängte Leiber und ein immer aufdringlicherer menschlicher Geruch. Jeden Moment konnte sich wieder eine Grotte, eine Kammer öffnen und nackte Tatsachen enthüllen. Die Erde war voll davon, eine zweite Welt. Er wusste es ja. Wieso hatte er nie darüber berichtet? Er war an die Quelle gekommen, in das Endlager für still vor sich hinbrütende Geheimnisse. Hier musste man auf alles gefasst sein.

Schaudernd fuhr er zurück. Seine Hand berührte etwas Weiches. Haar, Haut ... Die kleine Flamme beschien ein Häufchen Knochen und zerfallenes Fell. Lange starrte er in den Lichtkreis, gelähmt durch die unverhoffte Berührung. Es war, als hätte das verrottete Lebewesen nach ihm gegriffen. Er krabbelte schneller. Wozu Licht? Es reichte nicht, um seine Halluzinationen zu besänftigen. Sie brannten zwischen seinen Schläfen wie frische Wunden. Falls sie einmal heilten, falls er aus der Unterwelt herauskam, würde er keine Worte dafür finden. Und wenn schon. Ruhe wollte er, bloß Ruhe, irgendein Plätzchen, wo er sich zusammenrollen und vergessen konnte.

Sein Kopf pochte schwer, die Knie rutschten, die Handflächen schrammten auf dem Grund – ein Gefälle: Der Gang führte abwärts. Wahrscheinlich wurde es deshalb wärmer. Er kam dem Erdinneren näher, da zählte jeder Zentimeter. Was war das? Ein alter Bergwerksstollen? Nein – er war in Rom. Unter Rom. Jetzt wurde ihm klar, dass er auf die Vorzeit zukroch. Schließlich bestand die Stadt aus Schichten. Sobald man buddelte, kamen verschüttete Orte zum Vorschein, Wohnorte, Tatorte. Schächte für Raubtiere zum Beispiel und Umkleidekabinen für die Verurteilten oder andere, die sich freiwillig in der Arena auffressen ließen. Oder unterirdische Heizungsanlagen. Das war's. Daher die Hitze. Der Boden mit glühender Schlacke bedeckt. Kessel hingen über Brandkanälen. Ein ausgeklügelter Raum. Es roch nach verbrannter Haut. Halbnackte, kahlgeschorene Männer fütterten das Feuer. Der schwarze Schweiß machte sie gleich. Aber er erkannte sie sofort. Es waren die Sklaven der römischen Bäder: Auch denen war er schon begegnet. Sie horchten auf, weil sie jemand entdeckt hatte. Dumpfe Schläge von oben. Da, an der Oberfläche, stand einer zwischen den Ruinen und stampfte mit dem Fuß auf wie Rumpelstilzchen.

Es war der Zauberer, und neben ihm stand er, Ansgar, und

starrte auf den Boden, als könnte er in die Tiefe sehen. Diese Situation hatte es gegeben, ohne Zweifel. Er selbst hatte sich diese Bilder gemacht. Diese Räume hatte er sich vorgestellt, diese Leute ausgedacht. Es war egal, ob er sich in den eigenen Hirnwindungen oder in den Eingeweiden der Erde bewegte. Der Traum des Erfinders war sein eigener. Er war so alt wie die tote Stadt und noch viel älter. Die Heizsklaven heizten immer und immer noch. Und irgendwo in diesen Gängen standen dreihundertfünfunddreißig Männer Schlange, um zu sterben. Sie warteten auf Zeugen.

Walter war es. Walter hatte sie alle aufgeweckt. Ihn musste er zur Verantwortung ziehen. Wann hören sie endlich auf? schrie Ansgar ihn an. Kein Kommentar, brummte Walter, aber dann lüftete er ironisch den Hut und zitierte: *Sie haben keine Hoffnung, je zu sterben.*

Er ging auf ihn los, wollte ihm den Hut wegreißen, ihn verprügeln. Im selben Moment stutzte er. Wo waren die Toten? Hier lag die Lösung. Auch sie mussten unter der Erde sein, ganz in der Nähe. Und wo die Toten lagen, lag der Ausgang.

EIN SCHLAG: Sein Kopf war gegen eine Metallstange gestoßen. Er zerrte das Feuerzeug hervor. Eine Tür versperrte den Gang. Jetzt war er wach. Die Schmerzen verschwunden, wie auf Befehl. *A hero never steps back.* Mit beiden Händen umklammerte er die Streben und zog sich hoch. Sie reichten ihm bis zur Brust. Auf halber Höhe verlief eine Querstrebe. Er konnte sich hochstemmen und darüberhangeln. Als er drüben auf dem Boden landete, hallte ein Echo zurück. Er hob die Flamme.

Er stand in einem hohen, verliesartigen Raum. Der Ort kam ihm vertraut vor. Oder delirierte er wieder? In die Mauern waren horizontale Nischen eingelassen, der Putz fleckig und rostbraun verfärbt. Tiefe Randstufen führten als steinerne Bänke rundherum. Wie die Flächen und Kanten vor der Flamme zurückwichen und wieder vorsprangen, erinnerte ihn der Ort an eine Dunkelkammer, die das Leben verbarg, das sie enthielt ... ein Darkroom. Durch den Sprung taten seine Rippen wieder teuflisch weh. Er ließ das erhitzte Feuerzeug erlöschen und hockte sich hin, und da, am Boden, flackerte mit einem Mal die Szene in der Seitenkapelle von San Luigi dei Francesi auf – das Klacken des Lichtapparates, das Getümmel blitzender Körper, das liegende Opfer und der brutale Griff des herabgebeugten Henkers, die Morddrohung. Der stumme Schrei des Kindes, das aus dem Bild floh. Dazu die Flüsterworte des französischen Touristen zu seiner kleinen Tochter: *Tu vois l'ange?* Aber der Engel hatte verloren. Der Augenblick der Entscheidung war vorbei. Matthäus hatte zu viel gesehen, er hatte davon erzählt, und er war umgebracht worden.

War auch er zu weit gegangen? Vielleicht war er ein Geheimnisträger. Worin das Geheimnis bestand, wusste er nicht. Aber die Höhlenbilder in seinem Kopf, dieses finstere Wissen, sprachen eine andere Sprache, und wer diese Sprache beherrschte, wer sie für andere übersetzen konnte, war gefährlich. Mit diesen Ahnungen durfte man ihn nicht mehr an die Oberfläche lassen. Die Oberfläche. Via Appia, Via Ardeatina, Ruinen, echtes Nachtdunkel – das war alles, was er sich wünschte. Als er aufstand, klebte sein Hemd am Rücken: Er badete in Schweiß, und sein Herz raste, raus, raus, raus. Das Feuerzeug zeigte ihm einen hohen Torbogen am anderen Ende des Raums. Jetzt lief er, er lief aufrecht und schnell und drehte das Feuerzeugrädchen, wenn er neue Informationen brauchte, Puzzlestücke einer versunkenen Stadt: Bodenfliesen, Pfeiler, Galerien, Mauervorsprünge, Türstürze. Es war kein Gang, eher eine Gasse unter dickwandigen Arkaden. Sie führte in einen Saal, dessen Decke von Bögen gestützt wurde. Die Zwischenräume waren aufgebrochen, riesige Löcher öffneten sich zu höheren Stockwerken, und da oben schienen neue Gassen, neue Mauern auf.

Wohin? Er stolperte in einen niedrigen Durchlass, stieß an, hob wieder das Feuerzeug, da – ein Zeichen auf dem Stein. Ein Vogel spießte einen borstengespickten Kreis auf den Schnabel: eine Kindersonne. Und zurück, weiter, endlich ein Gang. Dauernd griffen seine Hände ins Leere: Die Wände waren bis unter die hohe Decke von quer übereinanderliegenden Ausbuchtungen durchbrochen. Eine Seitengasse ließ er liegen, noch eine und noch eine: alle zwanzig Schritte eine neue Abzweigung. Gebückt und humpelnd ging er geradeaus, ein fiebriges Sirren in den Ohren. Seit er über die Eisentür geklettert war, hatte sich die Unterwelt in ein Labyrinth verwandelt, ein dominoartig fortgebautes, verschachteltes Gehäuse. Er roch die Tiefe, abgestandene Feuchtigkeit. Die Angst dämpfte den Schmerz und hielt ihn auf den Beinen.

Aber sie war nüchterner als die Angst in den Höhlen mit ihrem Kadavergeruch. Der Druck war weg und die schwammige Betäubung, das Gefühl, dass an jeder Ecke etwas lauerte. Es gab keine Unsichtbaren. Das hier war kein Gefängnis; hier waren verspielte Architekten am Werk gewesen, Kinder, Künstler. Immer wieder streifte das Licht über Kritzeleien und verwaschene Fresken. Schließlich blieb er stehen und hielt das heiße Feuerzeug an eine Marmortafel. Diesmal war es eine aufgeplusterte Taube mit einem Zweig in den viel zu großen Krallen. FAVSTINIANVM stand darüber. Ein Bewohner. Ein Lateiner. Zwei Schritte weiter entzifferte er eine Krakelschrift: LEONTINO ALUMNO. Er hatte die Toten gefunden, ihre Nischen, ihre Grabsteine. Endlich begriff er. Er befand sich tatsächlich in der Vorzeit der römischen Thermen, der Sklaven und Gladiatoren; in der Zeit des Matthäus. Er war in die Katakomben geraten.

LANGE HUMPELTE ANSGAR IM DUNKELN VORWÄRTS. Er brauchte das nervöse Flackern nicht mehr, um sich zu beschwichtigen. Nach all den untoten Ausgeburten schien ihm die Totenstadt eine friedliche, vor Gespenstern geschützte Gegend zu sein. Sie war gebaut worden, damit man die Toten besuchen konnte; jeder hatte seinen Platz, jeder sollte wiedergefunden werden. Sein Kopf war leer, leer wie die Grabstellen, nur ab und zu zog ein flüchtiger Gedanke vorbei. Wie lange war er nicht mehr allein gewesen? Die Schmerzen und die steinerne Nacht, die ihn umgab – er kam sich vor wie ein Pilger, der mit jedem Schritt eine Sünde abbüßt. Er blieb stehen und pinkelte im Dunkeln auf den Jahrtausendstein. Das Gefühl, alles verloren zu haben, beruhigte ihn. Gegen die Schwäche ankämpfend, folgte er der breiten Hauptgasse, ein schier endloser Weg, bis sie endlich im rechten Winkel abbog – selbst die Nischengräber in der Wand vollzogen die Krümmung mit –, und tappte weiter. Die Mauern rückten nah, die Zeit dehnte sich, und er fing an, seine Schritte in ihrem humpelnden Herzrhythmus zu zählen. Bei hundertdreiunddreißig stieß er auf eine zweite Biegung. Sie war genauso scharf. Das Labyrinth umkreiste sich selbst.

Die Schmerzen blühten wieder auf, und die neue, die Überlebensangst begann, ihn im Hals zu würgen. Eine Hand am porösen Stein mit seinen menschengroßen Einbuchtungen, schleppte er sich weiter – die ewige Strecke, die er im Parallelgang hinter sich gebracht hatte. Irgendwann fühlte er etwas Neues, Glattes und hielt sein Licht an die Wand. Eine der Nischen war mit einer Marmorplatte abgedeckt, und gegenüber zerteilte ein Türrahmen die Wand; der Lichtschein fiel auf helle, von schwarzen Öffnungen durchlöcherte Zimmerwände. Eine schwache, sinnlose Neugier lenkte ihn hinein. Es war, als sei er aus einer monotonen Sozialsiedlung in eine reiche Villa gekommen. Auf Wänden und Decke tanzten bunte Figuren, und in den zweigeschossig angelegten Nischen lagen kaputte Schalen und Amphoren, als sollten die kostbaren Schubladen nicht ganz leer erscheinen. Er setzte sich auf den Rand einer Grabstelle und löschte das Licht. Die plötzliche Ruhe legte sich auf seine Schultern. Wie die untere Liege eines Stockbetts, dachte er. Im selben Moment spürte er eine Gefahr zwischen den Wänden. Etwas in seinem Innern schlug Alarm. Zu spät.

Er saß still. Die Stille kam näher. Sie schwoll an, langsam und fern, dann raste sie auf ihn zu. Als sie einschlug, blieb er starr, obwohl sich alles in ihm krümmte. Die Jahrhunderte stürzten über ihm zusammen und begruben ihn unter ihrer Steinlast. Nichts bewegte sich; das war das Grauen. Allmählich verebbte die Druckwelle und legte sich wie eine schwere Staubschicht zu seinen Füßen. Übrig blieb der Sturm im Innern. Aufgeben: der Gedanke wiegelte die Schmerzen auf. Unter der Haut, die ihn von der Stille trennte, schien sein Körper zu schwelen; die Zunge klebte am Gaumen; er schluckte. Die trockene Mundhöhle schmeckte sauer. Bleiben also. Allein mit sich selbst. Er presste die Hände aufs Gesicht. Am Brauenbogen fühlte er eine Schwellung, frischer Schorf klebte am Haaransatz. Wer war Ansgar Weber? Einer, der sich immer im Dunkeln bewegt hatte. Nichts sehen, nichts hören, nichts sagen, während ringsum die Tatsachen zum Himmel schrien ... *Ganz Rom ist erschüttert.* Nur er hatte es nicht begriffen. Sprachlos hatte er dagestanden, Kopfhörer auf den Ohren, Blick ins grelle Nichts. *Ein Wort von Ihnen, Herr Weber*: Die schlimmsten Affen hatten seine Affennatur bloßgestellt, live ... und jetzt schrie es in ihm selber. Hier, im Jahrtausendgrab. In der Falle hockte er, ein Häufchen elendes Fleisch, und wurde erdrückt von einer Scham, die den ganzen unsichtbaren Raum ausfüllte.

Er duckte und legte sich hin, Schotter unter Kopf und

Schultern. Als er die Beine anzog, knisterte es in seiner Hosentasche. Er zerrte die zerknüllte Weichschachtel hervor: vier Stück, eine war zerbrochen. In Rom hatte er das Rauchen wieder angefangen, in Rom hörte es auf. Der Rauch auf den entzündeten Schleimhäuten schmeckte krank und verboten.

Ein Kindheitsgeruch füllte seinen Rachen wie trockener, heißer Staub, ein vertrauter Geschmack nach Heimlichkeit und Trotz und Alleinsein. Hinter den Mauern spielte das Leben, da begehrten und zerfetzten die Leute einander, und nie fand er heraus, was sie bewegte.

Sie hatten ihn vergessen. Er war in Sicherheit. Der Krieg tobte hinter den Türen, Fernsehkrieg, Elternkrieg. Heimlich hatte er im väterlichen Arbeitszimmer im Dunkeln gesessen, hatte geraucht und sich Bilder zu den Stimmen ausgedacht. Bilder, mit denen er dann ins Bett zurückkehrte. Da, im Dunkeln, war er mittendrin. Er war kein Sieger und kein Retter, aber er war jedesmal in Gefahr, und jedesmal entkam er. Er langweilte sich. Immer hatte er sich gelangweilt. Die Kriegsschauplätze lagen anderswo, aber die Folgen waren überall. Irgendwann verschwanden die Schreibmaschine, die Bücher und der große Aschenbecher, das ganze Arbeitszimmer verschwand. Er war erleichtert. Er hatte es gewusst. Es wurde still in der Wohnung. Jedes Wochenende musste er von Hamburg nach Berlin reisen, seine ersten Zugreisen allein; sie führten durch eine unheimliche Schleuse, der Zug blieb stehen, und er beobachtete die Hunde und die Polizisten, wie sie um die Waggons schlichen und unter die Räder krochen. Auch das waren Folgen eines Krieges. Dieser Krieg beschäftigte seinen Vater, er machte ihn so unerträglich gerecht, das ahnte Ansgar, und ihn quälte die Milde, die er ihm entgegenbrachte, dem langweiligen Sohn, den allenfalls Zahlen interessierten. Alle anderen bekamen die väterliche Härte zu spüren, nur er verdiente sie nicht. Er beneidete den Vater darum, als Kind seines Alters den Krieg miterlebt zu haben, aber er wusste, dass er das nicht aussprechen durfte. Sein Vater hasste es, darüber zu reden; das Wort Kriegserlebnisse klang in seinem Mund nach einer Straftat. Krieg konnte und durfte nicht erlebt werden. Er war einfach da und umhüllte die Wirklichkeit wie Nebel; alles, selbst die Trennung der Eltern, konnte damit zu tun haben, alles und nichts, seit jeher, bis heute.

Heute? Plötzlich ein Husten – oder ein Lachen. Das heisere Geräusch prallte an die Decke, so isoliert, so nah. Sein Nacken war steif, sein Rücken, alles tat weh, sein Kopf war heiß und rauschte, aber er zitterte nicht mehr. Die Zigarette war weg, irgendwo verglommen. Vorsichtig setzte er sich auf, dann fingerte er in dem Zellophanknäuel und zündete die nächste an. Das Nischendunkel schluckte den Schein. In diesem Totenschubfach hatte er gelegen. Wie lange? In der verdämmerten Zeit hatten sich seine Gedanken gelichtet. Allmählich ordneten sie sich, wie eine Aufzählung defilierten sie Zug um Zug an der Kette der Glühpunkte in der Finsternis vorbei.

Immerhin, noch befand er sich im Plan – dem Reiseführer, der neben den Fosse Ardeatine irgendwelche Katakomben verzeichnete. Er musste den Ausgang finden.

Nur, was kam dahinter? Der Rückflug. Das Ticket lag in der Reisetasche in der Via delle Carozze. Undenkbar, Beate wiederzusehen. Sie würde ihn ausfragen und aburteilen – wenn nicht gar sein Auftritt allgemein bekannt geworden war. Es genügte, dass ihn irgendeiner auf dem Bildschirm gesehen hatte, eine von den Gestalten an jenem Abend etwa, als er mit Gianluca abgehauen war. In Rom durfte er keinem mehr unter die Augen treten. Geschweige denn in Hamburg. Wie sollte er Paul Rechenschaft ablegen? Seine Hände waren leer.

Weniger als leer. Nicht einmal das Tonbandgerät hatte er wieder ... das Tonband: Was hatte Lydia damit gemacht?

Mächtiger hatte er sie sich vorgestellt, irgendwie gravitätisch und autoritär. Und dann dieses scheue alte Mädchen. Er war hergekommen, um ihr den Tod abzukaufen – den Augenblick, in dem Lydia Marin der Öffentlichkeit entwischt war. Immer wieder hatte er sich die Situation ausgemalt, in der er sie fragte, wie sie das angestellt hatte. Dafür hatte er seine Schulaufgaben nachgeholt und ihre Bücher gelesen, hatte ihr Leben durchstöbert und sie danach abgefragt. Sie hatte korrekte Antworten gegeben. Und ihre fahrigen Gesten, die roten Flecken am Hals, als er sie endlich so weit hatte, von ihrem inoffiziellen Leben zu sprechen – war das gespielt? Wie sie gestorben war, das hatte sie nicht verraten, aber sie hatte davon geredet, woran: an seinesgleichen. Längst bevor sie in ihrer Wohnungstür erschienen war, ein dünnes Streichholz mit Flammenkopf, stand fest, dass sie die Tonbänder vernichten würde.

Aber auch Lydia, wenn sie es war, hatte irgendein Bild von ihm gehabt. Sie hatte ihn kommen lassen, um ihn zu testen. Da war eine kleine Hoffnung gewesen. Ein-, zweimal war sie aufgeblitzt ... Ein anderer wäre früher gegangen. Oder er wäre länger geblieben. Er hätte das Zauberwort gefunden. Aber dieser andere war kein Journalist, der ihr etwas wegnahm, sondern jemand, dem sie etwas zeigen wollte. Nur was? Obwohl er nicht richtig zugehört hatte, wusste er: Etwas Entscheidendes fehlte. Nun, im Dunkeln, nahm er den Nebel wahr, der ihre Antworten eingehüllt hatte. Wenn es ein Geheimnis gab, dann war es durch seinen Besuch endgültig begraben worden. Er hatte seine Chance verpasst: die Möglichkeit, nicht Ansgar Weber zu sein. Er zog an der Zigarette. Die aufglühende Spitze beleuchtete den kurzen Stummel und seine Finger. Von diesem Ansgar Weber war nur noch ein

Rest vorhanden. Er verzehrte sich selbst. Jeder Gedanke zersetzte seine Vergangenheit.

Und wenn es nicht Lydia gewesen war? Dann war er hereingefallen, reingefallen auf einen Trick von … Er ließ die zweite Kippe fallen und presste die Handballen in die Augenhöhlen. Ellinor. Ellinor hatte ihn auf Lydia angesetzt. Aber Ellinor war verliebt, sie konnte nicht – oder gerade doch; da war etwas gewesen, ein kurzer Verdacht, dass sie mit ihm spielte, ihn in irgendetwas verwickeln wollte, festhalten vielleicht, und jetzt … Sie wartete auf ihn. Pigneto. Da wollte er hin. Ellinor zur Rede stellen. Und das Tonband holen, als Vorwand. Er musste sich die Frau vornehmen, die sich als Lydia Marin ausgab. Der kleine Junge, ihr Mülljunge, würde ihm helfen, gegen ein paar tausend Lire. Er kannte die Alte. Wie hieß er?

Ansgar hob das Gesicht von den Händen. Sie waren schweißnass. Das Schwarz vor seinen Augen traf ihn wie ein Überfall. Mit zitternden Fingern fühlte er nach der Schachtel. Er hörte den Mülleimerdeckel scheppernd einrasten und den Jungen federnd auf den Boden poltern. Mit diesem Geräusch hatte alles angefangen, wie der Ausbruch einer schweren Krankheit. Im selben Moment hatte er gespürt, dass er daran zugrunde gehen würde. Wie eine aufgezogene Puppe war er davongetrottet. *Registratore – cassette … Daniele* hieß der Junge, und Daniele war der Beweis, dass die Frau, die ihm das Interview gegeben hatte, im Haus wohnte; dass sie nicht nur irgendeine Deutsche war, die alle Einzelheiten aus Lydias Leben kannte; dass sie keine Schauspielerin war, sondern Lydia Marin. Und wenn es noch einen Zweifel gab – was half es, sie zu überfallen? Der letzte Anlauf hatte ihn zu dem Kartenleger geführt – und den Kopf gekostet. Er war seinen Job los, nein, viel mehr: seinen Ruf und seine Zukunft. Auch wenn er alle niedermähte, die ihn hinters Licht geführt hatten.

Die Flamme schwächelte, als er sie an die letzte intakte Zigarette hielt. Das ganze Kopfzerbrechen war ein lächerliches Manöver. Da saß er unter der Erde und kratzte die Reste zusammen, vergebliche Erinnerungen an eine Zeit, in der er unversehrt herumspazierte, ein ganzer Mann, frei unter freiem Himmel. Den brachte ihm der schönste Amoklauf nicht wieder. Er war erledigt. Was ging ihn Lydia Marin an? Lydia war weg, genau wie das Naziphantom, ja der ganze römische Reigen war zerstoben, als hätte es ihn nie gegeben. Bis auf einen. Walter hatte ihn zur *Endstation* gebracht und ausgeliefert. Dieser falsche Guru kannte alle, wusste alles. Ansgar sah ihn über die schwarzen Spaghetti gebeugt, die ihn an die zerschmolzenen Tonbänder erinnerten, er sah die Bartstoppeln, die bläulich verschmierten Lippen und das künstliche Gebiss: *Für neue Zähne würde ich morden. Und Sie?*

Und ich? Ansgar lehnte sich vor, straffte den Rücken. Wie viel Uhr es wohl war, da draußen? War es schon heute? Heute stand er im Krieg, und der war lebensgefährlich. Er musste aufstehen und kämpfen. *A hero never steps back.* Nach vorne, nach vorne! Die Zigarette war alle, aber das Feuerzeug funktionierte noch. Die Flamme hatte sich erholt. Sie weckte ein Fresko an der Seitenwand. Mit schwingenden Armen, wie im Vorbeilaufen, legte ein Mann einem Kind die Hand auf den Kopf. Das Bild schaute ihn an. Ansgar schaute zurück.

ALS ER AUFSTAND, knickte er ein. Aber es gelang ihm, den Raum aufrecht zu verlassen. Irgendwann stolperte er: eine Treppe. Vorsichtig stieg er hoch. Der Oberfläche ein paar Stufen näher, führte die Gasse weiter geradeaus. Der Nikotinschwindel begleitete ihn. Und noch einmal Stufen. Am oberen Absatz verzweigte sich das Geflecht: Eine neue Treppe führte unübersehbar hoch ins Dunkle.

Endlich. Er kletterte mit vielen Pausen, vom eigenen Keuchen angefeuert. Enge Wände, die Stufen steil. Jetzt fallen, das wäre das Ende. Trance. Es kam ihm vor, als stiege er eine senkrechte Leiter hoch, die in einer Röhre steckte – etwas wie eine Bohrung, ein in die Erde gesenkter Strohhalm, in dessen Innerem er sich hochwand, und da oben wartete der blasse Himmel, da schwebte ein Vogel, zart wie ein Wort auf einem leeren Blatt Papier ... Aber die Stufen wurden flacher; wieder ein Absatz, ein Knick, dann nur noch ein paar steinerne Wellen in einem Winkel unter der Decke. Ein totes Ende. Wieder erklang ein unheimlich nahes, lebendiges Geräusch, ein Röcheln. Der Kopf sank ihm auf die Arme. Wieder runter auf dem Bauch, wie ein Wurm. Er hechelte, um die Verzweiflung zu übertönen, die Angst abzurutschen. Arbeit, Arbeit. Am Boden sackte er zusammen.

Seine Hand war zu schwach, um das Rädchen zu drehen. Als die Flamme endlich ansprang, erkannte er die Kreuzung nicht mehr. Aber ein Schild, ein echtes Schild, ein Lebenszeichen. Die Buchstaben waren neu. Ein senkrechter Pfeil: SCALE DEI MARTIRI. Ein waagrechter: CRIPTA DEI PAPI – CRIPTA DI S. CECILIA. Jetzt kroch er wieder. Das Licht zitterte auf hellen Marmorfliesen. Diesmal war es ein Palast. Eine Kirche. Die Wände hoch und glatt, die Fächer zugemauert. Tote Päpste. Oben flackerte das Halbrund einer Apsis. Er stieß an einen Vorsprung. Vor seiner Nase erhob sich ein Marmoraltar, über und über mit Buchstaben bedeckt. Daneben ein schmales Bogengässchen. Er krabbelte hindurch. Nichts Neues. Über ihm wölbte sich eine bröckelnde Decke, vor ihm ein Torbogen. Er hielt die Hand vor das Flämmchen. Im Streulicht erschien der Raum dahinter, nüchtern wie ein Verlies. Fleckige rostbraune Mauern. Randstufen liefen wie eine Bank rundherum. Bis auf eine Aussparung in der hinteren Ecke. Eine Gittertür. Dort war er hereingeklettert.

Die Dunkelkammer.

Umsonst, dachte er. Umsonst leben heißt umsonst sterben – Wort für Wort dieser Satz. Seine Flucht war zu Ende. Hier musste er warten, ob ihn irgendein überirdischer Zufall rettete. Aber er war kein Apostel, kein Märtyrer. Schlurfend bewegte er sich voran und setzte sich auf den Rand, umschlang die Beine, legte die Stirn auf die Knie. Der Schüttelfrost ließ seine Glieder vibrieren. Vom Fuß strahlte der Schmerz in die Leisten, der Schmerz in den Rippen antwortete, pochend wie eine Uhr, nur das zählte noch – das, was von ihm übriggeblieben war. Es war immer noch zu viel. Blieb nur noch zu warten, dass es weniger und weniger wurde. Wie die Feuerzeugflamme. Sie schwächelte wieder. Schluss mit dem Licht. Er hielt den Hebel gedrückt, blinzelte an dem zappelnden Rest vorbei.

Da war jemand. Vor dem Torbogen, durch den er hereingekommen war, klaffte am Boden ein rechteckiges Loch in der Wand, und in der Höhlung schimmerte etwas Menschliches, ausgestreckte Gliedmaßen, still und weiß. Ansgar ließ das Rädchen los und lauschte, aber er hörte nichts als seinen eigenen Atem und das rasende Hämmern in der Brust. In die Finsternis horchend, wartete er, bis sich sein Puls verlangsamte. Dann stand er auf. Schwankend setzte er Fuß vor Fuß, den Punkt im Dunkeln ansteuernd, den er seit Minuten fixierte. Er musste den Raum halb durchquert haben, als er das Feuerzeug wieder anzündete. Nichts, nur Funken. Er ging in die Knie, rutschte voran, tastete ins Leere, Boden, Mauer, Mauerkante, endlich eine glatte, marmorkalte Form. Die kümmerlichen Lichtblitze prallten auf Weiß: die Rundungen eines verhüllten Körpers. Er ließ das Feuerzeug fallen. Seine Hände strichen über Stoffalten auf einem geschwungenen Rumpf, landeten auf einem nackten Fuß – und wieder zurück, Knie, Arme, Brust. Sie lag auf der Seite: hingegossen. Das Kleid war auf der Schulter mit einem dicken Knopf zusammengezurrt, und dort wuchs aus dem Ausschnitt ihr langer Hals. Erschrocken fühlte Ansgar eine tiefe Kerbe in der makellos polierten Haut. Über dem Kinn verschwand der Kopf unter einem Turban, und das Gesicht verschmolz mit dem Podest, auf dem sie lag. Erst versuchte er, sich der Länge nach an den steinernen Leib zu schmiegen, doch er rutschte immer wieder ab und landete auf dem Boden vor dem Marmorbett; dann schob er seine Hüfte vor ihre Arme, legte den Kopf in die nackte Halsbeuge und schlang den rechten Arm um ihre Schulter.

5.

Freitag, 2. August 1996
Offene Stadt

ALS DER DICKE SALESIANERMÖNCH WIEDER EINTRAT, hob Ansgar den Blick von den Füßen. Er hatte die Hosenbeine hochgekrempelt, und so erzählten sie eine ganze verworrene Geschichte, die schwarzen Zehen, der angerissene linke Sandalenriemen, die Schramme am Schienbein, der geschwollene Knöchel.

»*No caffè*«, lächelte der Dicke und stellte eine kleine Plastikflasche Wasser und einen Pappteller mit einem dreieckigen, ungerösteten Toastsandwich neben ihm auf die Holzbank. Er trug ein Hemd mit kurzen Ärmeln, und seine kräftigen, behaarten Arme erinnerten Ansgar – er wusste nicht warum – an einen Schmied.

»*Buon appetito!*« Schon hatte er ihm wieder den Rücken zugekehrt und watschelte nach draußen. Ansgar nahm die Hand zurück, die mechanisch nach der Gesäßtasche gegriffen hatte – sie war ja leer: kein Personalausweis, kein Presseausweis, keine Akkreditierung. Und kein Geld. Mit ausdruckslosem Gesicht beobachtete ihn der Carabiniere, der wie ein Museumswächter auf seinem Stühlchen in der offenen Tür saß. Als Ansgar zu essen anfing, wandte er sich ab und schaute in den Vorraum, in den Bewegung gekommen war. Eine Reisegruppe tröpfelte herein. Ansgar konnte nur die Rückseite des Kassentresens erkennen. Das Sandwich war mit Thunfisch belegt und weich wie Babynahrung. Draußen brabbelte es deutsch, »isses dunggl da undn?«, es klang südlich, vielleicht sächsisch, ostdeutsch auf jeden Fall.

Dunkel, nein, dunkel nicht. Grausam hell war es gewesen. Überall elektrisches Licht: im Verlies und in der Papstkrypta, im Gang und schließlich auf der Treppe. Die Mauern rötlich, die Leute in schreiend bunter Urlaubskleidung. Seine Träume aber, die waren schwarzweiß gewesen, und noch im Schlaf hatte er gedacht, sieh an, so kann man sich an die Dunkelheit gewöhnen. Der Traum erfüllte Ansgars Wunsch und ließ ihn aus dem Erdinnern aufsteigen, doch zugleich öffnete er ihm den Abgrund – sein Blick war in die Tiefe gedrungen wie in ein Brunnenloch. Das stumme Gewusel da unten war die Fortsetzung seiner Visionen, lauter Jagdszenen und tödliche Versteckspiele. Jeder war jedem auf den Fersen. Sie rannten durch die Gassen und lauerten an den Ecken, in Häusernischen, unter Torbögen, in Treppenhäusern. Je schärfer seine Sicht wurde, desto weiter fand er sich entfernt, denn er hob sich langsam und leicht wie ein Blatt Papier an die Oberfläche. Fallen und Steigen, Fliegen und Versinken: eine einzige Bewegung. Als er über dem Boden in den fahlen Himmel abhob, schaute er den Zurückbleibenden direkt in die Augen, schwarze Pupillen im glitzernden Weiß. Sie wollten ihn nicht gehen lassen. Er musste sich losreißen, doch sie saugten sich an ihm fest, bis er um sich schlug, außer sich vor Wut ... und da mussten sie schon längst vor ihm gestanden haben, die Blitzlichter auf ihn gerichtet, die ihm wie Messerklingen in die Augen stachen.

Das nächste Bild waren die strampelnden O-Beine des japanischen Mädchens, das er zu Boden gerissen hatte, als er ihr die Kamera aus der Hand schlug, und die herzförmige Sonnenbrille am Boden. Das Bild kreischte, als wäre mit einem Mal der Ton angegangen, das Scheppern des Fotoapparats auf dem Stein, die Schreie des Mädchens und das

Gebrüll der Männer, die sich auf ihn stürzten und ihn am Boden festhielten, bis er aufhörte, sich zu wehren, und ganz still lag, in die steinernen japanischen Gesichter schaute und den Schweiß roch.

Jetzt war er ruhig, ein Gefühl, als hätte er alle Zeit der Welt. Der Raum, in dem er gefangen saß, war karg und friedlich, mit einem Ausblick auf den sonnigen Vorplatz, Randhecken, eine kleine Palme in einer Steinvase, eine Zypresse. Ansgar löste die Füße aus den Sandalen. Der Carabiniere vermied den Blickkontakt. Eine ganze Weile lang hatte er leise auf seinen Oberschenkeln mit dem roten Hosenstreifen herumgetrommelt; jetzt fing er an, mit seinem Walkie-Talkie zu spielen, und schaute nicht einmal auf, als Ansgar sich auf die hölzerne Bankfläche legte. Das kleine Frühstück hatte seinen Magen beruhigt; schläfrig glitten seine Augen von dem Kruzifix über dem Türrahmen zur Deckenlaterne und wieder zurück. Er war gerettet, ein Schutzmann bewachte ihn, und sein Schutzengel war, seit er in der Katakombe erschienen war, der dicke Mönch. Er hatte ihn aus dem Griff der Japaner befreit und die Treppe hinaufgeführt – die Treppe zum Ausgang, wenige Meter von der Stelle entfernt, an der Ansgar aufgegeben hatte. Oben stellte er sich als *frate salesiano* vor und brachte ihn in ein Büro mit einem Waschraum dahinter. Der Spiegel hatte Ansgar die Spuren der Nacht gezeigt: Schürfwunden und mit Schminke vermischter Dreck. Sein Retter schob ihn in den wartezimmerartigen Raum neben dem lichten kleinen Foyer, dann beschwichtigte er draußen die aufgebrachten Japaner. Sie mussten ihm erklärt haben, wie sie ihn vorgefunden hatten, denn als er später mit dem Carabiniere zurückkehrte, scherzte er über Ansgars Vorliebe für *la bella Santa Cecilia*, die Statue, mit der er die letzten Nachtstunden verbracht hatte.

Ansgar drehte sich auf die Seite, betrachtete das Abbild

des Sprossenfensters auf dem Boden und ließ die Augen zufallen. Was immer sie ihm anhängen wollten, gemessen an dem, was er vorhatte, war es harmlos. Seine brütende Ruhe war ihm unheimlich. Er spürte, dass der Gedanke die Schonzeit nutzte, um sich ungehindert zu entfalten, ein Nachtgewächs, eine böse Blume.

Das mechanische Krächzen des Walkie-Talkies weckte ihn wieder auf.

»*Pronto!*« rief der Carabiniere.

ZEHN MINUTEN SPÄTER war er frei. Asphalt unter den Füßen, schaute er der Staubwolke des schwarzen Carabinieri-Wagens hinterher, der in der Zypressenallee verschwunden war. Die Schatten schraffierten den pfeilgeraden Weg, zwischen den Bäumen blendete trockene Steppe. Übrig blieb die würzige, zirpende Hitze, in der der kleine Park mit der Häusergruppe am Eingang zu den Katakomben wie eine Oase erschien. Ansgar ging ein paar Schritte über den Parkplatz, diffus abklingende Schmerzen im ganzen Körper. Er griff zur Hemdtasche, fingerte nach der Sonnenbrille. Sie war weg. Im Schatten – dem Schatten eines deutschen Reisebusses mit dem Kennzeichen AP – setzte er sich auf ein Mäuerchen, wühlte in der Hosentasche nach der Zigarettenschachtel und starrte auf das Nummernschild. Was hieß AP? In der hinteren Tasche steckte wieder das Portemonnaie. Zwanzigtausend Lire, vielleicht reichten sie für eine Taxifahrt. Der zweite Carabiniere hatte ihn lediglich nach seiner römischen Adresse gefragt, bevor er ihm die Papiere wiedergab. Die beiden Uniformierten schienen in Eile zu sein. Das Mädchen hatte auf eine Anzeige verzichtet, kein Japaner weit und breit.

»Apolda.«

Ansgar zuckte zusammen. Ein Feuerzeug klickte vor seiner Nase. Er bemerkte, dass die eine, filterlose der beiden übriggebliebenen Zigarettenhälften zwischen seinen Lippen steckte. Die fremde Hand hielt die Flamme an den Stummel. Neben ihm saß ein kleiner, klapperdürrer Mann. Unter seinem Gürtel klemmte eine Schachtel Marlboro.

Gierig schluckte Ansgar den Rauch. »Apolda«, probierte er. Es sprach sich aus wie ein komisches italienisches Wort.

»Aus dem Westen, was. Von Apolda haben Sie noch nie gehört.«

Fasziniert beobachtete Ansgar, wie der flimmernde Asphalt an einigen Stellen schmolz und kleine schwebende Lachen ausbildete.

»Weimar liegt um die Ecke, Jena liegt um die Ecke, Erfurt liegt um die Ecke. Was soll da Apolda?«

Der Mann neben ihm lachte über seinen Reim.

»Apolda war ganz groß. Wahrscheinlich haben wir deshalb auch ein eigenes Kennzeichen gekriegt. Geholfen hat es nicht ...«

Ansgar verglich seine eigenen schmutzigen Füße mit denen daneben, die ordentlich in Socken und Halbschuhen steckten. Der Zwerg in kurzen Hosen wollte ihm erklären, dass die Welt immer noch dieselbe war. Er erzählte ihm von Strickwaren und Chemie, von Fabrikschließungen und Massenentlassungen. Ansgar empfand den Impuls, ihn dafür zu umarmen, als der Mann einen beunruhigenden Satz sagte.

»Samstagabend in Apolda, da können Sie einen Blitzer durch die neue Fußgängerzone schicken, und keiner merkt's. Keiner mehr da. Feierabend.«

Ansgar hob den Kopf. *Hey Mom,* las er. Weiß auf Grün stand es quer über der Brust seines Nebenmannes, und darunter in einem nach oben offenen Halbkreis, wie ein lächelnder Mund: *I'm just another brick in the wall.* Ansgar starrte auf die neue Botschaft. Dieser Ostdeutsche war nicht so naiv, wie er tat. Er verwendete Wörter wie ein Nachrichtensprecher –

Strukturanpassung, Maschinenpark –, aber insgeheim wusste er, dass auf und unter der Erde unaussprechliche Dinge geschahen.

»Mit den Klamotten haben wir vor allem den Westen beliefert. Beste Ware, und billig. Dann sagt der Westen: unproduktiv.« Der Mann schaute Ansgar herausfordernd ins Gesicht. »Dreitausend Arbeitsplätze. Sie können sich ja ausrechnen, wer da noch alles gegangen ist. Meine Frau ist nach Krefeld. Arbeitet im Callcenter.«

Ansgar rieb über den feuchten Schorf am Schienbein und gab sich einen Ruck.

»Wer sind Sie?«

»Na der Busfahrer. Mich haben sie auf die Straße gesetzt, als sie die Verkehrsbetriebe abgewickelt haben. Jetzt bin ich Springer bei der Reisegesellschaft«, er wies auf den Bus, »das heißt, ein, zwei Wochen keine Arbeit, und dann wieder so'ne Pizzafahrt.«

Er unterbrach sich; als Ansgar schwieg, warf er seine Kippe weg und fuhr fort:

»Pizza, Italien. Wir haben einen neuen Arbeitgeber in Apolda. Fertigpizzen. Dreihundert Leute ...«

Der glühende Stummel rollte über den Teerboden und blieb kurz vor der strohgelben Grasfläche liegen. Ansgar beobachtete, wie er verrauchte, und schloss die Augen. Unter seinen Lidern erschienen die Glühpunkte in der Totenvilla, Leilas Haar flackerte, die Brennöfen, das Blitzlicht der japanischen Kameras. Er musste los, in die Stadt, und plötzlich wusste er, wie. Er öffnete die Augen. Am anderen Ende des Parkplatzes sammelte sich ein Pulk Touristen.

»Drei Tage Rom als Einstiegsprämie, für neunundfünfzig Mark Eigenbeteiligung«, sagte der Busfahrer.

Ansgar krempelte die Hosenbeine runter. »Fahren Sie in die Stadt? Können Sie mich mitnehmen?«

»Von mir aus. Was haben Sie denn ausgefressen?«

»Wieso?«

»Ich meine – das Polizeiauto. Die haben Ihnen die Papiere weggenommen.«

»Wiedergegeben. Sie haben mich überprüft, weil ich aus Versehen die Nacht in den Katakomben verbracht habe.«

Der Busfahrer lachte ungläubig.

»Klingt ungemütlich«, sagte er und stand auf. »Da sind sie ja. Fragen Sie die Chefin, die Junge mit den Locken.«

DIE JUNGE MIT DEN LOCKEN hieß Stefanie. Noch eine deutsche Römerin. Sie war vielleicht dreißig, aber sie wirkte älter, sobald sie redete, und das tat sie schon auf den ersten rumpelnden Metern durch die Zypressenallee. Ihre Kinnmuskeln verkrampften sich, als sie von ihrem Überlebenskampf in der Stadt erzählte, Sprachunterricht, Übersetzungen von Museumsführern, Führungen von deutschen Reisegruppen. »Mörderisch«, sagte sie immer wieder und presste die Lippen zusammen, »es ist einfach mörderisch«, und ihr schien daran gelegen, ihre mörderische Laune weiterzugeben.

»Piazza di Spagna?« wiederholte sie spöttisch. »Na, da brauchen Sie sogar Glück, wenn Sie zu Fuß hinwollen. Wir können Sie am Corso d'Italia rauslassen – wenn wir so weit kommen. Ich habe heute früh zwei Stunden mit dem Auto von San Giovanni zum Hotel am Flaminio gebraucht. Die Stadt ist total verstopft.«

Ansgar saß neben ihr am Fenster, irgendwo in der Mitte. Auf einmal war sie weg. Sie war durch den Gang nach vorn gelaufen und saß neben dem Busfahrer.

»Bella Italia. Wennse nicht streiken, demonstrierense.«

»Die lassen sich eben nicht alles gefallen.«

»Kannst ja mitlaufen.«

Ansgar lehnte sich in das Polster zurück. Der Sitz federte

über den Bodenwellen. Die Klimaanlage rauschte. Ringsherum schwappten die Stimmen der Pizzaarbeiter, Lacher, unschuldige Klassenfahrtgeräusche.

»Reih dich ein in die Arbeitereinheitsfront.«

»Sind Sie von hier? Wissen Sie, warum die auf die Straße gehen?«

Ansgar schrak auf. Eine Frau beugte sich über den Gang zu ihm herüber.

»Die wollen mal wieder die Regierung stürzen«, sagte der Mann neben ihr.

»Nein, die haben einen Nazi gefangen.«

»Was für einen Nazi?«

Mehrere Köpfe drehten sich zu Ansgar. Er riss sich zusammen. »Die haben einen Nazi freigelassen«, sagte er.

»Auch gut.«

»Und wo ist er jetzt? Kann man den besichtigen?«

»Auf dem Weg in die Heimat ist der, was denkste.«

»Ich hab genug besichtigt.«

»Genau. Mittagessen, Mittagsschläfchen.«

»Was? Bei der Hitze kannst du Mittagsschläfchen machen?«

»Nur wenn du dabei bist.«

Alles lachte. Ansgar legte den Kopf an die Scheibe. Die Steppenlandschaft über den Höhlen war verschwunden. Der Bus rollte über eine Ausfallstraße, nicht so verwahrlost wie die Schneise im Schatten der Hochstraße, die Ansgar vor Zeiten entlanggestolpert war, sondern hell, modern – und nicht weniger schäbig. Ein anonymer Boulevard, vielspurig und begrünt, die Wohnblocks und Bürogebäude aufgelockert, alles unter dem harten Licht, das seine Gleichgültigkeit über die Stadt spannte. Ein langgezogener weißer Quader glitt vorbei, Parkplätze davor, OSPEDALE las er. Aha. Ein Krankenhaus an der Verkehrsader. Wie er diese Stadt hasste. Dahinter überquerte die Straße ein horizontweites Tal, endlose Stadtbrache, Schienen, rohe, kalkige Aufschüttungen. In der Ferne erkannte Ansgar die weißen Gleisdächer und das röhrenartige Nebengebäude des Ostiense-Bahnhofs, und das Gefühl schlug um. Da war er angekommen, und von da wollte er weg. Heute, dachte er jubelnd. Er würde seine Niederlage wettmachen und den Rückflug nehmen, den er gebucht hatte. Mit einem Mal begriff er, dass ihm die Zeit davonrannte. Und dass seine Armbanduhr weg war.

Er fuhr herum, und sofort fing jemand auf der anderen Gangseite den Blick auf.

»Sind Sie auch Reiseführer?«

Ansgar schüttelte den Kopf und versuchte ein Lächeln. »Haben Sie die Uhrzeit?«

»Drei viertel zwölf.« Traurige Augen, fliehendes Kinn, Sonnenbrand auf der Nase. »Haben Sie's eilig? Zu Mittag sind wir rechtzeitig zurück.«

»Was ist los, Friedhelm? Willst du ihn anheuern?«

»Was machen Sie denn so? Sicher was Besseres als Pizzabacken.«

Ansgars Schläfen pochten. Viertel vor zwölf. Jedes Wort war Zeitverschwendung. Mit Glück konnte er um zwei mit seinen Sachen an der Piazza Navona sein. Gegen halb fünf musste er zum Flughafen aufbrechen. Nur das Tonband ...

»Mir dürfen Sie's verraten.«

Die traurigen Augen waren immer noch auf ihn gerichtet.

»Ich arbeite für eine Zeitung«, sagte Ansgar, und sofort schälte sich der Mann aus seiner Reihe und ließ sich neben ihn auf den Sitz fallen. Ansgar fühlte, wie ihm der Schweiß aus den Poren sickerte. War es sein Körpergeruch oder der des anderen, der da durch eine Schwade von stark parfümiertem Deo quoll? Was wollte dieser Mensch, ahnte er etwas?

»Und jetzt schreiben Sie einen Reisebericht über Rom?«

Ansgar brummte einen zustimmenden Laut.

»Verstehe. Urlaubszeit. Wieso schreibt man eigentlich zur Urlaubszeit über Urlaub?« Der Mann mit dem Sonnenbrand rieb sich die Stirn. Irgendetwas quälte ihn. Er wirkte verletzt, kaputt. Mit letzter Kraft hatte er sich auf diese Urlaubsreise geschleppt. Wahrscheinlich durfte es keiner seiner Kollegen wissen, und jetzt suchte er einen Verbündeten. Ansgar betrachtete die linke Hand des Mannes, eine rosarote Hand, wie sie an der Kotztüte zupfte, die aus der Tasche in der Rückenlehne des Vordersitzes schaute, wie im Flugzeug; heftiges Mitleid überschwemmte ihn. Immer noch raste der Bus die vielspurige Straße entlang, doch die Bauklötze waren weg. Stattdessen Pinien, hinter denen brandbraune Flächen flackerten.

»Darüber sollten sich die Zeitungen mal Gedanken machen.«

In der Tiefe glitten Ruinenmauern durch das Niemandsland, langsam, ganz langsam schoben sie sich vorbei, merkwürdig filigran, aber riesig, wie friedliche Saurier. Ansgar folgte ihnen mit den Augen: die Thermen. Der Anblick erleichterte ihn. Die kalte Wut, die er in ihm wachrief, war genau das Gefühl, das er suchte.

»... in drei Schichten. Und zwar pro Stunde vierundfünfzigtausend Pizzen. Wenn Sie das pro Tag rechnen, kommen Sie auf rund eins Komma drei Millionen Fertigpizzen in vierundzwanzig Stunden. Und das mit dreihundertfünfzehn Mitarbeitern. Nun stellen Sie sich das vor.«

Der Mann neben ihm gestikulierte heftig. Ansgar sah ihn und die anderen Sklaven bei der Arbeit. Sie trugen Schürzen und Mützen. Die Glut aus den Pizzaöfen verbrannte ihre Nasen, ihre Hände – wie da unten, unter den versteinerten Sauriern. Hinter ihm, zwischen den Sitzen, gellte eine Frauenstimme, er fühlte den Atem im Nacken:

»Friedhelm! Sag ihm, wenn sie die ganzen Obertrikotagen bei der Pizza übernommen hätten, dann – dann …«

»… dann würde Apolda die Welt ernähren!« brüllte jemand. »So ist das!«

Ansgars Blick fiel auf seine eigenen Hände. Sie krampften sich um die Knie. Er wartete auf das Kolosseum. Am liebsten hätte er den Bus aufgehalten, und zugleich war ihm, als müsse er hinausstürzen, weil er so langsam fuhr. Kein Wunder, dass die Leute außer sich waren.

»Besichtigen Sie die Ruinen von Apolda!« schrie die Frau hinter Ansgar.

»Eins Komma drei Millionen Pizzen pro Tag …«

Der Bus, der mit Schwung in eine ansteigende Straße abgebogen war, stand plötzlich. Stau auf der Gegenseite. Durch die Frontscheibe erkannte Ansgar Ampeln und Kreuzungsgewimmel. Die Stadt war da.

»Eins Komma drei Millionen«, wiederholte sein Nebenmann, »und zugleich geht die Stadt ein. Darüber sollten Sie schreiben statt über diesen Katakombenquatsch.«

Die letzten Worte zielten in die Stille. Ansgar duckte sich. Das Schweigen galt ihm.

»Gut«, sagte er leise zu dem fliehenden Kinn. »Geben Sie mir Ihre Telefonnummer. Ich melde mich.«

Friedhelm wandte sich ruckartig um. Eine Sekunde verging, dann entstand Aufruhr, hinten erhoben sich Leute von ihren Sitzen, »für wen schreiben Sie?« rief jemand, »gib ihm die von Ralf!«, »warum nicht gleich die vom Grollmann?«, »Grollmann! Spinnst du?«, »verkehrst du mit dem?«, »Elke hat eine Visitenkarte«, »Friedhelm ist doch gut«, »frag ihn, für wen er schreibt!«, »wer hat einen Kugelschreiber?«

Der Bus ruckte ein paar Zentimeter voran, stoppte. Ansgar stand auf und drängte sich an Friedhelm vorbei auf den Gang.

»Jetzt will er abhauen!«

»Hier, lass ihn auf die Broschüre schreiben.«

»Keiner haut hier ab.«

»Für wen schreiben Sie?«

»Haben Sie nicht eine Visitenkarte?«

»Berliner Zeitung«, sagte Ansgar. »Paul Becker, Becker mit E. Tut mir leid, ich muss hier raus. Ich rufe Sie an, sobald Zeit ist.«

»Wann ist Zeit?«

»Nu mach doch, Friedhelm.«

»Wo?«

»Berliner Zeitung!«

»In ein, zwei Wochen«, antwortete Ansgar.

Friedhelm reichte ihm einen Hotelflyer, »hier«, sagte er und tippte auf eine Ecke, und: »Ich verlasse mich auf Sie.«

Ansgar nickte. »Friedhelm Schedalke«, buchstabierte er laut. »Okay, Sie hören von mir.«

»Können Sie denn auch die Nummer lesen?«

Er schaffte es bis zum Fahrer – ein Spießrutenlauf. Stefanie schaute ihm triumphierend entgegen.

»Sehen Sie, es geht gar nichts mehr. Wenn Sie laufen wollen … Bis zur Spanischen Treppe brauchen Sie eine Dreiviertelstunde. Die Demos nicht gerechnet.«

»Und die Metro?«

»Kann sein, die streiken. Versuchen Sie's halt. Gott, ich wohne hier um die Ecke und darf die Leute ins Hotel bringen …« Sie schwankte lange, zu welcher Station sie ihn schicken sollte, *Manzoni* sagte sie endlich und beschrieb widerwillig den Weg. Offenbar hatte Ansgar sie beleidigt.

»Machen Sie keine Dummheiten«, sagte der Busfahrer, als er die Tür öffnete. Er lächelte, sein Bauch grinste: *I'm just another brick in the wall.* Die Apoldaer riefen und winkten Ansgar zum Abschied. Draußen fiel die Hitze schwer auf seine Schultern.

DIE STADT KOCHTE. Nirgendwo hatte er eine Uhr entdeckt, nicht einmal in den Metrostationen. Wie viel Zeit hatte er gebraucht, um den Wahnsinn in der Bahn und auf der Straße zu überstehen? Das schmutzige Hemd klebte an seiner Haut. Via delle Carozze 50. Hier war die Tür. Hier war der Schlüssel. Und er der Dieb, der ihn heimlich im Schloss umdrehte und sich in den kirchenkühlen Dämmer des Treppenhauses stahl, während hinter ihm die Welt zusammenstürzte. Ansgar drückte die Tür zu und lehnte sich von innen dagegen.

Nur das gedämpfte Geschrei vom Platz und ein gedämpfter Schein vom Oberlicht sickerten herein. Beates außerirdische Ruhe. Sie wusste, warum sie sich vor dem wirklichen Leben verschanzt hatte. Draußen implodierte die überhitzte Stadt – aufgeladen von den eigenen Kräften, die sich nicht mehr zusammenzwingen ließen. Genau das hatte Ansgar gerade erlebt. Die Straßen waren zu eng für die Massen, die alten Mauern schluckten ihre dünnen Parolen, *pace, patria,* und das Licht über dem Rummel verhöhnte die Schwerkraft, die alles in den Dreck zog: Metrotreppen, Pissecken, Abluftgitter, Blech, Plastik, Gras, Abfall … Seit Ansgar aus dem Dunkel aufgetaucht war, konnte ihm kein Hellseher mehr etwas vormachen. Seine Wahrnehmung arbeitete wie ein Röntgengerät, als wären Sehen und Verstehen eins. Rom erlebte einen Schock – wie er selbst. Und wie er selbst folgte das Chaos auf der Straße einer Logik, die sich von allein bewegte, dem Ende zu. Jetzt kam es darauf an, eine Station nach der anderen hinter sich zu bringen und nicht über den nächsten Schritt nachzudenken. Zuerst musste er sich durch das Gewühl von hier zur Piazza Navona durchschlagen. Immerhin, er hatte Geld. Der Automat an der Ecke vor der Metrostation hatte widerspruchslos zweihunderttausend Lire ausgespuckt. Schon da war er auf die unheimliche Logik gestoßen, in der er gefangen war: An dieser Stelle befand er sich nicht zum ersten Mal. Direkt neben der Bank zweigte die Via Tasso ab, in der das Gestapo-Museum lag.

Langsam klomm er die dunklen, lackierten Holzstufen hoch. Alles still, auch auf dem obersten Absatz vor Beates Wohnungstür. Sie schnappte auf, unverschlossen. Auch drinnen hörte Ansgar keinen Laut, nicht einmal von der Innentreppe her. Bloß das Gequietsche der Dielen, als er quer über den Flur ging und das Gästezimmer betrat. Es war, als ertappte er sich selbst dabei, dass er die Nacht woanders verbracht hatte. Die Luft war stickig, das Fenster geschlossen. Matt und tot schaute das durchlöcherte Bergwerk von der Wand überm Kopfende. Die Reisetasche lag geöffnet neben dem Bett, das immer noch aufgedeckt war – die Laken verrutscht und seine Sachen obendrauf, das dunkle Hemd und das Tonbandgerät. Auf dem Tonband lag seine Armbanduhr.

Ansgar trat an den Bettrand. Das Tonband und die Armbanduhr. Ganz nah, wie eingefroren. Vorsichtig sog er die Luft ein. Dann begriff er. Ellinor war hier gewesen.

Ohne sich von der Stelle zu rühren, riss er das Hemd über den Kopf und streifte die Sandalen ab. Eins nach dem anderen, aber schnell, schnell. Er leerte die Hosentaschen, zerrte sich das klebrige Zeug vom Leib und stopfte es in die Reisetasche, stürzte ins Bad, drehte den Duschhahn auf, kalt. Dröhnend prasselte das Wasser auf den rutschigen Porzellanboden. Schmutzspuren. Wieder spulte sich ein Film ab, rückwärts, unerträglich zäh und holprig. Die Schürfwunden brannten. Einseifen, Abspülen, Abtrocknen. Das Handtuch warf er auf den Boden, trat die Füße darauf trocken, ließ es liegen. Ein grauer nasser Haufen mit einem dunklen Streifen Dreck oder Blut. Im Zimmer steckte Ansgar das Waschzeug in die Tasche und wühlte nach frischen Sachen, und als er sich aufrichtete, sah er sie am Fenster stehen, die Arme verschränkt und in einer halben Drehung zu ihm gewandt.

Er schrie auf – fast. Sie trug wieder das Blümchenkleid vom ersten Tag. Eine Beuteltasche baumelte an ihrer Schulter.

»Eilig?« fragte sie, ohne sich zu regen.

Deshalb war sie da. Sie wollte ihn zurückhalten.

»Ellinor ...« Er war neben das Bett getreten, doch jetzt fiel ihm auf, dass er nackt war, und er bückte sich nach der Unterhose. Sie zitterte in seinen Händen. Vor seinen Augen zuckten Wutbilder. Er fiel über Ellinor her. Er stieß Ellinor aus dem Fenster. Wer hatte ihr erlaubt, ihm so nahe zu treten?

»Es ist schiefgelaufen«, sagte er grob. Er hatte Angst zu weinen.

»Ich weiß«, kam zurück.

Er selbst hatte sie so weit vorgelassen. Wenn sie ihn jetzt fragte, wo er gewesen war, würde er sich vergessen, und dann – etwas Schlimmes ... Aber sie schaute schweigend auf das Bett. Sie wollte ihn mürbe machen. Warten, bis er alles von selbst gestand.

»Was weißt du?« bellte er. Irgendwie, das ahnte er ja, steckte sie in der Sache drin.

Ellinor zeigte auf das Bett.

»Ich hab gesehen, dass da keine Bänder drin sind.«

»Woher hast du es?«

»Von der Frau unten. Und die hat mir ...«

»Hast du Lydia gesehen?«

»Eben nicht. Die Polizei hatte an der Pforte angerufen, irgendein Todesfall. Lydia musste hin.«

Da zog er sich an vor Ellinors Augen, wie er es schon einmal getan hatte, und wie damals musste er weg, sofort. Damals? Gestern. Bevor er die kaputten Bänder gefunden hatte. Und diesmal ... Was trug man, wenn man jemanden umbrachte? Er streifte das ockergelbe T-Shirt über den Kopf.

»Todesfall«, wiederholte er.

Sie wollte ihn mit Neuigkeiten angeln. Wollte ihn wieder in ihrem jalousienverhängten Zimmer einsperren und davon abhalten, seinen Weg zu gehen. Als er nicht nachfragte, versuchte sie es anders.

»Paul hat gestern abend bei mir angerufen. Er hat von dem Priebke-Urteil gehört und wollte wissen, wo du bist.«

»Und?«

»Na, nichts. Vorher hat er sich schon bei Beate erkundigt. Die ist natürlich genauso ratlos.« Ein kleines Lächeln.

In einer Sekunde würde sie fragen.

»Ist sie da?« fragte er und griff nach der Armanduhr.

»Beate? Sie lässt dich grüßen. Sie ist aufs Land gefahren«, antwortete Ellinor. »Und ich …« Sie unterbrach sich und heftete den Blick auf ihn. »Vielleicht fahre ich mit dem Zug nach, heute abend oder morgen früh. Es ist zu schlimm in der Stadt.«

Ach ja, der *himmlische* Ort, wie hieß er noch gleich? Ellinor bot ihm an mitzukommen. Egal wohin. Eine schwache, furchtbar vergebliche Sehnsucht berührte ihn, wie jemand, der von ferne winkt. Ellinor war weit weg. Ansgar warf einen Blick auf die Tasche. Er war schon auf der anderen Seite. Im Krieg. Die Sandalen würde er hierlassen, die Turnschuhe anziehen, den Recorder in die Tasche stecken, alles rausschmeißen, was zu viel war. Es tat weh. Er musste sie loswerden. Bitte, dachte er. Bitte verschwinde.

»Ich habe oben in der Küche was liegengelassen«, sagte er. »Willst du noch auf mich warten? Ich meine, ich …«

Ellinors Kinnspitze zitterte, sie lächelte, und er sah ihr an, dass sie längst verstanden hatte.

»Ich bin schon weg.« Sie löste sich vom Fenster und deutete auf die Konsole unter dem Spiegel. »Leg einfach den Schlüssel da hin. Du kannst die Tür hinter dir zuziehen.«

Er ging ihr auf den Flur voraus, und als sie die Wohnungstür öffnete, hatte er plötzlich eine Ahnung, wie es wäre, Ellinor nie mehr wiederzusehen.

»Gehst du zum Termini?« fragte er hilflos.

»Ja, aber von da aus fahre ich nochmal nach Hause ... Erstmal gehe ich ein bisschen demonstrieren«, antwortete sie. »Ob ich will oder nicht. Aber ich glaube, ich will.«

Wenn sie jetzt ging, konnte er nicht mehr zurück.

»Tschüs, Ellinor«, sagte er. Der Boden schwankte. Er versuchte, sie zu umarmen, aber sie drehte sich weg und strich ihm mit dem Handrücken über die Wange, die frischen Bartstoppeln.

»Wiedersehen, Ansgar«, sagte sie. Er schaute den Blümchen hinterher, bis sie in der Treppenkehre versanken.

DIE ARMBANDUHR ZEIGTE VIERTEL NACH EINS, als die Tür zu seiner römischen Wohnung endgültig hinter Ansgar zufiel und er den letzten Kampf gegen die Stadt aufnahm, gerüstet mit einem Plan und einer Waffe. Dem auf dem Bett ausgebreiteten Stadtplan hatte er eine Verbindung entnommen, die von der Via Condotti wie eine Luftlinie diagonal zum Tiber und von dort im rechten Winkel direkt auf die Piazza Navona führte. Falls er Walter dort nicht vorfand, wollte er auf ihn warten, es sei denn, im Barocco oder im Lokal Tre Fontane ließe sich eine Möglichkeit erkunden, ihn in erreichbarer Nähe aufzusuchen ... Dann war er noch einmal die Treppe hinaufgestiegen. Die Küche lag leer und hell im Mittagslicht, glitzernde Lichtpunkte auf den polierten Flächen. Gleich in der ersten Schublade hatte Ansgar das große Gemüsemesser entdeckt, mit dem ihm Beate bei ihrem *jour fixe* zur Begrüßung vor der Nase herumgefuchtelt hatte, und mit einem Blick von der Dachterrasse hatte er festgestellt, dass die Menschenmassen auf der Piazza di Spagna an den

Eingängen zu den mondänen Fußgängerstraßen durch Polizeisperren kanalisiert wurden. Dennoch war er schon zwei Ecken weiter, als er auf die Zielstrecke einbog, in Schweiß gebadet. Es war so weit: Die Vorstadt überschwemmte das Zentrum. Die Juwelierläden und Parfümerien der Via Condotti waren verrammelt. Das Pflaster zwischen den Läden von Armani und Valentino, Bulgari und Gucci hallte unter den Füßen einer pumpenden, stockenden Menge, zwischen den Häuserwänden hing der Lärm wie eine dröhnende Glocke.

Ansgar hob die Tasche vor den Bauch, umklammerte sie mit beiden Armen und tauchte in die entgegenrollende Front. Jeder Meter war Arbeit. Unten ruderte sein Körper durch das Getümmel, oben japsten aufgerissene Münder, Hände flatterten wie losgelöst, Fetzen von Kleidern und nackter Haut schwappten auf Augenhöhe, einzelne Schreie blieben an ihm hängen. Solange er sich auf die Hindernisse konzentrierte, lenkte ihn das Fortkommen ab, doch wenn er an das Ziel dachte, verschmolz alles zu einem siedenden Brei, der in seinen Ohren zischte und über seinem Kopf zusammenzuschlagen drohte. Walter wollte ihn ersticken. Ansgar hob sich auf die Zehenspitzen und schnappte nach Luft. Der Feind hatte sich vervielfältigt. Er bot all seine Zauberkräfte auf, um ihn zurückzudrängen, und machte das Durchkommen zu einer Frage des Überlebens. Der schmale Himmelsstreifen ruckte zwischen Rot und Weiß und Grünweißrot, Stern, Faust, Rose, Davidstern, Hammer und Sichel – und riss mit einem Mal auf. Licht, das Ende der Fußgängerzone. Ein Kordon von Polizisten versperrte die Via del Corso Richtung Süden, zum Parlamentsplatz hin. Die Menge flutete nach rechts, wo sich die Straße verbreiterte: Statt des stinkenden Blechstroms wälzte sich ein Strom von Leibern ins Offene.

Jetzt rannte Ansgar los, er spürte das Lachen auf seinem Gesicht. Auch jenseits der Via del Corso kam er schneller voran, er war frei, wie ein Kind jagte er den Motorrollern hinterher, die sich durch das Gewimmel frästen und Schneisen für ihn schlugen, damit endlich passieren konnte, was passieren musste. Er war ja in dieser Masse der einzige, der eine wichtige Aufgabe hatte; auf die flog er zu. Nur das Gewicht der Tasche zog an ihm, der überflüssige Recorder, den er brauchte, damit er etwas von dem früheren Ansgar bei sich hatte. Je weiter er vorwärtskam, desto dringender wurde seine Eile. Auf der Stirn brannte die Sonne, weiße Blitze tanzten auf den Lidern. Jetzt wollten sie ihn abdrängen. Entschlossen stemmte er sich gegen den Widerstand. Hart neben ihm hob ein bulliger Junge drohend die Arme. Seine feuchte Achselhöhle dehnte sich vor Ansgars Nase wie ein haariger Rachen, schloss sich wieder, der Junge schraubte sich auf ihn zu, drückte ihm den Ellenbogen in den Oberarm, der Knochen grub sich in den Muskel. Verbissen hielt Ansgar dagegen, er hörte seine Kiefer mahlen, der Schmerz wuchs und mit ihm eine verzweifelte Wut, er schaute in das gleichgültige Gesicht, fühlte den Atem des anderen auf der Haut, seine Nähe, die Lust auf das Messer.

Plötzlich war die rechte Straßenseite weg. Platanenkronen flimmerten über den wegdriftenden Köpfen, durch das Grün schallte das Hupen unsichtbarer Autos – genau richtig. Hier berührte die Tangente den Lungotevere, hier war die Kreuzung auf Brückenhöhe. Die Leute spritzten auseinander, natürlich, alle wollten über den Fluss, Richtung Tribunal. Nur er nicht. Keiner sah ihm an, was er vorhatte – allein in dieser dumpfen, ahnungslosen Herde. Er hasste sie alle. Also beschloss er, sie zu ignorieren. Fest heftete er den Blick auf die Hausecke und arbeitete sich stur voran. Es funktionierte, doch noch vor der Ecke hielt er inne und ließ entsetzt die Tasche fallen. Auf seinem T-Shirt wuchs ein riesiger dunkler Fleck. So sah das also aus. Ein Pärchen wich zurück, das Mädchen glotzte ihn an. Die Feuchtigkeit bildete zwei Flügel auf seiner Brust, bündelte sich auf dem Brustbein und floss senkrecht zum Bauch. Zögernd berührte Ansgar den nassen Stoff und lachte laut auf. Schweiß. Reingefallen.

Hinter dem Haus bog die Straße nach links: die Ziellinie. Nur noch hundertfünfzig, zweihundert Meter, dann starb einer. Alles im Plan. Ich komme, dachte Ansgar, ein kleiner Jauchzer, der ihn verriet, denn auf einmal war es totenstill. Ansgar duckte sich. Die Hauswand krümmte sich und beugte sich langsam über ihn, das Pflaster sackte ein, als wäre er besoffen. Ein irrer Lärm brach los. Pfiffe. Megaphone. Trommeln. Sprechchöre. Schon gut. Der Wahnsinn ging ja weiter. Die schlimmste Strecke lag noch vor ihm.

Ein breiter Demonstrationszug wälzte sich in Richtung Brücke. Unmittelbar vor Ansgars Augen schleppte ein Opa in Uniform die Seitenstange eines riesigen Transparents, das sich quer über die Straße spannte: TRIBUNALE DEL POPOLO. An die Fassade gedrückt, die Tasche als Schild vor den Körper haltend, schob sich Ansgar in die Gegenrichtung. Von oben, den Kopf eines Mannes zwischen den Händchen, schaute ein hellgelocktes Kind auf ihn herab. Er fiel auf. Ein Mann im Pyjama wurde auf einer Trage vorbeigeschleppt und hob direkt auf seiner Höhe die Hand zum V-Zeichen; da sprang die Fassadenfront zurück, Ansgar trudelte in der Menge, und plötzlich waren alle schwarz. Selbst die Gesichter. Schweißtropfen glitzerten auf der Schminke, schwarze Pappkreuze ruckten über den Köpfen, Namen weiß auf schwarz. *Franco Piattelli, 20. Virgilio Angeli, 44.* Die Namen von den Grabmälern, die Namen von Priebkes Liste. *Ulderico Pelliccia, 39. Aldo Berolsheimer* – er ärgerte sich, dass die Altersangabe fehlte, dann hielt er inne und drehte sich um: An den Namen erinnerte er sich. Doch Aldo Berolsheimer war fort; stattdessen wand sich eine Kette an ihm vorbei, vier

Mädchen Schulter an Schulter: *Mosè Di Consiglio, 74 – Franco Di Consiglio, 17 – Salomone Di Consiglio, 45 – Marco Di Consiglio, 19.* Eine nach der anderen fixierte und erkannte ihn, hell ausgesparte Augenkreise in den Schornsteinfegergesichtern. *Giorgio Giorgi,* wie skurril das klang, war 23. *Duilio Cibei, 15. Ignoto. Sergio Terracina, 18.* Und wieder *Ignoto.* Ansgar stand mitten im Strom, die Kreuzträger drückten sich stumm an ihm vorbei, *Marco Efrati, 36, Boris Landesmann, 43, Oreste Cerroni, 69 …*

Nur noch der Druck der Masse gab ihm Orientierung. Dagegen, immer dagegen. Am liebsten hätte er das Küchenmesser aus der Tasche geholt und sich den Weg damit freigehauen wie mit einer Machete. Eine Gasse schloss sich, die Enge schnürte ihm die Luft ab, Gerangel und heiße Haut, doch er fühlte die Piazza, hörte sie schon. Dann waren es endlich keine Leiber mehr, sondern eine harte Blechwand: der runde grüne Zeitschriftenstand am Kopf des Platzes. An dem war er mit Gianluca vorbeigekommen. Auf Hüfthöhe, wo er angestoßen war, sprang ihm aus dem roten Rahmen der *Spiegel*-Titel in die Augen: *Das Geheimnis unserer Sonne.* Gleißender Himmel, Köpfe unübersehbar – dann sah er den bärtigen Neptun aus der Menge ragen und noch ferner, noch höher den Obelisken des mittleren Brunnens. Es war genau zwei Uhr.

NICHTS. Natürlich. Er war ja nicht so weit. Es war noch zu früh. Da waren die dicken Marmorsäulen mit den abgeschrägten Kanten, die Hängelaternen unter der Arkadendecke. Der Boden voller Plakate, Transparente, Wasserflaschen. Müde Demonstranten, verwirrte Touristen. Undenkbar, hier und jetzt, schon jetzt, die Tasche abzustellen, das Messer auszupacken und den Plan auszuführen. Walter hielt ihn hin. Walter hatte es gewusst, wusste es, versteckte sich, wartete auf ihn. Wie gut das gewesen wäre – unter den Arkaden hervortreten, da hinten, Richtung Straße, nach getaner Arbeit; Ansgar sah sich, die Tatwaffe hatte er natürlich dabei (in der Seitenklappe versenkt), auf der anderen Seite in die Sonne tauchen und zwischen den Leuten verschwinden, Richtung ... genau: Er wäre in die Kirche gegangen. Hätte Matthäus einen Abschiedsbesuch abgestattet. Aber der Zeitpunkt war noch nicht gekommen, und er, er selbst hatte es gewusst. Alles nach Plan. Spätestens im Gewühl auf dem Platz hatte er es kapiert – da waren keine Porträtmaler und fliegenden Händler, kein einziger Wahrsager, nicht mal Tische auf dem überfüllten Pflaster. Die Sonne schien. Ein gemeines Licht. In das Aprikosenorange über den Arkaden war ein Straßenschild eingelassen. *Corsia Agonale* hieß die Gasse mit dem Arbeitsplatz des Zauberers. Gut zu wissen. Jede Information war kostbar.

Sonnenschirme, Handtaschen, Sonnenbrillen, Schirmmützen. Ein Kerl aus Afrika zog eins nach dem anderen aus dem Plastiksack.

»Quanto?«

Eine kleine Euphorie ergriff ihn. Fünftausend Lire, und das Ding gehörte ihm. Randlos. Er setzte es auf die Nase, alles war anders – bläulich, kalt, blass – und er auch. Ansgar Weber, ein Fremder in Rom, betrat mit seiner Reisetasche das Barocco. Es war brechend voll und laut, aber wenigstens kühl. Unten fand er eine Lücke am Tresen. Dort stellte er die Tasche ab und zog einen Fünfzigtausendlireschein aus der Brieftasche. Die Kellner taten überfordert, das Gerenne und Gebrülle wirkte demonstrativ angestrengt. Weiter oben versuchte einer, mit einem halben Dutzend hippiehafter junger Leute fertigzuwerden, die mit den Armen wedelten und durcheinanderschrien, Studenten vielleicht. Neben Ansgar standen drei, vier Veteranentypen mit aufgepflanzten Trikolorefahnen, von der anderen Seite lehnte eine Frau mit blondem Kurzhaar ihren Oberkörper in sein Blickfeld und winkte mit einem Kassenbon. Da kam einer. Er schnappte den Zettel und schrie etwas über die Schulter. Ansgar schob den Schein über das Holz. Der Kellner schaute auf das Geld und hob den Blick. Unwirsch, abschätzend, zurückgekämmtes schütteres Haar.

Ansgar beugte sich vor.

»Do you know Walter? Walter Haymon? The German magician?« brüllte er und deutete mit dem Daumen über die Schulter: *»The one with the tarot cards?«*

Der Kellner hob Schultern und Hände.

»Evening«, antwortete er und wandte sich ab.

Alles illegal. Alles Absprache.

»Wait!« Ansgar griff wieder nach dem Portemonnaie, und es klappte. Der Kellner nahm den Schein und machte eine Kinnbewegung Richtung Tresenende. Ansgar drängte sich an der Blonden vorbei. In der Ecke lag ein Haufen Gerümpel. Ein Lappen mit grünlichen Palmetten. Ansgar biss sich auf die Unterlippe. Walters Tischdecke hing über den zusammengeklappten Campingstühlen. Er nickte.

»I need his address. I owe him money, but I am leaving.«

»He works in the evening.«

»I must leave. And I guess he will not come today.«

»Probably not.«

»Please«, sagte Ansgar und legte einen zweiten Schein in die halb ausgestreckte Hand. *»It is important to me.«*

»Go back to your place, I will look.«

Die Lücke hatte sich geschlossen. Ansgar zwängte sich neben die Männer, wo seine Tasche in einem Meer von Kippen und Papierfetzen auf dem Boden stand. Hinter ihm kreischten die Studenten, pufften ihn in den Rücken. Ansgar fuhr herum und versank in den Anblick der Gruppe. Sie hatten sich rote und schwarze Buchstaben auf Stirn und Wangen gemalt, RESISTENZA, NUOVA RESISTENZA, wunderschöne, entstellte Gesichter, sie aßen *panini*, alberten, gehörten zusammen. Der Kellner war außer Sichtweite. Nicht denken. Warten. Ab und zu meinte Ansgar den Namen Priebke zu hören, *prribke* mit rollendem R und kurzem I. Gebannt starrte er auf die glatte Haut, den Babyspeck, die Muskeln und die zarten, schlampigen Dekolletés. Sie ahnten nicht, dass er an ihrem Fall teilhatte und ihn auf seine Weise erledigen würde. Seine Faust ballte sich von selbst, der Arm zuckte, er fühlte die Bewegung, das Ausholen, den Stoß und das Nachgeben der Haut; das war das Schlimmste. Das Zusammensacken des mageren Körpers. Schluss, gut. Abhauen und abfliegen. Zum ersten Mal seit einer Ewigkeit dachte Ansgar an Hamburg, die Leere und Frische, die Farben im sanften Licht, klinkerrot, grau und grün und himmelblau.

Alles war so einfach, so leicht. Er hatte es nur nicht begreifen können. Noch nie hatte er sich auf einem Boden bewegt, den er selbst bereitet hatte. Jetzt berührte er ihn mit den Zehenspitzen. Seine Faust lag auf dem Tresen, immer noch geballt. Eine große messingfarbene Zuckerschale rutschte darauf zu, stoppte, klappte auf. Aus dem weißen Hügel ragte ein Messinglöffel. Der Kellner. Er knallte einen Espresso daneben und wirbelte ihn im Kreis herum. Ein Zettel zwischen Tässchen und Untertasse zeigte auf Ansgar. Der Kellner war weg, untergetaucht.

Jetzt konnte er gehen, einfach so gehen, zum Flughafen und nach Hause. Ansgar löste die Faust und hob die Tasse an.

Viale di Trastevere 143 (next to Bar Angelino).

Er trank den bitteren Schluck und beugte sich zu der Tasche. Los jetzt. Die Studenten machten Platz. Ihre nackten braunen Schultern und jungen Gesichter wandten sich ab, doch sein Triumphgefühl rebellierte gegen diesen Abschied. Sie sollten seinen Erfolg bestätigen.

»Scusi«, sagte er. Er schob die Sonnenbrille auf den Scheitel und dehnte die Laute in einen amerikanischen Akzent: *»Can you tell me where to find this?«*

Ein Junge im roten Unterhemd ließ seine Dreadlocks über den Zettel baumeln, ein RESISTENZA-Mädchen steckte den Kopf dazu und las laut vor.

»Viale di Trastevere centoquarantatre …«

»Da Largo Argentina!« rief ein Dritter.

»Certo, ma quale fermata?«

»Ministero …«

»No, quella dopo!«

»La terza dal ponte.«

»La quarta, mi sa!«

Ein Kugelschreiber tauchte auf, sie riefen Zahlen, fielen einander ins Wort, reichten ihm den Zettel mit der Rückseite voller Busnummern, wechselten ins Englische. Hände berührten seinen Arm, eine dunkelhaarige Kindmadonna strahlte ihn an. Noch in der Tür riefen sie hinter ihm her, *ciao, arrivederci,* er trug sein Lächeln hinaus. Der Himmel schüttete das Nachmittagslicht herunter, Ansgar zog die blauen Plastikgläser über die Augen, schwang die Tasche auf die Schulter und bog zielsicher in die Corsia Agonale ein, voller Zuversicht.

DER BUS NUMMER 170 schepperte, als wäre er kurz vor dem Auseinanderfallen. Unentwegt bretterte er geradeaus, den hupenden Autoschlangen entgegen. Bei jeder Unebenheit hob es Ansgar mit einem ohrenbetäubenden Knall vom Sitz. Er saß in der leeren letzten Reihe, die Reisetasche stand neben ihm. Unter den Plastikschalen stieg die Motorhitze hoch. Auf der Brücke verwandelte sich die trockene Abgasluft, die aus den offenen Schiebeluken über den Fenstern hereinwehte, in einen frischen Durchzug. Dahinter spannten Platanen ihre Schirmschatten auf. Die bläulich gefärbten Ansichten holperten vorüber wie ein Urlaubsvideo. Roma, Viale di Trastevere. Ein Barockpalast rückte ans Fenster, blieb stehen, schaute herein. Ansgar zog den Kopf ein. Zwei grimmige Damen stürmten auf ihn zu, Zwillinge mit grauen Gesichtern und orange gefärbten Dauerwellen. Sie setzten sich ihm gegenüber, baumelten mit den kurzen Beinen und brüllten aufeinander ein. Beide hatten rauhe Basstimmen, und das erste Stockwerk des Palastes kippte auf ihn zu und blieb halb über dem Boden hängen. Es drehte ihm den Magen um. Der Stuck war unten abgeschnitten, die Rundbogenfenster waren unten abgeschnitten. Als sich der Bus wieder bewegte, lugte hinter der Fassade eine zweite hervor, Gerüststangen schimmerten hindurch, und Ansgar erkannte, dass er betrogen wurde und dass sie hier Kulissen aufgebaut hatten. Er atmete tief, doch die Füße der beiden Frauen wackelten so sehr, dass die Übelkeit zunahm; dann erinnerte er sich, dass er die Haltestellen nach der Tiberbrücke zählen musste, und schaute auf die Uhr.

Zehn vor drei.

Ein Klumpen Angst ballte sich zwischen Brust und Bauch, griff rücksichtslos Platz, quetschte die Eingeweide zusammen. Kein Gedanke mehr, sondern längst eine Tatsache. Sie war die Ursache des Schwindels. Ruhig, ruhig. Ja, er würde den Zauberer umbringen. Es war notwendig. Logisch notwendig. Seit wann wusste er es? Da war das Traumbild aus den Höhlen. Menschen stiegen mit ausgestreckten Armen aus einem Sumpf. Dieser Sumpf war sein Element. Immer gefangen in einer zähen, toten Masse. Das sogenannte Schicksal, ein luftdicht abgeschlossenes Gewucher ... Er hatte stets im Auftrag gehandelt. Den letzten hatte er sich selbst gestellt – nur, um sich den Mächtigen umso dringender zu empfehlen. Wäre er mit dem Interview nach Hause gekommen, dann hätte ihm sein Chef gratuliert – Paul genauso wie Pauls Frauen, die Unterchefin Beate und Ellinor, die ihn angestiftet hatte. Selbst sein toter Vater wäre begeistert gewesen … alle, die ihm im Weg standen. Sie waren ausnahmslos getarnte Feinde. Ihre Fürsorge war lebensgefährlich. Wie ein Toter hatte er geschlafen – und war in einer Welt aufgewacht, in der Ansgar Weber ein Niemand war. Es war Zeit, aus dem Sumpf zu steigen. Deshalb saß er in diesem Bus.

Ansgar befühlte den Wulst unter dem Reißverschluss, wo das Messer auf dem Recorder lag. Haltestelle Nummer zwei: wieder eine vor Stuck starrende Kulisse, einen Block breit und protzig wie ein Staatsbau. Schaukelnd setzte sich das Ding in Bewegung, ein schwankender Eisberg mit Freitreppe und Palmen davor. Ein Polizeiwagen überholte, jaulte auf, trällerte, fegte trällernd davon. Die Gegenfahrbahn war unter Blechbuckeln begraben, Köpfe und schlappe Fahnen ragten aus allen Löchern. Keine Bäume mehr. Trübe Bilder rutschten vorbei. Plakatwände. Alternde Ladenschilder und Schaufenster, vergitterte Fenster. Sie erschienen und verschwanden hinter der Scheibe, doch der Bus selbst stand – stand wie ein rasendes Flugzeug in der Luft. Das war gut. Die Zeit hielt eine Weile an, denn vor Ansgar lag eine schwierige Aufgabe, auch wenn ihm entfallen war, welche. Kleine Menschen glitten aneinander vorbei, ohne vom Fleck zu kommen. Sie waren verlorengegangen, vergessen unter dem steilen Licht, das eine arktische Leere ausstrahlte. Aus den schmutzigen Häusersockeln quollen dicke, wolkige, quietschbunte Graffitibuchstaben. Autos verstellten den Gehsteig. Ein rosa Kind im Buggy wurde von seiner Mutter in einen Kofferraum verfrachtet. Am Straßenrand war der Asphalt dunkel, nass, mit Abfall gesprenkelt. Hausnummern, das war's; Ansgar musste Hausnummern lesen. Aber der Bus schoss wieder die Fahrbahn entlang, unerträglich das Rappeln und Klappern, und

Ansgar fühlte, wie sein Herz stehenblieb: Wahrscheinlich war er schon längst vorbeigefahren. Es war aus. Er riss die Tasche herunter, sprang von dem klebrigheißen Sitz und hangelte sich nach vorn. Schlagartig leerte sich sein Kopf, und zugleich entstand im Magen ein Krampf, als flössen da unten die schweren Gedanken zusammen. Kaum hatte er die Mitteltür erreicht, da krachten die Flügel auseinander, und der Bus spuckte ihn aus.

Endstation. Er war mitten im fremden Straßenalltag gelandet, friedliche Fußgänger, Stände mit Billigklamotten auf dem Gehsteig. Im Rinnstein sammelten sich trockene Platanenblätter. Eine Querstraße führte schräg aufwärts, Bäume wurzelten im Dreck neben den Gullys, und nirgendwo eine Hausnummer. Ein Hofeingang, ein Ladenlokal, dunkel, ein Rolladen, zwei rote Cinquecentos nebeneinander, eine Leiter an der Hauswand, eine kaputte Neonschrift: *Ferr---nta,* eine Ziffer: 121. Die Angst stieg von der Brust in den Kopf, presste sich zwischen die Schläfen. Wieder hatte Ansgar vergessen, weshalb er hier war. Die Leiter, so dumm, so unschuldig. Noch ein paar Häuser. Walter schaute ihm von oben entgegen. Er hatte ihn im Auge. Über einer Landschaft mit blauen Bergen und fröhlichen kleinen Menschen hing eine riesige Sprudelflasche. Die Sprudelbläschen blitzten weiß, blau, gelb ... Was für ein schönes Plakat. Es erinnerte ihn an die Karte mit dem schwarzen Ritter auf dem weißen Pferd, wie er da über die Menschen am Boden ritt, die Karte mit dem Namen DEATH, und an das Grinsen des Zauberers, als er sie aufdeckte, künstliche Zähne. Dunkel, es würde dunkel sein in Walters Wohnung, und Walter würde ihm einen Kaffee anbieten. Einen Kaffee. Eine alte Frau fegte breitbeinig, unbeholfen vorgebeugt, mit dem Handfeger auf einer Schwelle herum, hielt inne, fegte weiter.

Das ist nicht Ihr kleines Unglück. Das ist mehr.

Er lief in der prallen Sonne und studierte die Fassaden. Am Sockel der Nummer 135 war ein schwarzes Hakenkreuz auf den Verputz gesprüht. Darunter in Großbuchstaben: PRIEBKE. Ansgar beugte sich nah an die Wand. Zweifellos eine Botschaft, aber das entscheidende Wort war kryptisch. LIBERO entzifferte er. *Der Mörder der Fosse Ardeatine ist frei.* Aber jemand hatte die schwarzen Buchstaben übermalt, durch ein rotes CRETINO ersetzt und das Hakenkreuz mit roten Strichen in ein Kreuz im Quadrat verwandelt. Die Bedeutung war klar. Es ging darum, den Fall ein für allemal abzuschließen. Nur, der Kretin ... damit meinten sie ihn, Ansgar Weber. Jetzt musste er ganz nah sein. Aber da kam wieder eine Abzweigung. Was war los? Wie hieß die Bar? 143, war das wirklich Walters Hausnummer – oder eine fixe Idee? Ansgar ließ die Reisetasche fallen, griff in die Hosentasche und hielt ein zerknittertes buntes Faltblatt in der Hand. *Aufzug – Gepäckaufbewahrung – Klimaanlage in den Gemeinschaftsräumen – Touristeninformation – Fernsehzimmer – Mehrsprachiges Personal ...*

Ratlos drehte er den Prospekt um. *Hotel Florida Roma* stand über einem Mosaik aus winzigen Fotos, und in der Ecke ein Name in Kugelschreiber-Handschrift. Sein neuer Auftrag aus Apolda ... und der Zettel aus dem Barocco war weg. Vielleicht hatte es ihn nie gegeben. Via Mattia Montecchi hieß die Querstraße. Ansgar ließ die Arme sinken und starrte auf das Schild unter dem Balkon mit den steinernen Flaschenhälsen. *Mattia,* da war er ja wieder. Das Gewitter in der Nische ... das Feuerzeugflämmchen, die kalten Tunnelwände ... die Wolke unter der Decke der Dunkelkammer ... Matthäus streckte die Hand nach dem Engel aus, der Engel streckte Matthäus den Palmzweig entgegen ... noch eine Botschaft, eine Botschaft von oben, mit Gruß von Walter Haymon ...

Wütend warf er das nutzlose Stück Glanzpapier auf den Boden, hob die Tasche auf. Und weiter, den nächsten Block entlang. Jetzt war die Angst aus seinem Innern geschlüpft und kam auf ihn zu, groß, unscharf; jetzt war es so weit. Schritt für Schritt ruckte der fleckige Asphalt unter Ansgars Füßen voran. Am Straßenrand parkte ein hellblaues Polizeiauto, ein zweites auf dem Gehsteig, direkt vor den Stufen eines Hauseingangs. Ein paar Leute hatten sich davor versammelt und schnatterten laut. Das Portal stand offen. Darüber war eine geschwungene Ziffer in den Stein geritzt: 143.

ER WAR SCHON DA GEWESEN.

Drinnen stand ein Uniformierter unter der Treppe. Ansgar hielt ihm die Papiere entgegen. Sogar die Priebke-Akkreditierung faltete er auseinander. Der Polizist warf einen Blick darauf und gab sie ihm zurück, und Ansgar stellte fest, dass er sie falsch herum gehalten hatte. Als der Polizist etwas mit *Germania* fragte, nickte er. Erklären musste er nichts. Er wurde durchgewinkt. Kein Wunder. Sie wollten, dass er zum Tatort zurückkehrte. Der Reporter Ansgar Weber sollte seine eigene Tat bezeugen.

Es roch nach Essen und Putzmittel. Auf dem ersten Treppenabsatz standen die Wohnungstüren offen, Leute blickten ihm entgegen und verstummten, als er zwischen ihnen hindurchstieg. Wussten sie, dass er es war, kannten sie sein Gesicht? Er tastete nach der Sonnenbrille, sie saß immer noch auf seiner Nase. Von oben schallte wie ein Echo das Geplapper der anderen Hausbewohner herunter. Was er sich ausgemalt hatte, lag in der Vergangenheit. Mit jeder Stufe enthüllte sich eine weitere Ahnung. Das Graffito an der Hauswand. Der Name der Querstraße. Lauter Hinweise, dass etwas passiert war. Der verlorene, der scheinbar verlorene Zettel, den er nie erhalten hatte. Er war nicht an der Piazza

Navona gewesen und nicht im Barocco. Aber was hieß das? Hatte er den Weg hierher geträumt? Oder war er ihn schon einmal gegangen? Dann kletterte er jetzt zum zweiten Mal diese Marmorstufen hoch. Aber nein. Die Stufen kamen ihm ganz und gar nicht bekannt vor, so wenig wie die trapezförmigen Milchglasfenster an der Rückwand. Es sei denn – der abgestoßene Verputz … der beigebraune Anstrich und die braune Doppellinie, mit der die Bemalung auf Brusthöhe abschloss, schräg hochlaufend …

In der nächsten Kehre dasselbe Bild. Die Menschen glotzten ihn an, dann erstarrten sie. Ansgar versuchte, nicht aufzuschauen. Das Bild wurde schärfer und schärfer. Schon beim Aussteigen aus der Metro hatte er festgestellt, dass er unter Schock stand. Die Stadt, das Gedränge, die irren Menschenmassen … Er hatte seine Endzeitstimmung auf die Demonstrationen geschoben. Dabei hatte er gespürt, dass das Ende schon hinter ihm lag. Also war der Mord vorher passiert, vor der Ankunft in der Via delle Carozze. Vor der Begegnung mit Ellinor. War nicht Ellinors Verhalten Beweis genug? Ihre seltsame Zurückhaltung, der kühle Abschied, und überhaupt: ihr heimliches, überfallartiges Auftauchen … Beate. Auch die hatte es erfahren; deshalb war sie ohne ein Zeichen abgereist. Jede Einzelheit passte. Rauf, rauf. Da oben liefen alle Indizien zusammen. Er schwitzte, die Sonnenbrille rutschte, der Taschenriemen grub sich in die Schulter, und unter ihm wechselten sich Stufe auf Stufe die Gummikappen der Stoffturnschuhe ab. Seine eigenen Turnschuhe. Wirklich? Noch vor ein paar Minuten war es ihm normal erschienen, Beates Küchenmesser in dieser überdimensionierten Verpackung durch ein fremdes römisches Treppenhaus zu schleppen. Ansgar Weber? Wer war dieser Typ, was machte er hier?

Überm dritten Stockwerk standen die Nachbarn eng ans

Geländer gedrängt. Sie beachteten ihn nicht, sie starrten durch den Schacht zwischen den Gitterstäben nach oben. Wann also, wann? Direkt nach der Ankunft mit dem ostdeutschen Reisebus? Er fuhr zusammen: eine Bewegung, ein lautstarker Wortwechsel. Jemand polterte die Treppe herunter. An der Kehre erschien eine Frau im hellblauen Polizeihemd. Eine dicke rotbraune Mähne floss unter ihrer Schirmmütze hervor, sie scheuchte die Leute beiseite und schaute Ansgar im Vorbeigehen direkt in die Augen. Die Mütze tauchte ab, das Poltern verlor sich.

Sie ließen ihn kommen. Sie wollten ihn haben.

Ansgar blieb stehen. Da, er hatte es. Die Nacht! Der Alptraum von den Höhlen. Ungeheure Klarheit. Er hatte sich dem Kartenleger ausgeliefert: das Inferno am Campingtisch, im Restaurant. Sobald Walter Bescheid wusste, hatte er Ansgar zu den Fosse Ardeatine gebracht und ihn den Fernsehleuten übergeben, damit sie sein Versagen im Fall Priebke aufdeckten. *Der Mörder der Fosse Ardeatine ist frei.* Weiter als bis zu diesen Höllenhunden, in die Maske und vors Mikrophon war er nie gekommen. Dort endete die Wirklichkeit, und das Delirium begann. Nach seinem Offenbarungseid vor den Kameras war er zusammen mit Walter auf dem Motorroller zurückgekehrt. Erst hier, in der Nummer 143, hatte der wilde Gang in die Höhlen begonnen. Hatte er nicht schon gewusst, dass der Zauberer im obersten Stock wohnte? Alles andere, das ganze Gekrieche und Gestolpere mit einem Feuerzeug (wo war es denn, dieses Feuerzeug?) durch irgendwelche unterirdischen Gänge: Was war das anderes als der Wahnzustand eines Mörders während der Tat, nach der Tat?

In Wahrheit hatte er im Viale di Trastevere, in diesem Haus sein eigenes, grausiges kleines Inferno erlebt. Er hatte den knochigen Körper berührt, bis unter das schlotternde schwarze Jackett, er erinnerte sich ja, die knotigen Hände hatten sich gewehrt, die hohe Stimme des Zauberers war laut und kreischend geworden, und der Mund, das Gebiss ... Dann war er abgehauen. Nicht in den Katakomben, sondern in der Stadt war er die ganze Nacht umhergeirrt, bis er wieder an der Stelle landete, wo er sich an dem Kartenleger gerächt hatte: hier, jetzt.

Zwischen den Händen, die sich um den Geländerlauf klammerten, entdeckte Ansgar seine eigenen. Die Reisetasche stand quer über den Stufen; unterm Reißverschluss wölbte sich die Kontur des Messers, aus der offenen Seitenklappe schaute die zerknitterte Akkreditierung. Schon wieder ein Zettel. Apolda. Halt. Es konnte gar nicht sein. Wenn er wirklich noch in der Nacht mit Walter in die Stadt zurückgefahren war, dann war auch das Aufwachen vor ein paar Stunden ein Traum gewesen; die Japaner, der Mönch, der Busfahrer, die Fahrt mit den Pizzaarbeitern – alles Hirngespinste. Doch von der letzten Station war etwas übriggeblieben. Irgendwo auf der Straße unten lag der Hotelprospekt mit Name und Telefonnummer des Mannes mit der abgeschälten Nase. Das hätte der Beweis seiner Unschuld sein können. Noch vor ein paar Minuten hatte er ihn in den Händen gehalten.

Er hob den Blick, doch er wachte nicht auf. Immer noch stand er in einem unbekannten Treppenhaus mit braun angestrichener Wand und rissigen Holzstufen. Keine Marmorstufen mehr, sondern Holzstufen, und diese Holzstufen ... die hatte er schon einmal gesehen. Das leise Quietschen schon einmal gehört. Es war stickig hier oben. Die Katastrophe war in der Luft zu greifen, sie stand den fremden Leuten im Gesicht. Er konnte nicht weg, ohne das Ergebnis mit eigenen Augen gesehen zu haben.

Im obersten Stock war die linke Wohnungstür angelehnt. Der Polizist, der breitbeinig davorstand, beide Hände am weißen Gürtel, blaffte Ansgar an, als er den Treppenabsatz erreichte. Ansgar wich zurück. Eine Drohung. Der Mann hatte Angst vor ihm.

Er ging auf den Dunkelblauen zu und streckte ihm die Papiere hin. Ihm war, als reichte er einem bissigen Hund einen Knochen. Auch diese Situation hatte er schon einmal erlebt, da war er gepackt worden, verhaftet. Der Polizist rührte sich nicht.

»Walter Haymon?« fragte Ansgar.

»È morto.«

Der Polizist fixierte ihn. Taxierte seine Reaktion.

»He is dead? Killed?«

»È morto, basta. Chieda domani alla questura. Tomorrow. Police headquarter.«

»I am working for a German newspaper. May I have a look?«

Er musste einen Schritt angedeutet haben. Die Hand des Polizisten fuhr zur Hüfte, die ganze Gestalt zersprang.

»Se ne vada, signore!« dröhnte es.

Eine Explosion. Das Treppenhaus bebte. Doch Ansgar stand immer noch am selben Fleck. Er verstand italienisch. Hauen Sie ab.

Aber wieso? Wohin?

Sie nahmen ihn nicht fest, sie ließen ihn gehen. Der Rückweg. Es war still geworden im Treppenhaus, die Ruhe nach der Explosion. Seine Füße folgten der Schwerkraft. Stufe um Stufe die Kappen der Turnschuhe. Auf jeder hätte er anhalten mögen, einfach zusammensacken und hockenbleiben. Es hatte keinen Sinn mehr, nach draußen zu gehen. Er sah nackte Füße, Füße in Hausschlappen, Haushaltskittel, gefärbte Dauerwellen, Kopftücher, Glatzen. Die Leute schauten ihm entgegen und schauten ihm hinterher. Wie Taubstumme bewegten sie die Münder, langsam, in der Fischsprache. Er konnte nicht bleiben. Er konnte nicht gehen. Walter war tot.

Hinter den Milchglasscheiben wartete der Nachmittag. *Ein übertriebenes, gemeines Licht. Ein Vakuum.* Alles in ihm sträubte sich, den Fuß wieder auf das römische Pflaster zu setzen, ins Freie zu treten und sich der gleichgültigen Helligkeit dieser Stadt auszuliefern. Sie war leer. Sie war entsetzlich leer, weil Walter fort war. Fort. Das war etwas anderes, war mehr als tot, getötet, *killed, morto*. Der Tod war Ansgar zuvorgekommen. Na und? Ansgar schluckte panisch. Er hatte daran gedacht, Walter zu töten, nie aber daran, dass er weg sein könnte. Das Licht da draußen, das Licht würde ihn auslöschen. Ein Kloß weitete schmerzhaft seine Luftröhre, als sollte er ihn ersticken. Unerträglich. Unerträglich die Vorstellung, das dämmrige Treppenhaus zu verlassen. Wer war Walter – gewesen? Ein Zauberer. Die Gestalt an den Ruinen, die ihm den Rücken zukehrte und gegen die Mauer pinkelte. Der Prediger am Restauranttisch. Der Siegelring, der Geruch der Zigarre, die unheimlich warmen Schenkel auf dem Sitz des Motorrollers, *halten Sie sich endlich fest!,* die knochige Schulter, auf der Ansgars Kinn gelegen hatte. Der Mensch, der ihm die dunkle Seite gezeigt hatte. Ansgar schluckte wieder. Der Kloß ließ sich nicht hinunterwürgen. Etwas Grausiges schnürte ihm die Luft ab, etwas wie Heimweh nach den Höhlen. Erst als er unten auf das grelle Rechteck des Portals zuging, erkannte er, was da aus ihm herauswollte mit Schluchzen und Schreien. Er trauerte um Walter.

OHNE ES ZU WISSEN, ging er die Straße hinunter. Er passierte einen zweiten Eingang im selben Haus, dann einen offenen Hof. Schatten lag darin, eine Palme ragte aus der Mitte, am Rand Mülleimer, ein paar Autos. Wenige Passanten, darunter er, ein Journalist aus Hamburg. Das alles sagte ihm nichts. Sein Flug ging um achtzehn Uhr dreißig. An der Hofecke diskutierten ein paar Männer, einer schrieb mit der Zigarette Schnörkel in die Luft. Das waren die Tatsachen.

Nicht bleiben, nicht gehen. Stühle standen auf dem Gehsteig, eine Markise warf ihren Schatten auf die Mauer. Auf der Plane stand *Angelino*.

Auch dieses Wort war irgendwo gespeichert. Ansgar blieb in der Türöffnung stehen. Im Türrahmen steckte eine *Motta*-Eisfahne, ein Raffael-Engelchen klebte an der Scheibe: eine Bar.

Die Dunkelheit erleichterte ihn. Es war laut in dem kleinen, kahlen Schlauch. Die Leute um den einzigen Tisch und die am Tresen unterhielten sich quer durch den Raum. Sie sahen aus wie Walters Nachbarn vor den Wohnungstüren. Ansgar stellte sich vorn an die kurze Seite des Tresens.

»Buon giorno.«

Der Mann dahinter, ein großer Junge mit glattem, arglosem Gesicht, schüttete großzügig Schnaps in ein Glas mit Espresso.

»Sandro, basta. Basta!«

Eine mürrische Frauenstimme. Kurzärmeliges Uniformhemd, Koppel, breite Hüften: Direkt neben Ansgar stand die Polizistin.

»Martini rosso«, sagte er zu dem Barmann. Sie warf ihm einen Blick zu, erkannte ihn, schaute wieder auf ihren Schnapskaffee.

Ansgar erinnerte sich. Er war ein Journalist aus Hamburg.

»Walter Haymon – morto?« fragte er.

Sie blickte nicht hoch.

»Sì.«

»Do you speak English? German?«

»No.«

Die Leute hörten zu. Sie schauten herüber, als spiele sich etwas Unerlaubtes in ihrer Mitte ab; dann fingen alle zugleich wieder an zu plappern.

»Ist tot heute nacht.« Der Barmann stellte ihm das Martiniglas hin.

»Sie sprechen Deutsch?«

»Ein bisschen gelernt von *la maga.*«

»Wie ist er gestorben? Ermordet?«

»Er morde …?«

»Killed?«

Der Kellner nickte bedeutungsvoll. Er nahm ein paar Orangen aus einem Korb an der Rückwand. Ansgar schaute zu, wie er eine nach der anderen zerteilte. Es kam ihm vor wie eine Performance. Und wirklich, der junge Mann hob den Blick, dann das Messer.

»Messer«, sagte er wie ein Fremdsprachenschüler, der ein Wort wiederholt. Er drehte Ansgar den Rücken zu und drückte die Hälften nacheinander auf eine Orangenpresse. Ansgar trank, ohne abzusetzen. Er verstand. Hier gehörte er hin. Der Traum ging weiter. Jemand hatte seine Arbeit getan, seinen Gedanken ausgeführt. Er war und blieb der Täter. Noch lief er frei herum. Vom langen Ende des Tresens warfen sie der Polizistin Fragen zu. Während sie antwortete, lüftete sie die weißblaue Mütze von dem dicken, kleingelockten Haar und pustete sich in die Stirn. Ansgar schob sein Glas über das polierte Holz.

»Ein andere Martini?«

Ansgar nickte. »Haben Sie Zigaretten?«

»Nicht zu verkaufen.« Der andere nahm eine offene Schachtel MS von der Spüle, hielt sie ihm hin, gab ihm Feuer.

»Mit einem Messer?« fragte Ansgar.

»*Sì.* Messer von Küche. Viel Male. Zehn, quasi«, sagte der Barmann und zielte mit ausgestreckten Fingern auf seine eigene Brust.

»Wegen Geld?«

»Geld, nein.«

Natürlich nicht.

Der Barmann schenkte ihm nach und wandte sich an die Polizistin.

»Cos' hai detto del denaro?«

»Aveva in mano almeno un milione! Addirittura, in mano!«

Das kam heraus wie eine Gewehrsalve. Ansgar fühlte, dass sie auf ihn zielte, obwohl die Polizistin den Barmann ansah.

»In Hand, so«, jetzt hob er die Faust, »er hat ein Million Lire, mehr von ein Million, der tot Mann!«

Schweigen ringsum. Sie verfolgten die Übersetzung, testeten die Wirkung auf den Fremden.

»E un ghigno sulle labbra, non si può immaginare, senz' alcun dente – tremendo …«

»Und – wie sagen? – gelacht, schrecklich, ohne Zahnen.«

Die Polizistin sagte nichts mehr, keiner sagte irgendetwas, und Ansgar wusste, er musste schnell reagieren.

»Wer hat ihn … tot gemacht?«

Ein Achselzucken.

»Keiner weiß«, sagte der Kellner und wandte sich ab.

Eine Hand berührte Ansgars Arm, die Hand einer kleinen alten Dame mit Spitzendekolleté und Ohrklunkern, die ihm am nächsten stand und die ganze Zeit geschwiegen hatte.

»Chi è Lei? Un amico di Walter? Un cliente? Un giornalista?«

Beim *giornalista* lispelte sie. Ihre Stimme war rauh und dabei so leise, dass es wie ein Knurren klang.

Er verstand jedes Wort: Freund, Kunde, Journalist. Sie wollte wissen, wie er zu Walter stand. Die Hexe – er konnte durch das schüttere, tiefschwarz gefärbte Haar ihre Kopfhaut sehen – hatte ihn durchschaut. Er entzog ihr den Arm, schielte zu der Polizistin: Sie schaute herüber. Sie lauschte.

»Manuela!«

In der Tür stand der Uniformierte, der Ansgar von Walters

Wohnung verscheucht hatte. Er kam, um ihn abzuholen, und er setzte etwas hinzu, das die Menschen in der Bar aufstörte.

»Vengo subito.« Die Polizistin winkte dem Kellner, der abwehrend den Kopf schüttelte und mit der Zunge schnalzte.

»Grazie!« rief sie und stürmte nach draußen. Die Hexe war verschwunden, einer nach dem anderen drängte hinaus. Ansgar folgte ihnen vor die Tür. Auf dem Gehsteig, mit der offenen Klappe zum Hof, stand ein Leichenwagen. Zwischen den Schaulustigen konnte Ansgar die Männer sehen, die eine Trage mit einem Leichensack hineinschoben. Die Polizistin rannte am Straßenrand hoch, wo ihr einer der Polizeiwagen entgegenfuhr. Sie sprang auf der Beifahrerseite hinein, das blaue Auto kam blinkend näher und fädelte sich auf Höhe der Bar in den Verkehr ein. Gelähmt schaute Ansgar ihm hinterher. Auf dem Rücksitz saß Lydia Marin. Ihre kleine Gestalt. Ihr blondiertes Haar. Sogar die Kette aus schwarzen Klunkern erkannte er. Auch Lydia schaute ihn an, ja sie drehte den Kopf zu ihm zurück, bis der Wagen außer Sichtweite war.

DAS MEER WURDE GRÖSSER, DIE WELLEN IMMER KLEINER. Manchmal kippte die gläserne Fläche, türkisfarbene Sonneninseln flimmerten im Blau, und ihm schwindelte, bis sich der glänzende Stoff wieder straff und eben zum Himmelsrand spannte; dann breitete sich eine helle Ruhe aus, ein Gefühl, als würde sein Körper im blauen Licht schmelzen. Da schlief er sich hin. Als er den Horizont berührte, legte sich eine Hand auf seine Schulter, sanft stürzte er ab und landete, immer noch in seinem Sitz und halb über der Reisetasche liegend, am Boden. Todmüde.

»Piazzale Ostiense«, sagte der Taxifahrer.

Er schwankte, als wäre die Oberfläche unter seinen Füßen weich wie das Meer und sein Traum ginge weiter. Auch der

Platz war eine weite Fläche, der brütende Asphalt flimmerte bläulich. Er war in der Luft gewesen, auf dem Weg ... nicht nach Hamburg, sondern irgendwohin nach Hause. Die Stadt war an der Küste zurückgeblieben, ein vom Wind zerstreuter, vom Licht zersetzter Haufen Geröll. Aber der schlechte Traum von Rom war nicht ausgeträumt. Er bestand noch immer aus Stein, Blech, Abgas, Verkehrslärm und – in den Zwischenräumen des Motorroller-Geknatters – etwas wie Musik, ein dünnes rhythmisches Klatschen und ein Gesang:

»... bella, ciao! bella, ciao! bella, ciao ciao ciao ...«

Ansgar kannte das Lied. Es hatte mit dem Gymnasium zu tun, den Alten von der Politfraktion, wenn sie betrunken waren. Zu der Melodie gab es einen sentimentalen Text, den kaum einer kannte. Die meisten grölten nur das *Bella, ciao ...* Die schräge Augustsonne blitzte auf den Dächern der Autos, die vor dem halbrunden Bahnhofsgebäude parkten. Ein Halbrund, wo eigentlich die mächtige Front des Mussolini-Baus hätte stehen müssen. Mit einem Schlag war Ansgar wach. Er bugsierte die Tasche zwischen den Autos hindurch. Auf seiner Uhr war es zwanzig nach vier; spätestens in zehn Minuten musste er in einen Zug zum Flughafen steigen.

Sie saßen auf den Stufen vor dem Eingang: ein blasser Junge mit Gitarre, ein Mädchen mit Geige und eins mit Tamburin, beide in langen Röcken und dünnen Unterhemden, Rucksäcke mit Check-in-Banderolen vor den Füßen. Drum herum ein paar Alte, ein paar abgerissene Männergestalten. Passanten waren stehengeblieben, manche lächelten mit offenem Mund, manche klatschten und sangen mit, und zwischen den klingenden italienischen Versen trampelten atemlos die deutschen Laute:

Partisanen, kommt, nehmt mich mit euch, denn ich fühl, der Tod ist nah. Wenn ich sterbe, oh ihr Genossen, o bella, ciao! bella, ciao ...

Junge deutsche Priebke-Touristen spielten den Römern ein italienisches Partisanenlied vor.

... wenn ich sterbe, oh ihr Genossen, bringt mich dann zur letzten Ruh.

Auch er war stehengeblieben und starrte auf die drei Wandervögel, bis er über ihren Köpfen, zwischen den Pilastern des Gebäudes, die blauen Kunststoffbalken wahrnahm. PIRAMIDE las er auf einem, und sein nächster Blick fiel auf ein weißes M auf rotem Grund. Statt zum Bahnhof Ostiense hatte ihn das Taxi zur Metrostation gefahren – Piramide, die blaue Linie ... Er lief die Stufen hinauf, rein in die Halle mit ihren Treppen und Abzweigungen, Gittern und blauen Schildern. Sie tanzten vor seinen Augen. FERROVIA ROMA LIDO, INGRESSO LINEA B, LAURENTINA, TERMINI-REBIBBIA ... Die Stadt wollte ihn nicht weglassen.

Termini? hatte er gefragt, als ihn der Kellner auf seine Frage nach einem Taxi an den Mann am Tisch verwiesen hatte. *No, impossibile,* quer durch die Demonstrationen. *Ostiense?* Kein Problem ... Er hätte *Stazione Ostiense* sagen sollen. Die Metrostation Piramide war am Ostienseplatz, der Bahnhof Ostiense am Platz der Partisanen. Vor ihm lag derselbe Weg, den er bei seiner Ankunft zurückgelegt hatte – durch die Unterführungen.

Endlich AIR TERMINAL. FERROVIA ROMA OSTIENSE. Er rannte durch die Gänge, bis er in einer Art Galerie ankam. Eine Fensterfront zeigte auf einen Hügel, in den sich ein Schienentunnel bohrte. Fahrkartenautomaten, Telefonzellen. Er erkannte die Rolltreppe zu den Metrogleisen wieder, auf der er hinuntergefahren war, und gegenüber den Eingang zu dem Schlauch, der ihn hierher geschleust hatte – vor langer Zeit. Damals, als er noch ein *Spiegel*-Reporter gewesen war, ein Angestellter mit Unternehmensanteilen und Aufstiegsplänen. Teil einer Zeitschrift, die bei der Produktion von Meinungen aller Größen (eine Spalte für Priebke, zehn Seiten für das Geheimnis unserer Sonne) den Markt anführte und jede Woche neu bestimmte, welches Wissen nützlich war. Ein Blatt für Journalisten wie Ansgar Weber. Dieser Ansgar Weber war erledigt, ein toter Mann. Er griff in einen blauen Metallkorb mit druckfrischen Zeitungen. METRO SERA stand in roten Lettern am Kopf des Blattes.

Halb fünf. Er stürzte in den Betontunnel, die Flucht der endlosen Parallelen, der Neonlichtleisten, Bodenlinien, Transportbänder und schwarz glänzenden Gummiläufe. Im Laufschritt überholte er die Fließbandmenschen, eine träge Schlange, die sich in der Ferne verjüngte und immer wieder erneuerte. Endlich stolperte er vom Band auf den starren Grund, rannte um die Kurve, erreichte die nächste Flucht, das nächste Laufband. Keuchend blieb er auf dem rollenden Boden stehen. Seine Lunge brannte. Er ließ die Tasche fallen, die Metrozeitung löste sich und landete obendrauf. Als er sie aufhob, fiel ihm das Messer ein. Er trug eine Waffe im Fluggepäck. Wo sollte er sie unbemerkt loswerden?

Erst jetzt erkannte er das Gesicht auf der Titelseite. Siegerlächeln, gesunde Zähne und gesunde Hautfarbe, hohe Stirn, buschige dunkle Augenbrauen: das Gesicht eines Chefs. Nur das schüttere Haar und die Flecken verrieten Priebkes Alter. Aus der Tiefe blickte ihm ein Militärpolizist über die Schulter, und diese Schulter bewies, wie aufrecht der Angeklagte ging. Schon während des Prozesses hatte er diese triumphale Gelassenheit gezeigt. *Priebke libero – Roma in rabbia* titelte die Gratiszeitung, Priebke frei, Rom in Wut. Sie erzählte von der Besetzung des Tribunals bis morgens um zwei, von der Rückführung des Freigesprochenen ins Gefängnis, den Demonstrationen und den erloschenen Lichtern. Er konnte lesen und verstehen. *Rivolta della comunità ebraica* hieß »Aufstand der jüdischen Gemeinde« und *Ponzio*

Pilato Pontius Pilatus. Es war ja sein eigener Bericht. Seine eigene, ungeschriebene Nacht.

Knapp die Hälfte der Tunnelstrecke hatte er zurückgelegt. Sein Puls raste. Die wenigen Menschen auf dem entgegenlaufenden Band bewegten sich hektischer und kamen langsamer voran: Diesmal versagte das erste Band auf dem Weg in die Stadt. Ansgar faltete das Blatt zusammen. In der unteren Ecke war ein kleines Schwarzweißfoto abgedruckt. *Assassinato* stand daneben, so lautete also das Wort für »ermordet«: *Assassinato il mago di piazza Navona.* Walter saß vorgebeugt und mit zusammengedrückten Knien auf seinem Regiestuhl, im Mund die Zigarre, in der Hand ein Blatt Karten. Er trug ein weißes Jackett und eine weiße Krawatte. Das Blitzlicht projizierte seinen Schatten auf die Hosenbeine der Zuschauer. Der Hut, die schwarze Brille auf der Nasenspitze ... Trotz der Unschärfe konnte Ansgar die weißen Slipper an den nackten Füßen erkennen, die ihm auf der Fahrt mit dem Motorroller wie Schlittschuhe erschienen waren, und er fragte sich, ob die Leiche diese Schuhe getragen hatte.

Das Ende des Laufbands: Ansgar nahm die Tasche auf. Ein paar Schritte, und er erreichte die nächste Tunnelflucht. In der Biegung schaute er zurück. Dieselbe perspektivische Verengung, dieselbe täuschende Unendlichkeit. Er knickte das Zeitungsblatt noch einmal und schob es in die Gesäßtasche. Überrascht stieß er auf die Magnetzwillinge. Wie jemand, der Zeit hat, wog er sie in der Hand. Er konnte abreisen. Er konnte umkehren und die Metro zum Bahnhof Termini nehmen. Unschlüssig irrte sein Blick zwischen den beiden Richtungen, aus denen er gekommen war, der eine von da, von dort ein anderer. Die Geschichte ging weiter, die Menschen liefen an ihm vorbei, die Zeit drängte, und noch immer stand er im Untergrund und suchte nach einem Anfang.

in memoriam Thomas Weck

Mein Dank gilt
Dieter Marquardt
sowie
Katharina Höcker, Oliver Platz und Farhad Showghi
für ihre unschätzbare Hilfe.